U0603741

权威·前沿·原创

皮书系列为
"十二五""十三五"国家重点图书出版规划项目

湖南蓝皮书
BLUE BOOK OF
HUNAN

湖南城乡一体化发展报告
（2017）

ANNUAL REPORT ON URBAN-RURAL INTEGRATION OF HUNAN
(2017)

陈文胜　王文强　陆福兴／编　著

社会科学文献出版社
SOCIAL SCIENCES ACADEMIC PRESS（CHINA）

图书在版编目（CIP）数据

湖南城乡一体化发展报告. 2017 / 陈文胜，王文强，
陆福兴编著. -- 北京：社会科学文献出版社，2017. 8
（湖南蓝皮书）
ISBN 978 - 7 - 5201 - 1183 - 6

Ⅰ. ①湖…　Ⅱ. ①陈…　②王…　③陆…　Ⅲ. ①城乡一
体化 - 发展 - 研究报告 - 湖南 - 2017　Ⅳ.
①F299. 276. 4

中国版本图书馆 CIP 数据核字（2017）第 182056 号

湖南蓝皮书
湖南城乡一体化发展报告（2017）

编　著／陈文胜　王文强　陆福兴

出 版 人／谢寿光
项目统筹／桂　芳
责任编辑／桂　芳　伍勤灿

出　　版／社会科学文献出版社·皮书出版分社（010）59367127
　　　　　　地址：北京市北三环中路甲 29 号院华龙大厦　邮编：100029
　　　　　　网址：www. ssap. com. cn
发　　行／市场营销中心（010）59367081　59367018
印　　装／北京季蜂印刷有限公司

规　　格／开　本：787mm × 1092mm　1/16
　　　　　　印　张：19　字　数：289 千字
版　　次／2017 年 8 月第 1 版　2017 年 8 月第 1 次印刷
书　　号／ISBN 978 - 7 - 5201 - 1183 - 6
定　　价／89. 00 元

皮书序列号／PSN B - 2015 - 477 - 8/8

本书如有印装质量问题，请与读者服务中心（010 - 59367028）联系

▲ 版权所有 翻印必究

主编简介

　　陈文胜　湖南省社会科学院研究员，湖南省农村发展研究院首席专家，华东理工大学兼职教授，入选湖南省"五个一批"人才，省政府津贴专家，湖南省重大决策咨询智囊团专家，湖南省新农村建设研究基地首席专家，湖南省城乡一体化研究基地首席专家，湖南省扶贫领导小组专家咨询委员，中国乡村发现网创办人，《中国乡村发现》主编，香港中文大学访问学者。出版学术独著《论大国农业转型》《乡村债务的危机管理》《乡镇视角下的三农》《新农村建设的热点难点着力点》，合著《粮食安全国家责任与地方目标的博弈》《湖南省城乡一体化发展研究报告》《湖南省县域发展研究报告》等，主编《新型农民能力培养》《农民十万个怎么做》等。在《求是》《政治学研究》《中国农村经济》《中国农村观察》《人民日报》《经济日报》《光明日报》等报刊发表论文 90 余篇，20 多篇论文被《中国社会科学文摘》、人大复印报刊资料全文转载。撰写的研究报告获国务院、中央部委以及省委、省政府领导批示 25 人次，进入国家部委及省委、省政府决策的成果 10 项。主持国家社科基金、省社科基金项目 11 项。

　　王文强　湖南省社会科学院农村发展研究中心执行主任，著有《论中国农业发展方式转变》《湖南农村发展报告》等，在《政治学研究》《光明日报》等报刊发表学术论文 50 余篇，主持国家社会科学基金项目、省软科学重大项目、省社会科学基金重点项目等。

陆福兴 湖南省社会科学院研究员，博士，湖南省农村发展研究院院长。主持国家社科基金课题 1 项、国家社科基金重大课题子项目 1 项，主持省社科基金重点课题、省软科学重点课题各 1 项，发表各类论文 50 余篇，出版专著 1 部，科研成果获得省部级奖项 7 项，获领导批示或进入政府决策的 12 项。

摘　要

本书对湖南 2016～2017 年城乡一体化取得的成就、面临的挑战和对策措施进行了研究。湖南城乡一体化的成就：一是以人为核心的新型城镇化再次提速，突出表现在新型城镇化水平不断提高，户籍制度改革不断加快，积极探索农民市民化成本分担机制；二是区域一体化发展战略布局基本形成，区域一体化发展格局不断优化，长株潭城市群在全省的核心地位不断强化，区域中心城市的引领作用不断增强；三是城乡一体化发展取得新突破，城乡教育均衡发展取得新进展，城乡医疗卫生服务能力进一步增强，城乡公共文化服务体系不断完善，城乡公共基础设施明显改善；四是农业供给侧结构性改革取得实质性成效，农产品加工业异军突起，休闲农业发展成效明显，农产品品牌建设全面启动，农村改革稳步推进；五是绿色发展成为城乡发展主要方向，生态环境损害赔偿创新推进，生态修复取得显著成效，"一湖四水"治理机制不断完善，生产方式加快向绿色转型；六是补齐短板全面小康更进一步，精准扶贫展现"湖南速度"和"湖南经验"，全面小康实现程度不断提高，城乡民生保障不断改善。但同时也面临新的挑战，即：农民市民化成本分担机制运行不畅、农业供给侧结构性矛盾明显、农村产权制度改革与经营体制创新有待加速、农村财政投入效益有待提高、城乡生态环境综合整治力度有待加大等。推进湖南城乡一体化的对策建议：一是以区域中心城镇群建设为核心优化区域布局，完善中心城镇群战略布局、畅通城乡资源要素配置通道、促进产业集聚与产城融合、把特色小镇建设作为战略支撑、探索培育镇级市。二是以地标品牌建设为抓手推进农业供给侧结构性改革，以地标品牌战略为引领优化农业结构、以科技创新为驱动推进农业生产向绿色转型、以社会服务规模化为关键提高农业规模化水平、构建以县乡政府为第一责任主体的农产品质量安全问责机制、加快耕地污染的有效治理进程。三是以区域公共设施互联互通为突破口加快城乡融合发展，推进交通网络的城乡与区域互联互通、推进信息化平台的城乡与区域共建共享、推进公共服务的城乡与区域全面对接。四是以绿色发展为取向提升城乡资源环境承载力，加强对城乡"三废"排放的有效控制、构建变"废"为资源的城乡垃圾处理机制、建立可追溯的食品质量安全保障体系、构建利益共享的生态建设补偿机制、加快形成绿色生活方式和消费模式。五是以城乡综合改革为动能全面释放发展红利，构建调动基层和农民积极性的农民市民化成本分摊机制、构建城乡一体化的社会保障机制、构建促进金融支持农村发展的财政引导机制、以激活农地经营权为关键推进土地流转。

本书还以资兴市为典型进行了湖南城乡一体化的个案分析。本书把精准扶贫作为城乡一体化发展的重要内容，对湖南省、怀化市、桑植县、新邵县和中方县等省市县的精准扶贫进行了研究，总结了成就并发现了问题，提出了对策和措施。此外，高铁时代是城乡一体化面对的新情况，本书对高铁时代湖南的农业供给侧结构性改革进行了研究，发现了问题并提出了对策措施。

Abstract

This book studies the achievements, challenges and countermeasures of the urban-rural integration development in Hunan during the past 2016 – 2017 years. Achievement of integration of urban-rural areas in Hunan: First, the artificial core of new urbanization speed up again, highlighted in the new urbanization level continues to improve, the household registration system reform continues to accelerate, and actively explore the cost sharing mechanism of peasant citizenship; The second is the layout of regional development strategy of the integration of basic form, the development of regional integration pattern of continuous optimization, Changsha Zhuzhou Xiangtan city group in the core position of the province continue to strengthen, the leading role of the regional center of the city growing; The third is the integration of urban and rural development to achieve new breakthroughs, balanced development of urban-rural education has made new progress, and further enhance the ability of urban and rural medical and health services, and constantly improve the urban and rural public cultural service system, urban-rural public infrastructure improved significantly; Fourth, the agricultural supply side structural reform has achieved substantial results, the agricultural products processing industry has sprung up, the development of leisure agriculture has been remarkable, the brand building of agricultural products has been fully activated, and the rural reform has been carried out steadily; Fifth, green development has become the main direction of urban and rural development, ecological environment damage compensation innovation, ecological restoration has achieved remarkable results, The "one lake and four water" governance mechanism has been continuously improved, and the mode of production has been accelerated to green transformation; Sixth is to complete the short board, a comprehensive well-off further, precise poverty alleviation, showing the speed of Hunan and Hunan experience, a comprehensive well-off, the degree of realization continues to improve, urban and rural people's livelihood security continued to improve. But at the same time is also facing new challenges, namely: the cost sharing mechanism of peasants' citizenization is running sluggish, the structural contradiction of agricultural supply side, rural property rights system reform and innovation of the management system, to accelerate the rural financial investment efficiency needs to be improved, urban and rural ecological environment comprehensive improvement needs to be strengthened. Countermeasures and suggestions to promote the integration of urban and rural areas in Hunan: The first is the construction of regional central urban agglomeration as the core to optimize regional layout, improve the center of town group strategic layout, smooth and rural resource allocation channel, promote industrial agglomeration, and the characteristics of fusion production city town construction as a strategic support, explore town level city. Second is a landmark brand building as the starting point to promote the agricultural supply side structural reforms, to lead the landmark brand strategy for the optimization of agricultural structure, to drive technology innovation, promote agricultural production to green transformation in social service scale as the key to improve the agricultural scale level, build with county and township governments as the first responsibility of the quality and safety of agricultural products accountability mechanism, accelerate the process of farmland pollution governance. The third is based on the regional public facilities for the interconnection breakthrough to accelerate the integration of urban and rural development, promoting urban and regional traffic network interoperability, promote the information platform of the rural and urban areas, promote the sharing of public services in urban and rural areas and regional comprehensive docking. The fourth is to enhance green development as the orientation of urban and rural resources and environmental carrying capacity, strengthen the urban and rural "three wastes" emissions control, construction change waste into resources and waste disposal mechanism, establish traceability of food quality and safety guarantee system construction, sharing the benefits of the ecological construction compensation mechanism, accelerate the formation of green lifestyle and consumption model. Fifth is the comprehensive reform of urban and rural comprehensive kinetic energy release development dividend, establishing social security mechanism, building the integration of urban and rural urbanization cost sharing mechanism, and mobilize grassroots enthusiasm of farmers the construction of promoting financial support for rural development financial guidance mechanism, in order to activate the rural land management right is the key to promote land circulation.

This book mainly probes into the poverty alleviation in Hunan Province, the structural reform of the agricultural supply side and the poverty alleviation in Huaihua, a typical region, Relevant countermeasures and suggestions are put forward. The special report of the case analysised Zixing City of Hunan urban-rural integration in as a typical, And select Sangzhi County, Xinshao County, Zhongfang county and other poverty-stricken counties to carry out a typical study of poverty alleviation, Combining with the local practice, the reports also put the practice path and countermeasure suggestions of promoting urban-rural integration with local characteristics and exerting advantages of local resources.

目　录

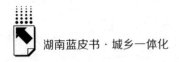

Ⅲ　新型城镇化与现代农业专题报告

皮书数据库阅读**使用指南**

CONTENTS

I General Report

II Special Reports on Tackling Poverty and Integration of Urban–rural Areas

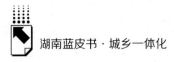
Ⅲ   Special Reports on New Urbanization and Modern Agriculture

总 报 告

General Report

B.1

2016～2017年湖南省
城乡一体化发展报告

摘　要：　2016年以来，湖南省推进城乡一体化建设取得了新成效。主要表现在：以人为核心的新型城镇化再次提速；区域一体化发展战略布局基本形成；城乡一体化发展取得新突破；农业供给侧结构性改革取得实质性成效；绿色发展成为城乡发展主攻方向；补齐短板全面小康有效推进。但也面临新的挑战：农民市民化成本分担机制运行不畅、农业供给侧结构性矛盾明显、农村产权制度改革与经营体制创新有待加速、农村财政投入效益有待提高、城乡生态环境综合整治力度有待加大等。其对策是：以区域中心城镇群建设为核心优化区域布局，以地标品牌建设为抓手推进农业供给侧结构性改革，以区域公共设施互联互通为突破加快城乡融合发展，以绿色发展为取向提升城乡资源环境承载力，以城乡综合改革为动能全面

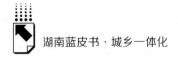

释放发展红利。

关键词： 湖南省　城乡一体化　城乡统筹

湖南作为中部地区欠发达省份，近年来以区域空间结构优化为着力点，推进城乡一体化发展不断取得新进展，呈现新型城镇化提质增速、区域一体化空间格局不断优化、农业供给侧结构性改革取得实质性进展等良好发展态势。但同时，也要认识到湖南在城乡一体化方面仍然存在农民市民化成分分担机制不健全、农业供给侧结构性矛盾依然突出、农村产权制度改革滞后等深层次问题，进一步推进全面深化改革、创新城乡一体化体制机制成为湖南推进城乡一体化面临的重要课题。

一　湖南城乡一体化取得的新进展

2016 年，湖南省委、省政府主动适应把握引领经济发展新常态，抢抓战略机遇，以更大的力度、更开阔的思路、更因地制宜的举措，建立新机制、丰富新内涵、拓展新领域，有力地促进了城乡一体化发展。

（一）以人为核心的新型城镇化再次提速

2016 年，湖南着力优化城镇空间结构，科学推进城镇规划建设和村庄规划编制，城乡规划建设和管理进一步加强，初步形成以长株潭城市群为主体形态、大中小城市和中心镇协调发展格局，全省新型城镇化发展进一步提质提速。

1. 新型城镇化水平不断提高

新型城镇化增速再创新高。继 2015 年湖南省城镇化率首次突破 50% 大关后，2016 年湖南省城镇化率继续加速攀升，达到 52.75%[①]，城镇化率增

[①] 湖南省统计局：《湖南省 2016 年国民经济和社会发展统计公报》，湖南统计信息网。

速同比增长3.65%，为全国增速的1.64倍，创近5年来新高（见图1）。从国内外城镇化发展历史经验看，湖南城镇化水平已经跃上一个新台阶，进入后加速发展的关键阶段。

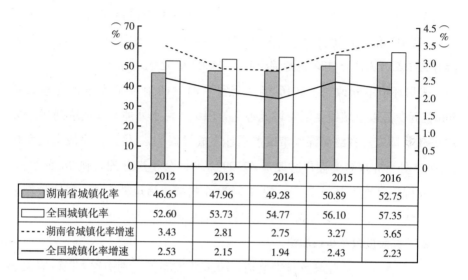

图1　2016年湖南省城镇化率及其增速

	2012	2013	2014	2015	2016
湖南省城镇化率	46.65	47.96	49.28	50.89	52.75
全国城镇化率	52.60	53.73	54.77	56.10	57.35
湖南省城镇化率增速	3.43	2.81	2.75	3.27	3.65
全国城镇化率增速	2.53	2.15	1.94	2.43	2.23

"金字塔"形城镇体系迸发新动能。作为湖南新型城镇化的"塔尖"，长沙市综合竞争力实现跨越式提升，引领带动全省城镇化发展能量进一步释放。2016年，长沙GDP达到9323.70亿元，增速达到9.4%[1]，总量和增速跻身全国前列。规模工业增加值3253亿元，同比增长7.9%[2]。GDP、规模工业增加值增速稳居全省首位，GDP占全省的29.8%，环比提升0.6个百分点，固定资产投资、社会消费零售总额占全省的24.2%和30.6%[3]。作为湖南新型城镇化"塔身"，各市州发展多点开花，城镇化发展的支撑承接力量日益壮大。2016年，全省14个市州中有12个经济总量达到千亿元以上，岳阳市GDP首次跃过3千亿元大关，达到3100.87亿元，常德市、衡阳市、

---

① 《长沙GDP逼近万亿大关　跻身全国省会城市六强》，《湖南日报》2017年2月10日。
② 《2016年长沙市规模工业增加值增长7.9%》，长沙市政府门户网。
③ 湖南省统计局：《湖南省2016年国民经济和社会发展统计公报》，湖南统计信息网。

株洲市、郴州市 GDP 均超过 2000 亿元，13 个市州经济增速超过 7.5%，7 个市州保持了 8% 以上的高速增长①。作为湖南新型城镇化"塔基"，特色小城镇迎来高速发展"元年"，城镇化发展注入新的生机与活力。2016 年，湖南有 5 个镇入选国家首批特色小镇名单，特色小镇群发展进入"快车道"，其中，湘江古镇群落全力打造"中国最具魅力古镇群"，2016 年接待游客 552.5 万人次，实现旅游综合收入 24.03 亿元②。

人居环境不断改善。2016 年，全省"两供两治"工程累计完成投资 566 亿元，县以上城镇生活垃圾无害化处理率、污水处理率分别达到 99.6% 和 93%；国家和省级海绵城市试点累计完成投资 31.3 亿元，完成黑臭水体治理 47 处；完成各类棚户区改造 47.99 万套，公租房分配入住 28.5 万套，完成农村危房改造 26.1 万户；完成 6699 个村的生活垃圾治理，村庄垃圾治理率达到 62%，638 个村成为改善农村人居环境的示范样本③。

2. 户籍制度改革步伐加快

"合二为一"消除城乡身份差别。2016 年发布了《湖南省人民政府关于进一步推进户籍制度改革的实施意见》，取消了城乡二元户籍制度，户口不再区分"农"与"非农"，统称居民户口，建立了城乡统一的户口登记制度，标志着湖南户籍制度迈向城乡无差别时代。

对户口迁移实施分类指导。对不同规模的城市实行了差异化人口迁移政策，对不同级别的城市设定了不同层次和标准的落户条件，引导人口流动与城镇吸纳人口能力之间平衡发展，推进城乡人力资源合理流转和配置，保持转移人口在城镇地区呈现相对合理的分布。与此同时，放宽了长株潭三市间的迁移落户条件，为破除长株潭一体化障碍、加速三市融合提供了便利。

农民进城落户条件更加宽松。为严格保护农民土地承包经营权、宅基地使用权、集体收益分配权（以下简称"三权"），同时让"三权"能够保值

---

① 《2016 年市州 GDP 排行榜发布　长沙市 GDP 突破 9 千亿元》，《湖南日报》2017 年 2 月 18 日。
② 《长沙望城加快建设湘江古镇群　去年古镇群接待游客 552.5 万人次》，华声在线。
③ 湖南省住房和城乡建设厅：《关于湖南省推进新型城镇化工作情况的汇报》，打印稿。

增值，湖南积极探索在进城落户农民自愿的前提下开展有偿退出"三权"试点，增强农民进城经济实力，但又明确规定不得以退出"三权"作为农民进城落户的条件。这既为城镇化发展留出利益增值的空间，也为进城落户农民留有退路，有利于保持农村社会结构的稳定性，减轻社会转型的震荡。

3. 积极探索农民市民化成本分担机制

政府搭建农民市民化"舞台"，成本分担的主导作用进一步提升。公共服务与社会保障是承载农民市民化的基础性平台，也是农民市民化成本支出大头，关系到"新市民"来得了、留得住和过得好。2016年，中央和省级财政对社会保障领域的投入达到874.17亿元，比2015年增加86.1亿元，增长10.93%。城乡居民养老保险基础养老金由每人每月75元提高到80元，企业退休人员养老金实现"十二连调"①。大幅提高城乡低保指导标准，整合特困人员救助供养制度，新增困难残疾人生活补贴。省级财政投入资金27.8亿元，支持改造农村危房近25万户。筹措资金40多亿元，支持创业带动就业②。2016年，全省投入义务教育经费保障资金86.1亿元，惠及全省695万义务教育学生③。建立了城乡义务教育经费保障机制，实现了保障政策、补助标准和分担比例"三个统一"，"两免一补"等义务教育经费随学生流动。2016年全省保障性住房支出296.6亿元，环比增长7%④。

企业创造农民市民化"饭碗"，成本分担的关键作用进一步发挥。农民市民化就其本质，是农民从农业向二、三产业的转移，企业发挥吸纳、聚集功能，起了成本分担的关键作用。2016年全省新增城镇就业77.63万人，完成年度目标任务的110.5%⑤，其中绝大部分就业岗位是由企业创造的。"春风活动"期间，全省企业举办面向农村劳动者的免费专场招聘会826场，实现本地就近转移就业26.5万人，3.5万人接受了创业服务，4万人参加了职业技能培训⑥。在吸纳就

---

① 《省财政厅：加大财政支出 织密扎牢民生保障网》，红网。
② 《湖南省财政2016年民生支出占70%》，《湖南日报》2017年1月7日。
③ 《湖南财政加大教科文投入 助推科教强省、文化强省》，红网。
④ 湖南省统计局：《湖南省2016年国民经济和社会发展统计公报》，湖南统计信息网。
⑤ 《2016年湖南省就业形势总体平稳》，湖南省人民政府网。
⑥ 《2016年全省春风行动开展情况》，湖南省人力资源和社会保障厅网。

业的同时，要求企业积极落实农民工与城镇职工同工同酬制度，加大职工技能培训投入，依法为农民工缴纳职工养老、医疗、工伤、失业、生育等社会保险费用，并建立了相关督查制度。

个人唱响农民市民化"大戏"，成本分担的"短板"逐渐补齐。个人是农民市民化的真正主体，由于收入水平较低，个人也成为农民市民化成本分担机制中最弱的一极。不过，随着相关扶持政策举措的推出，这一局面正在逐步得到改变。2016年，湖南农村居民人均可支配收入11930元，同比增长8.5%，与城镇居民收入增长速度持平。其中，工资性收入增加对收入增长贡献最大，达到46%①。在增加农民财产性收入方面，全省"三权"试点给农村居民财产性增收蹚出了一条新路子，各市州也提出了自己的方案，《长沙市新型城镇化综合试点实施方案》提出，通过盘活村集体财产来有效分担农业转移人口市民化的部分成本。既可以转让集体资产股权或个人部分，也可以收取土地租金、集体资产分红、股份收益作为市民化的个人成本来源。

（二）区域一体化发展战略布局基本形成

近年来，湖南省不断拓展区域一体化发展的新内涵、新要求，围绕"建设富饶美丽幸福新湖南"的目标，强化创新、协同、融合，进一步推进要素自由流动、资源高效配置、市场统一开放、设施互联互通，合力打造区域一体化发展新格局。

1.区域一体化发展格局不断优化

城乡交通互联互通再次升级。2016年1月8日，长沙洞井铺至株洲荷塘区公路实现主线通车。洞株快速公路的通车，让长沙与株洲之间形成四大快速通道，洞株公路通车使得长沙至株洲的车行时间缩短至30分钟。2016年12月22日，提质拓改的长沙芙蓉大道望城段17.96公里路段建成通车，标志着约120公里长的湖南最长城际主干道芙蓉大道全线建成通车，湘阴也从此融入长沙城区"1小时经济圈"。2016年5月，长沙磁浮快线开通，串

---

① 湖南省统计局：《湖南省2016年国民经济和社会发展统计公报》，湖南统计信息网。

联起长沙机场和高铁站两大枢纽。在长沙火车南站，航空、高铁、磁浮、地铁、城市公交、长途客运等多种方式无缝换乘，立体交通网络已覆盖长株潭甚至省内其他市州。G60醴陵至娄底高速公路扩容工程湘潭段项目顺利完成，九华大道、昭云路、武广高铁株洲站到沪昆高铁韶山站连接线一期工程、板霞路等4条城际干道顺利通车。2016年12月26日，长株潭城际铁路开通运营，长株潭三市进入半小时互通圈。除此以外，2016年，怀芷快速干线开工建设进一步加速了怀化鹤中洪芷经济一体化步伐；衡阳市蒸湘南路、船山西路相继建成，实现了衡南、衡阳两县与中心城区的融合，衡阳西（渡）南（岳）云（集）大（浦）经济圈一体化发展再进一步。

产业差异化和特色化发展。一体化不是一样化。一体化与差异化相辅相成，"差异"得越好，一体化就越好。从产业来讲，一体化的真正含义是特色化，没有特色化，就没有一体化①。2016年，长株潭三市分别提出了未来产业发展努力的方向。其中，长沙提出打造"三个中心"，一是打造国家智能制造中心。抢抓"中国制造2025"和"互联网+"行动的机遇，加快构建智能制造服务体系、产业链条和人才高地，推动长沙制造业率先向高端、智能、绿色转型升级，率先建成智能制造强市。二是打造国家创新创意中心。实施创新驱动发展战略，融入全球创新网络，构建支撑城市未来发展的产业体系和创新体系，打造科技创新中心；推进文化跨界融合，扩大文化国际影响，做强文化创意产业，大力推进"东亚文化之都""媒体艺术之都"建设，让长沙成为全国重要的文化创新、运营、交易、体验中心。三是打造国家交通物流中心。充分发挥承东启西、接南转北的区位优势和"空铁一体"、多式联运的交通优势，推动交通物流一体化、集装化、网络化、社会化、智能化发展，打造国家综合交通物流枢纽。株洲市提出将坚持优势产业优先发展，精心建设国家自主创新示范区，将"中国动力谷"打造成为产业振兴主阵地、转型升级主引擎、城市形象新名片。湘潭市提出把创新作为经济发展的重中之重，推进长株潭国家自主创新示范区建设，以智能制造产

---

① 《杜家毫对新常态下长株潭一体化的思考》，凤凰网。

业为核心，攻坚新能源装备、海工装备、先进矿山装备和工业机器人四大领域，将湘潭努力打造成为中部地区"智造谷"。大湘西地区结合精准脱贫与生态保护，发展特色优势产业，如优质农品加工业、生态文化旅游、中医药、生态康养与边贸物流产业等，努力缩小与全省的发展差距。湘南地区转型升级、绿色发展和创新发展，积极与广东、港澳现代服务业对接，发展有色金属精深加工、精密磨具、电子信息、红色旅游等产业，努力建设成为中部地区承接产业转移的大平台、跨区域合作的引领区、加工贸易的集聚区和转型发展的试验区。洞庭湖地区着力推进水环境综合治理，加快建设高标准农田和现代农业基地，发展岳阳绿色化工、常德现代装备制造和益阳船舶制造、绿色食品加工产业，着力打造环湖湿地文化旅游圈。

公共服务一体化加速前行。2016 年 1 月，湖南省交通运输厅印发了《长株潭公共交通一卡通互联互通管理办法（暂行）》，从 2016 年 1 月 1 日起，长株潭三市发行的公交 IC 卡都可以在三市范围内乘坐公交、地铁、出租车。这一举措将促进长株潭公共交通一体化，实现多种公共交通方式间、不同城市间公众出行一卡通用，让市民出行更加便捷，目前正在启动全省公交一卡通。《湖南省深化医药卫生体制改革 2016 年重点工作任务》明确提出加快推进基本医保异地就医结算工作，建立完善省级异地就医结算平台，逐步与外省异地就医结算系统实现对接，基本实现跨省异地安置退休人员住院费用直接结算。湖南城乡居民养老保险并轨后，养老保险的区域一体化持续推进，进一步完善了省内跨地区转移衔接办法，参加城乡居民养老保险的人员，在缴费期间户籍迁移，可在迁入地申请转移养老保险关系，不转个人账户资金，既简化了程序，也方便了城乡流动，有利于区域一体化发展。

2. 长株潭城市群在全省的核心地位不断强化

长株潭城市群作为湖南省"一核三极四带多点"的重要组成部分，在全省起到核心引领作用。近年来，在两型社会建设、自主创新示范区建设等利好政策驱动下，长株潭城市群在全省的核心地位不断强化。

经济增长"领头羊"作用更加凸显。2016 年长株潭城市群生产总值13681.9 亿元，比上年增长 9.0%，增速高于全省平均增速 1.1 个百分点，占全省 GDP 的份额达到 43.79%，比 2015 年提高 0.6 个百分点。全部工业增加值增长 7.3%，高于全省平均增速 0.7 个百分点。

创新驱动发展效应更加明显。2016 年，长株潭城市群获批创建"中国制造 2025"试点示范城市群，湘江新区被列为国家级双创基地，高新技术产业产值增长 16%[1]。

两型发展示范全省。经过近 10 年的努力，长株潭城市群已经成为全国"两型"建设的示范引领区和具有国际重要影响的自主创新示范区。长株潭城市群绿心保护成效显著，目前它不仅是国内唯一一个大型城市群绿心，也是世界上最大的城市群绿心，面积是以往国际公认最大城市群荷兰兰斯塔德城市群绿心的 3 倍多。

3. 区域中心城市的引领作用不断增强

区域经济发展规律表明，做大做强增长极，充分发挥区域中心城市对周边地区的辐射带动作用，对于加快区域经济发展至关重要。在湖南省"一核三极四带多点"的空间格局中，长沙市、岳阳市、郴州市和怀化市分别是湖南省四大板块的区域中心城市。2016 年，区域四大中心城市加速发展，对区域的辐射带动作用不断增强。

经济保持高速增长。从表 1 可以看出，湖南省四大区域中心城市经济保持高速增长，主要经济指标增速均高于全省平均水平。

表 1　湖南省及湖南省区域中心城市 2016 年经济增长情况

区域	GDP		固定资产投资		一般公共预算收入		社会消费品零售总额	
	数量（亿元）	增速（%）	总量（亿元）	增速（%）	总量（亿元）	增速（%）	总量（亿元）	增速（%）
湖南	31244.7	7.9	27688.5	13.8	4252.1	6.0	13436.5	11.7
长沙	9250	9.4	6680	14.5	1228.18	10.3	4120	11.8
岳阳	3100.87	9.0	2307	20.6	330.8	9.4	1143	12.8
郴州	2190.8	8.2	2327.4	14.2	235.5	6.9	905.1	11.8
怀化	1372	9.0	1149	14.9	122.9	10.0	562	11.8

资料来源：根据湖南省及长沙市、岳阳市、郴州市、怀化市 2016 年政府工作报告、2016 年国民经济与社会发展公报相关数据整理。

---

[1] 杜家毫：《2016 年湖南省政府工作报告》，湖南省人民政府网。

交通枢纽地位进一步凸显。2016年12月28日，沪昆高铁全线通车，长沙作为京广高铁和沪昆高铁两条国家级客运专线交会地，其交通枢纽地位进一步凸显，对湖南省及周边城市的辐射带动作用进一步增强。2016年12月18日，张吉怀高铁开工建设，加上已经通车的沪昆铁路和正在建设的怀邵衡铁路，使得怀化成为三条高铁交会的城市，其交通辐射力大幅度提升。与此同时，作为区域中心城市的岳阳市和郴州市，随着京珠高速复线的全面开通和武广高铁作用的强化，区域性交通枢纽地位也逐渐显现。

企业总部争相落户长沙。2016年，亿科传媒总部落户湖南移动互联网产业聚集区——长沙高新区①。全球第二大互联网公司亚马逊，将AWS联合孵化器湖南区域总部落户雨花区；央企中铁六局路桥公司的全国总部从山西搬至长沙市雨花区；互联网大咖58同城的全国金融总部也抢滩入驻②。亚信集团将四大业务群总部之一的产业互联网总部及华南研发总部放在长沙中电软件园。上海创蓝将公司总部从上海搬迁至长沙高新区③。

现代服务业高速成长。服务业发达程度是衡量城市现代化水平的重要标志。2016年，长沙市服务业实现增加值4439.52亿元，居全国省会第六位；增速达12.4%，在全国省会中排第二位，仅次于杭州。总量扩大的同时，长沙服务业结构也呈现积极变化。2016年，以文化体育和娱乐业、租赁和商务服务业、居民服务和其他服务业为代表的营利性服务业，实现增加值1300.35亿元，同比增长21.2%，占全部服务业增加值的比重提高到29.3%，服务业市场化程度进一步提升。规模以上服务业中，互联网及相关服务单位营业收入同比增长52.2%，新兴服务业加快发展。发展增速、结构优化带来了对经济增长贡献力度加大。2016年，长沙服务业对全市经济增长的贡献达59.2%，较上年提升了10.6个百分点；全市规模以上服务业企业应付职工薪酬195.89亿元，同比增长10.4%，为长沙居民创造了更多财富；在第一、二产业税收负增长的情况下，服务业成为长沙税收增长的主

---

① 《又一家移动互联网企业将总部落户长沙》，新湖南。
② 《长沙雨花区赴京招商引来五大企业总部落户》，红网。
③ 《让"总部经济"驶入快车道》，新华网。

要来源，全年税收 723.81 亿元，同比增长 6.6%，占全市税收总额的
45.4%①。从其他区域性中心城市看，岳阳市 2016 年第三产业增加值
1285.94 亿元，增长 10.5%，增长速度远远高于第一、二产业；郴州市第三
产业增加值 815.1 亿元，增长 12.2%，几乎是第二产业的两倍；怀化市作
为湖南西部区域性中心城市，第三产业的增加值达到 649.73 亿元，增长
11.3%。由此可知，第三次产业成为区域性中心城市增长最快的产业，也是
区域性中心城市提升辐射带动能力的重要表现。

（三）城乡一体化发展取得新突破

近年来，湖南省城乡一体化建设工作开拓创新，积极探索，在城乡义务
教育均衡发展、城乡医疗卫生服务能力建设、城乡公共文化服务体系建设等
方面全面深化改革，城乡一体化发展取得了新突破。

1. 城乡教育均衡发展取得新进展

义务教育均衡发展取得新突破。在各地申请、专家审核、实地督导后，
2017 年 2 月 21 日，国务院教育督导委员会对 2016 年全国义务教育发展基本
均衡县（市、区）名单进行公示，全国有 522 个县（市、区）入围。其中
湖南有 18 个，分别为：湘潭市岳塘区、雨湖区、湘乡市、韶山市、湘潭县；
邵阳市北塔区；岳阳市君山区、汨罗市、临湘市；常德市津市市、临澧县；
张家界市武陵源区；益阳市赫山区、南县；郴州市苏仙区、桂阳县；永州市
零陵区；娄底市娄星区。2016 年，湖南省全国义务教育发展基本均衡县比
2015 年增加 5 个。

以大投入推动义务教育均衡发展。从 2016 年秋季学期开始，对全省城
乡义务教育学生全部免除学杂费、免费提供教科书，对家庭经济困难寄宿生
补助生活费，城市和农村、民办和公办学校统一享受"两免一补"。2016
年，各级财政将投入 86 亿元推动城乡义务教育均衡发展。其中，中央和省

---

① 《长沙服务业增加值跻身省会城市六强 2016 年对全市经济增长贡献达 59.2%》，湖南省人
民政府网。

级财政投入 77 亿元，占总投入的 89%。2016 年，全省城乡义务教育学校生均公用经费基准定额补助标准为：普通小学每生每年 600 元、普通初中每生每年 800 元，特殊教育学校和随班就读残疾学生每生每年 6000 元。对贫困寄宿生按照年生均小学 1000 元、初中 1250 元标准给予生活补助。对城乡公办义务教育学校维修改造，按每平方米 800 元的标准给予补助。民办学校学生同步、平等享受"两免一补"政策①。

完善城乡义务教育经费保障机制。2016 年 5 月，湖南省出台了《湖南省进一步完善城乡义务教育经费保障机制实施方案》。免费教科书资金、国家规定课程的教科书所需资金由中央财政全额承担（含出版发行少数民族文字教材亏损补贴），地方课程的教科书所需资金由省财政全额承担。中央核定标准的生均公用经费补助资金，比照实施西部大开发政策的县所需资金，中央与湖南按 8∶2 比例分担；其他县所需资金，中央与湖南按 6∶4 比例分担。家庭经济困难寄宿生生活费补助所需资金，中央与湖南按 5∶5 比例分担。设立义务教育校舍安全保障长效机制所需资金，农村学校所需资金中央与湖南按 5∶5 比例分担，城市学校所需资金由湖南承担。湖南应承担的公用经费补助、家庭经济困难寄宿生生活费补助以及校舍安全保障长效机制资金，由省与市县统一按照湘财预〔2010〕235 号文件确定的原农村义务教育经费保障机制资金分类分档办法进行分担。其中，省财政对武陵山区和罗霄山区连片特困县、国家级贫困县、省级贫困县和民族县执行最高的资金补助比例②。

2. 城乡医疗卫生服务能力进一步增强

2016 年，湖南省人民政府出台了《关于印发湖南省深化医药卫生体制综合改革试点方案的通知》（湘政发〔2016〕12 号），着力深化医疗卫生体制改革，城乡医疗卫生服务能力进一步增强。

医疗服务体系不断完善。2016 年，湖南省共有卫生机构 61055 个。其

---

① 《湖南财政投入 86 亿元推动义务教育均衡发展》，湖南省人民政府网。
② 《湖南省人民政府办公厅关于印发〈湖南省进一步完善城乡义务教育经费保障机制实施方案〉的通知》，湖南省人民政府网。

中，医院1260个，妇幼保健院（所、站）139个，专科疾病防治院（所、站）87个，乡镇卫生院2269个，社区卫生服务中心（站）715个，诊所、卫生所、医务室10519个，村卫生室44339个。卫生技术人员39.3万人，比上年增长5.9%。其中，执业医师和执业助理医师16.1万人，增长6.5%；注册护士16.2万人，增长8.2%。医院拥有床位30.0万张，增长8.7%；乡镇卫生院拥有床位9.6万张，增长3.8%①。

医疗质量稳步提高。2016年，湖南省卫生计生委下发了《关于印发湖南省2016～2017年度提升医疗质量工作方案的通知》，从进一步完善医疗质量管理与控制组织体系、加强疾病分级诊疗过程中医疗质量连续化管理、加强重点病种及医疗技术质量管理和费效比控制、加强日间手术质量精细化管理、提升县医院和民营医院医疗质量安全水平等5个方面入手，不断提高医疗质量，保障医疗安全。

公立医院改革迈出重要步伐。2016年，湖南全面推开公立医院综合改革，实现14个市州全覆盖，189家城市公立医院取消药品加成，破除以药补医；分级诊疗试点初见成效，基层医疗卫生服务体系逐步加强②。

3. 城乡公共文化服务体系不断完善

党的十八届三中全会将构建现代公共文化服务体系、促进基本公共文化服务标准化均等化作为全面深化改革的重点任务之一。紧紧围绕"四个全面"战略布局，加快构建覆盖城乡、便捷高效、保基本、促公平的现代公共文化服务体系，是各地各级文化部门的重要战略任务。通过完善公共文化服务设施、加大文化扶贫力度，湖南省城乡公共文化服务体系建设呈现良好发展态势。

公共文化服务设施网络不断完善。2016年，全省有艺术表演团体273个，群众艺术馆、文化馆143座，公共图书馆137座，博物馆、纪念馆113座。广播电台13座，电视台15座。有线电视用户1267.3万户。广播综合

---

① 湖南省统计局：《湖南省2016年国民经济和社会发展统计公报》，湖南统计信息网。
② 《2017年全省卫生计生工作会议在长沙召开》，湖南省卫生与计划生育委员会官网。

人口覆盖率 94.57%，比上年提高 0.51 个百分点；电视综合人口覆盖率 98.26%，比上年提高 0.28 个百分点。国家级非物质文化遗产保护名录 118 个，省级非物质文化遗产保护名录 324 个。出版图书 13188 种、期刊 248 种、报纸 48 种，图书、期刊、报纸出版总印数分别为 4.9 亿册、1.4 亿册和 10.8 亿份①。

公共文化服务体系进一步向农村特别是贫困地区延伸。2016 年，湖南加快完善公共文化设施网络，全面推进基本公共文化服务均衡发展，大力推进数字文化惠民等活动。2016 年，湖南省把在贫困地区建设 679 个村级综合文化服务中心示范点纳入全省各级政府为民办实事项目，目前首批 400 个示范点已基本建成②。与此同时，积极落实"三区"人才支持计划（文化工作者专项），2016 年选派的 3 批赴"三区"开展工作的优秀文化工作者总人数达 2720 人。通过举办受援县文化馆长、图书馆长、文化局长培训班等方式，加大对贫困地区文化人才的培养力度。湖南计划从 2016 年起，用 5 年时间完成对"三区"所有乡镇文化站站长的轮训。2016 年已举办 8 期培训班，培训乡镇文化站长 328 名。同时，湖南还启动了贫困地区农村文化志愿服务行动试点，2016 年招募的 60 名农村文化志愿者已在湖南省 58 个贫困县行政村完成了为期一年的文化志愿服务③。

4. 城乡公共基础设施明显改善

近年来，湖南省把加快城乡公共基础设施建设作为破解农村发展瓶颈制约、提升农村发展基础的重要途径，加大投入，集中实施一批项目，全省城乡公共基础设施得到明显改善。

农村公共基础设施和服务设施不断完善。2016 年，全省农村公路提质改造建设 10588 公里，建设 10297 公里普通公路安保设施，农村自来水普及率达到 76.6%，建设 1229 所义务教育合格学校和 236 所农村公办幼儿园；行政村配电网改造 1000 个，新增社会治安视频监控摄像头 37398 个，新增

---

① 湖南省统计局：《湖南省 2016 年国民经济和社会发展统计公报》，湖南统计信息网。
② 《湖南：精准扶贫，文化大有作为》，中国文化传媒网。
③ 《湖南：精准扶贫，文化大有作为》，中国文化传媒网。

管输天然气用户 52.30 万户。改扩建精神卫生服务机构 20 家，建设基层综合文化服务中心 400 个；新增 500 个行政村通宽带和 100 万户直播卫星户户通；建设社区矫正中心 73 个。新增 21316 张养老服务床位，完成年度目标任务的 106.6%[①]。完成农村危房改造 26.1 万户，完成目标任务的 113%；整村整乡连片实施农村危房改造，638 个村成为改善农村人居环境的示范样本。完成 6699 个村的生活垃圾治理，完成计划任务的 134%，全省村庄垃圾治理率达到 62%，比 2015 年提高了 20.3 个百分点。

城镇基础设施综合承载力明显提升。2016 年，全省"两供两治"工程累计完成投资 566 亿元，占规划总投资的 83%，107 个市县以上城镇市政管网水水质达到《生活饮用水卫生标准（GB5749 – 2006）》要求；县以上城镇生活垃圾无害化处理率、污水处理率分别达到 99.6% 和 93%。国家和省级海绵城市试点累计完成投资 31.3 亿元，61 个项目已完工。全省已开工 40 个综合管廊项目，里程 127 公里。黑臭水体治理完成 47 处，累计完成投资 160 亿元[②]。

（四）农业供给侧结构性改革取得实质性成效

2016 年，湖南省坚持深层次谋划农业产业结构调整，全方位拓展农业功能，推动粮经饲统筹、农牧渔结合、一二三产业融合发展，丰富供应链、延伸产业链、提升价值链，农业供给侧结构性改革取得了实质性成效。

1. 农产品加工业异军突起

农产品加工业"快车"加速前进。运行速度快中企稳，"十二五"期间，全省农产品加工业年均增长 20.7%，远高于全省 GDP 的年均增幅，2016 年增速虽然有所放缓，但 14.4% 的速度仍然高于全省 GDP 增速。运载能力大幅提升，2015 年湖南农产品加工业产值首次进入全国"万亿元俱乐部"，2016 年全省农产品加工业规模达到 1.35 亿元，占全省工业总量的

---

① 《2016 年湖南重点民生实事顺利完成》，湖南统计信息网。

② 《2017 年湖南省住房和城乡建设工作报告解读》，湖南省住房与城乡建设网。

20%，主要农产品加工转化率超过 65%，全省农产品加工业产值与农业总产值之比达到 2.2 : 1①。牵引动力不断增强，全省农产品加工企业已经发展到 5.6 万家，其中规模以上农产品加工企业 3800 家，过 100 亿元的龙头企业有 4 家，国家级农业产业化龙头企业 46 家，省级龙头企业总数超过 600 家②。

农产品加工业"路轨"两头延伸。一头连着"田间"。2016 年，全省农产品加工企业共连接鲜活农产品基地 8700 万亩，带动农户 930 万户，占全省农户数的 57.9%，发展家庭农场 3.9 万户、农民合作社 6.2 万个，其中合作社成员达 291 万户，占全省农户的 21.1%，全省农产品加工企业直接安置 215 万人就业，其中安排农民工 140 万人，对全省农民人均纯收入的贡献率超过 13%③。一头连着"舌尖"。2016 年全省农村电子商务交易额达 1200 亿元④，重点实施了"农村电子商务推进""农业企业电商应用推广示范""县域农村电商推进示范"等三大工程，在全省建设了一大批县域电子商务公共服务平台（中心）和村级电子商务服务站，阿里、苏宁、京东三大电商平台已开通 20 个贫困县的特色馆和湘西州、怀化市、永州市 3 个市州特色馆，实现农产品线上交易额超过 10 亿元，"电商扶贫特产专区"实现线上、线下交易额 5.8 亿元⑤。

农产品加工业"路网"全面构建。产业布局为"经"，粮食、畜禽、果蔬、油料、茶叶、水产品、棉麻、竹木等八大主导产业稳步发展，粮食、畜禽、竹木进入千亿产业行列。区域布局为"纬"，洞庭湖区重点发展优质稻等优势大宗农产品和水产养殖，长株潭地区重点发展优势经济作物，湘南地区重点发展优质粮油、出境果蔬及畜禽养殖业，大湘西地区重点发展茶叶、中药材、食用菌及特色种养业等。产业集聚为"节点"，全省建成现代农业

① 《农产品加工业突破万亿元大关》，湖南省人民政府门户网。
② 《湖南农业产业化国家重点龙头企业总数达 46 家》，《湖南日报》2016 年 12 月 05 日。
③ 《湖南农产品加工业销售年收入突破万亿元大关》，华声在线。
④ 《湖南 2016 年农村电子商务交易额预计可达 1200 亿元》，新华网。
⑤ 《湖南今年农村电商交易额预计 1200 亿 贫困县将占 4 成以上》，人民网湖南频道。

特色产业园省级示范园 300 个，园区实现农业年总收入 162.63 亿元，亩均年收入 9930 元，培育了 732 个"三品一标"优质农产品，占全省的 24.69%，园区农民人均增收 1 万元以上，带动农民就业 60.27 万人，农民增加工资性收入 61.84 亿元[①]。

2. 休闲农业发展成效明显

"大珠小珠落玉盘"，休闲农业发展势头喜人。湖南休闲农业发展起步早、步伐快，早在 20 世纪 80 年代末，休闲农业已经在湖南出现，短短十几年就迅速发展成为一个超百亿元产值的产业，2016 年，全省休闲农业接待休闲观光人员超过 1.56 亿人次，经营收入超过 320 亿元，经营收入年均增长 20% 以上。休闲农业经营主体规模不断壮大，到 2016 年底，湖南省休闲农业经营主体 16300 个，规模农庄 4300 家，其中星级农庄 1036 家，省级五星级农庄 303 家，国家级五星级农庄 49 家，省级休闲农业示范园 34 个。休闲农业品牌效应不断增强，截至 2016 年，湖南有全国休闲农业与乡村旅游示范县 14 个，示范点 23 个，中国美丽田园 9 个，中国最美乡村 12 个，全国休闲农业与乡村旅游十大精品路线 47 条，中国农业文化遗产两个[②]。

创新"旅游+集群"发展方式，休闲农业"版本"加速升级。从"个人经营"到"企业运作"，全省休闲农业经历了发展方式的转型升级。随着旅游融合化和区域集群化，休闲农业 3.0 时代正加速到来，发展潜力将再一次释放。2016 年《湖南省消费导向型旅游投资促进计划》提出，进一步打造休闲农业旅游景区集群，到 2020 年，将建设 100 个乡村旅游创客基地、1000 家特色民宿、500 家星级农家乐和 40 家乡村度假精品酒店。全省初步形成了以长株潭地区、湘中南区、环洞庭湖区、湘西山区为主的四大休闲农业集群。不久前，"神奇湘东"精品旅游线路出炉，把分散于湘东各地的休闲农业、旅游景点"连成一串"，让精品民宿、乡村度假酒店、非物质文化

---

① 《湖南：现代农业特色产业园省级示范园已建成 300 个》，第一农经网。
② 湖南省农业委：《坚持以农为本　创新融合模式　推进休闲农业持续健康发展》，打印稿。

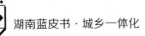

遗产"抱成一团",沿线辐射 70 个乡镇,惠及 4 市 10 县 211 个乡村旅游扶贫重点村①。

3.农产品品牌建设全面启动

做足"成色",擦亮品牌农业建设"湘字招牌"。截至 2016 年底,全省农产品共获得"中国驰名商标"167 个,获得"中国名牌产品"41 个②,江华瑶族自治县的"江华苦茶"、新化县的"紫鹊界贡米"入围"2016 年中国品牌价值评价榜","江华苦茶"还获得"2016 年中国品牌价值评价"证书。全省"三品一标"认证总数达 2905 个,其中无公害农产品 1620 个,绿色食品 1091 个,有机食品 151 个,农产品地理标志登记 43 个,"三品一标"产品总产量 709 万吨,总产值 672 亿元③。2016 年,全省新增 6 个国家级出口食品农产品质量安全示范区,总数已达 12 个,数量居全国第 8 位④。

练强"内功",抓好品牌农业产品品质建设。标准化生产水平更高,农业标准化实施率超过 50%,畜禽标准化规模养殖率达到 45%,水产健康养殖率达到 60%⑤,湖南省实行农业标准化生产的农民合作社发展到 2.3 万余个、农产品企业达 1.5 万余家,标准化种植面积达 4200 万亩、核心基地突破 2200 万亩⑥。质量安全监管更严,从产地把好农产品质量安全关口,强化"一体两翼",以监管为主体,执法和检测为两翼,打造高效的农产品质量安全综合监管体系。科技创新力度更大,2016 年袁隆平院士团队培育的杂交水稻亩产 1088 公斤⑦,再次刷新世界亩产纪录,"湖南省主要农作物测土配方施肥客户端软件"入选农业部评选的"互联网 +"现代农业百佳实践案例,技术达到国内领先水平。

---

① 《"神奇湘东"精品旅游线路出炉 大围山炎帝陵等景区将串珠成链》,《长沙晚报》2017 年 03 月 05 日。

② 《湖南农产品加工业销售年收入突破万亿元大关》,华声在线。

③ 《全省农产品"三品一标"认证总数达 2905 个》,华声在线。

④ 《湖南省新增 6 个国家级出口食品农产品质量安全示范区》,红网。

⑤ 湖南省发改委:《关于我省推进农业现代化有关情况汇报》,打印稿。

⑥ 《湖南省农业标准化种植面积达 4200 万亩》,《潇湘晨报》2016 年 01 月 14 日。

⑦ 《袁隆平团队取得超级杂交稻高产攻关重大进展》,新华网。

搭好"舞台",优化品牌农业建设发展环境。顶层设计舞"龙头"。2017年,《湖南省人民政府办公厅关于进一步加快推进农产品品牌建设的指导意见》发布,在夯实农产品品牌创建基础、打造农产品知名品牌、提升农产品品牌管理服务水平、优化农产品品牌创建环境等方面进行了规划,指引全省农产品品牌建设未来的发展。政策扶持享"甜头"。2016年,全省农业信用担保体系90个县级办事处已全部挂牌运营,相继推出"粮食保贷通""油茶保贷通"等产品,累计受理融资需求项目653个,金额88.24亿元①;对种粮大户生产经营活动给予贷款贴息,种粮大户的贷款成本下降了一半;扶持一批规模大、品质优、品牌响的绿色农产品品牌,如永顺县鸿丰猕猴桃、张家界丛林山鸡、泸溪椪柑等,经济和社会效益显著。宣传推介有"看头"。2016年,湖南开展首次"十大农业品牌"评选活动,农业"明星"走了一把本地"时装秀",开辟了品牌农业创建工作新路子。同年,"湘品出湘"姊妹篇"湘品入俄"正式启动,本地品牌有了更多海外"出镜"的机会。

4. 农村改革稳步推进

农村土地制度改革亮点纷呈。农地"三权分置"改革积极推进,全省涌现出许多有益的做法与经验,其中,宁乡县大成桥镇鹊山村走出了"三权分置"的"鹊山模式",全村粮食产量实现了同比66.7%的大幅增长,农民每亩平均增收节支达959元②,"鹊山模式"也入选"2016中国改革年度十大案例"。土地确权完成过半,全省122个县(市、区)全部开展整县推进,完成确权面积2536.9万亩,占全省家庭承包面积的50.5%,全省农村土地确权登记颁证将于2017年底基本完成③。宅基地改革扎实推进,浏阳市作为全省唯一的全国农村土地制度改革试点市,出台、创新多项制度,办理宅基地确权9403宗,有1000余户达成退出意向,有189户农户自愿退出

---

① 《多种粮　多受益》,《湖南日报》2016年07月04日。
② 《土地制度改革方向的积极探索——来自宁乡县大成桥镇鹊山村实践的启示》,《湖南日报》2016年06月17日。
③ 《湖南年内基本完成农村土地确权》,《湖南日报》2017年02月22日。

宅基地、退出面积 3.4 万平方米，收取宅基地有偿使用费 320 万元①。农村集体产权股份制改革初见成效，资兴市作为湖南唯一的全国农村集体资产股份制改革试点市，全面推进清产核资、成员界定、股权量化、股份合作等工作，核定资产总额 3.98 亿元、认定成员 25.38 万人，66 个村（社区）开展股份合作，有 42 个集体资产股份合作社实现分红，分红金额最高达 1100 元/人②。

新型农业经营服务体系加快构建。"三级"支撑，惠农综合服务体系不断完善。通过在县（市、区）建立惠农服务公司，乡镇建立惠农服务中心，村级建立惠农服务社，在全省供销合作社系统实施惠农综合服务体系工程。全省第一批 14 个改革试点县社共新建惠农服务公司 15 个，新建惠农服务中心 298 个、惠农服务社 1838 个③。同时，采取多种方式恢复发展基层社，全省系统基层社总数达 1717 个，覆盖率由上年的 68.1% 上升至 86.9%④。

农村金融改革深入推进。"握指成拳"，涉农资金发挥更大力量。改革财政涉农资金管理使用机制，以省为主建立支持和保障机制，以县为主搭建资金整合使用管理平台，将 51 个贫困县全部纳入涉农资金整合范围，将 20 项中央资金和 19 项省级资金实行"先切块、后分配"，要求各项资金切块安排到贫困县的比例不得低于 55%。2016 年，省级统筹整合切块下达到贫困县的资金规模达 156 亿元⑤。引入活水，"两权"抵押创新贷款模式。截至 2016 年底，全省"两权"抵押贷款余额达 49.6 亿元，其中农村承包土地的经营权抵押贷款余额 3.4 亿元，同比增长 60.5%，农民住房财产权抵押贷款余额 46.2 亿元，同比增长 12.9%⑥，有力促进了农民增收致富和农业现代化发展。末端延伸，农村金融服务更接"地气"。全省近年来大力培育村镇银行，2016 年末，全省 40 家村镇银行已覆盖 47 个县市，县域覆盖面

---

① 浏阳市委改革办：《浏阳市农村土地制度改革试点情况调研报告》，打印稿。
② 郴州市委政研室（改革办）：《郴州市农村土地制度改革的调研报告》，打印稿。
③ 《曾震亚在全省深化供销合作社综合改革推进会上的工作报告》，湖南省人民政府网。
④ 湖南省供销合作总社经贸发展处：《开展农业社会化服务 助推精细农业发展》，打印稿。
⑤ 《湖南脱贫攻坚首战告捷 2016 年减少贫困人口 125 万》，《湖南日报》2017 年 01 月 10 日。
⑥ 《"两权"抵押：农金创新的湖南"加速度"》，中国金融新闻网。

达54%，共有县域银行机构网点6171个，比2010年末增加353个，全省建制乡镇金融服务网点覆盖率达到100%，行政村金融服务覆盖率为99.72%①，基本实现"乡乡有机构、村村有服务"。

（五）绿色发展成为城乡发展主攻方向

2016年，湖南省委、省政府高度重视生态环境保护和治理，在探寻绿色发展的路上，取得了有目共睹的成效。在人们"望得见山、看得见水、记得住乡愁"的无限期许中，绿色发展的脚步迈得更快更好。

1. 生态环境损害赔偿创新推进

2016年11月，湖南省出台了《湖南省生态环境损害赔偿制度改革试点工作实施方案》，2016年12月，成立湖南省生态环境损害赔偿制度改革试点工作领导小组，制定试点工作实施方案，明确了部门职责分工，研究部署试点工作任务。制定出台有关管理制度，初步建立全省生态环境损害赔偿制度框架②。

明确生态环境损害赔偿责任。明确对以下三类情形要依法追究生态环境损害赔偿责任。即发生《国家突发环境事件应急预案》（国办函〔2014〕119号）中特别重大、重大和较大突发环境事件的；在国家和湖南主体功能区规划中划定的重点生态功能区、禁止开发区发生环境污染、生态破坏事件的；在重点生态功能区和禁止开发区以外的其他地区直接导致区域大气、水、土壤等环境质量等级下降，或造成耕地、林地、湿地、饮用水水源地等功能性退化的。

创新多样化赔偿方式。湖南进一步强化生产和经营者对生态环境保护的法律责任，实行损害必偿，促使赔偿义务人对受损的生态环境进行修复或进行货币赔偿。赔偿义务人可自主修复；无修复能力的，可委托具备修复能力的社会第三方机构进行修复。无法修复的，根据评估价格实行资金赔偿。赔

---

① 《湖南银监局：2016年湖南省村镇银行实现利润4.61亿》，中国新闻网。
② 《湖南省生态环境损害赔偿制度改革试点工作实施方案》，中国环保在线。

偿资金作为政府非税收入，全额上缴地方国库，由财政部门列为专项资金管理，专款专用①。

2. 生态修复取得显著成效

长株潭地区农地土壤修复取得明显进展。从 2015 年开始国家每年安排专项资金，在长株潭地区的 19 个县推进镉低积累品种筛选推广，实施耕地质量的提升与重金属污染的修复行动，取得了明显进展。2016 年下半年，有关专家按照科学流程进行严格检测，土壤的重金属污染程度已经降低②。

洞庭湖生态恢复加速推进。2016 年 3 月，湖南省颁布了《洞庭湖生态经济区水环境综合治理实施方案》，全省围绕修复水生态、农业面源污染治理、城乡生活污染防治、工业点源污染防治和重点工业污染源排查等启动了五大专项行动。特别是对河湖围网养殖进行了清理，把湖区总面积在 5 万亩以下的矮围网围全部拆除③。

3. "一湖四水"治理机制不断完善

开启新一轮治理行动计划。2016 年 4 月，省政府正式下达湘江保护与治理第二个"三年行动计划"，这项计划涵盖全面深化工业企业污染整治，全面推进干支流两岸及流域内农村环境综合整治，全面完成重点区域企业搬迁、关停和遗留固废治理等七大主要任务。主要领导高度重视"一湖四水"保护与治理。2016 年 12 月 30 日，省委书记杜家毫主持召开湘江保护和治理委员会 2016 年第二次全体会议。强调要坚定不移地推进湘江保护和治理省"一号重点工程"向纵深发展、向"一湖四水"延伸。

以"河长制"推动"河长治"。2016 年 3 月 31 日，湖南省水利厅印发了《湖南省水利厅深化水利改革领导小组 2016 年工作要点》，提出要创新河湖管理模式，推进株洲市、长沙县、洪江市河湖管护体制机制创新试点，出台湘江流域河长制实施方案，开展湘江流域河长制试点，健全河道保洁巡

---

① 《湖南启动生态环境损害赔偿改革试点　三类情形将被追责》，红网。
② 《农业部称湖南重金属污染耕地修复取得明显进展》，《法制日报》2017 年 1 月 25 日。
③ 《湖南拆除十多万亩"鱼牢"恢复南洞庭生态》，凤凰网。

查督查制度①。2017 年，"河长制"在全省全面铺开。

4. 生产方式加快向绿色转型

能源消耗和主要污染物排放继续保持下降态势。2016 年，全省规模工业综合能源消费量 5946.2 万吨标准煤，比上年下降 1.5%。其中，六大高耗能行业综合能源消费量 4712.6 万吨标准煤，下降 1.7%。主要污染物中，化学需氧量排放量比上年削减 2.82%，二氧化硫削减 8.42%，氨氮削减3.07%，氮氧化物削减 6.99%②。

严格产业准入门槛。出台产业环境准入政策，严格执行投资项目用地、节能、环保等准入门槛，2016 年，全省先后否决达不到环保要求的项目 500多个；加快退出落后产能，全省先后对 19 个工业行业 700 多户企业的落后产能进行淘汰，其中淘汰炼钢 154.2 万吨、水泥 3675.6 万吨；改造提升传统产业在全国首创政府两型采购，覆盖 171 家企业、793 个产品。

绿色发展助推转型升级。湖南以绿色发展倒逼经济发展方式转型升级，将传统产业升级改造，推动资源消耗高、环境污染多的产业向资源消耗低、环境污染少的产业转变，使得经济发展质量更好、结构更优，提高经济绿色化程度。如湖南将生态环境保护内化为经济增长动力，在湘江保护和治理中坚持"五个一批"：取缔关停一批污染严重企业、拆除关闭一批违法企业、搬迁退出一批布局不合理企业、限期治理一批重点污染源企业、投入运行一批基础设施项目。目前，株洲清水塘工业区等地正"华丽转身"，逐步建成一座座生态新城③。

（六）补齐短板全面小康更近一步

2016 年，湖南省认真贯彻发展新理念，加快推进供给侧结构性改革，强力推进扶贫攻坚，坚持以分类指导、协调推进全面建成小康社会为总抓手，统揽和推动经济社会发展，全省经济保持总体平稳、稳中有进、稳中向

---

① 《湖南"河长制"全面推行方案》，网易新闻网。
② 湖南省统计局：《湖南省 2016 年国民经济和社会发展统计公报》，湖南统计信息网。
③ 《让绿色成为湖南发展的底色》，湖南在线。

好的发展态势，全面建成小康社会取得了较大成效。

1. 精准扶贫展现"湖南速度"和"湖南经验"

三年来，湖南牢记总书记的嘱托，坚持以问题为导向，以改革为手段，精准发力，积极推进扶贫工作机制创新，探索了一些有价值、可复制的扶贫开发经验，创造了多个成效显著的扶贫品牌，交出了一份满意答卷。

集中力量打好脱贫攻坚战，展现精准扶贫"湖南速度"。2016年，湖南省级以上财政投入专项扶贫资金58.2亿元，超额完成年度脱贫攻坚任务。实施省级重点产业扶贫项目86个，直接帮扶20万贫困人口。完成易地扶贫搬迁16万人，武陵源区、洪江区和1100多个贫困村实现脱贫摘帽、退出验收①。

积极探索可复制、可推广的"湖南经验"。一是产业扶持上"四跟四走"。湖南省探索"资金跟着贫困对象走、贫困对象跟着能人走、能人和贫困对象跟着产业项目走、产业项目跟着市场走"的"四跟四走"新路子。2016年9月，全国产业扶贫工作现场会在湖南召开，"四跟四走"产业扶贫新路子被誉为湖南精准扶贫的金字招牌②。二是创新贫困户融资模式。针对贫困农户"融资难、融资贵"问题，为农户量身打造无抵押、无担保小额信贷新模式。三是探索贫困农户住房安全有保障的新举措。针对大多数贫困农户因拿不出自筹资金而建不了房的现状，湖南省转变观念、调整政策、提高标准，把工作重心锁定在贫困农户危房改造上。特困农户每户最高可获专项补助4万元，扶贫部门每户跟进补助1万元，三年帮助15万贫困农户圆了安居梦。四是摸索有效阻断贫困代际传递的新路径。大力开展助学就业行动，帮助贫困山区每个家庭有一个孩子通过两年在校免费学习、一年企业顶岗带薪实习，实习期满合格后推荐就业，进而实现"资助一人，就业一人，致富一家"。针对贫困地区人才缺乏的深层根源，切实加大贫困地区教育帮扶力度，在全省精准识别出111万个教育扶贫对象，根据不同类型贫困家庭

---

① 许达哲：《2017年湖南省政府工作报告》，湖南省人民政府网。
② 《"脱贫攻坚看湖南"是全面小康的铿锵乐章》，人民网。

子女上学情况，因人施策，实施助学就业行动。五是积累劳务协作脱贫的新经验。2016年4～8月，湖南省和广东开展了劳务协作脱贫试点，探索形成了"114"劳务协作脱贫工作模式（即"一套机制＋一项平台＋四个关键环节"），积累了可复制、可推广的经验。六是走出了以开发式扶贫方式解决救济式扶贫问题的新路子。对丧失劳动能力的扶贫对象，湖南在落实并强化低保、五保等国家保障制度的同时，推动资产收益扶贫，探索运用开发式扶贫方式解决救济式扶贫问题的途径。比如，江永县投资3000万元连片开发2500亩以夏橙为主的特色水果产业，项目建成后将惠及当地建档立卡的1034名残疾人及4979名贫困户①。

2. 全面小康实现程度不断提高

党的十八大以来，湖南省抢抓战略机遇，战胜各种挑战，大力推进"三量齐升""四化两型""五化同步"，推动经济、政治、文化、社会、生态文明建设和党的建设全面进步，坚持分类指导建小康，全面小康实现程度大幅提升。

四大区域小康水平全面提升。据测算，2016年长株潭地区、洞庭湖地区、湘南地区和大湘西地区全面小康总实现程度分别为97.7%、93.6%、91.8%和87.9%，分别比上年提高1.8个、4个、3.4个和5.2个百分点。从全面建成小康社会区域特点来看，由于各区域采取有效措施努力化解经济下行压力，促进经济平稳健康发展，并注重加快发展文化产业，经济发展和文化建设方面提升幅度较大。长株潭地区文化建设和经济发展方面分别比上年提高3.8个和2.3个百分点，洞庭湖地区文化建设和经济方面分别比上年提高10.4个和5.1个百分点，湘南地区经济发展和文化建设方面分别比上年提高5.8个和4.8个百分点，大湘西地区文化建设和经济发展方面分别比上年提高12.4个和5.4个百分点。分项来看，湘南地区经济发展方面提升最快，比上年提高5.8个百分点；洞庭湖地区民主法制方面提升最快，比上年提高4.1个百分点；大湘西地区文化建设、人民生活和资源环境方面提升

---

① 《积极探索可复制精准扶贫模式》，《民生周刊》2017年第4期。

最快，分别比上年提高 12.4 个、2.3 个和 4.5 个百分点①。

2016 年各市州全面建成小康社会稳步推进，8 个市州全面小康实现程度在 90% 以上。从实现程度来看，各市州比上年均有所提升，其中提升最快的怀化市，比上年提高 6.1 个百分点。分项来看，湘西州经济发展方面提升最快，比上年提高 10 个百分点；湘潭市民主法制方面提升最快，比上年提高 13.6 个百分点；怀化市文化建设方面提升最快，比上年提高 20 个百分点；湘西州人民生活和资源环境方面提升最快，比上年分别提高 4.1 个和 5.1 个百分点②。

各县（市、区）全面建成小康社会加速推进。2016 年各县（市、区）全面建成小康社会扎实推进，又有 11 个县（市、区）达标。具体来看，经济发展、人民生活、社会发展、民主法治和生态文明五个方面均扎实推进。一类县平均总实现程度比上年提高 2.8 个百分点，二类县平均总实现程度比上年提高 3 个百分点，三类县平均总实现程度比上年提高 1.9 个百分点③。

3. 城乡民生保障不断改善

重点民生实事项目全面完成。2016 年，全省 16 个重点民生实事项目全面完成。24 个考核指标，8 个达到目标要求，16 个超额完成任务。

表 2 2016 年全省重点民生实事项目完成情况

序号	民生实事项目考核指标	完成情况	完成率(%)
1	实现 110 万贫困人口脱贫	完成 125 万人	113.6
2	提质改造农村公路 1 万公里	完成 1.06 万公里	106
3	建设 7000 公里农村公路安保设施	完成 1.03 万公里	147.1
4	农村自来水普及率达到 65%	已达 76.6%	117.9
5	新增城镇就业 70 万人	新增 77.36 万人	110.5
6	建设义务教育合格学校 500 所	完成 1229 所	245.8
7	建设农村公办幼儿园 200 所	完成 236 所	118

---

① 《2016 年湖南全面建成小康社会成效明显》，湖南统计信息网。
② 《2016 年湖南全面建成小康社会成效明显》，湖南统计信息网。
③ 《2016 年湖南全面建成小康社会成效明显》，湖南统计信息网。

续表

序号	民生实事项目考核指标	完成情况	完成率(%)
8	农村危房改造 12 万户	完成 17.6 万户	146.7
9	城市棚户区改造 35 万套	完成 41.5 万套	118.6
10	国有工矿棚户区改造 8000 套	完成 8575 套	107.2
11	新增管输天然气用户 36 万户	已新增 52.3 万户	145.3
12	抢救性康复残疾儿童 5000 名	完成 5650 名	113
13	救治救助贫困重性精神病患者 1.1 万人	完成 1.12 万人	101.8
14	为 100 万农村适龄妇女实施"两癌"免费检查	完成 101.76 万人	101.8
15	新增社会治安视频监控摄像头 3 万个	完成 3.74 万个	124.7
16	新增养老服务床位 2 万张	已新增 2.13 万张	106.5
17	107 个市县市政管网水水质达标	已全部达标	100
18	改扩建精神卫生服务机构 20 家	完成 20 家	100
19	建设社区矫正中心 73 个	完成 73 个	100
20	新增通宽带行政村 500 个	已新增 500 个	100
21	直播卫星户户通 100 万户	完成 100 万户	100
22	改造 1000 个行政村配电网	完成 1000 个	100
23	建设美丽乡村示范村 155 个	完成 155 个	100
24	建设基层综合文化服务中心 400 个	完成 400 个	100

资料来源：湖南省人民政府网。

民生投入力度逐年加大。2016 年，中央和省级财政对社会保障领域的投入达到 874.17 亿元，比 2015 年增加 86.1 亿元，增长 10.93%。在社会保障领域的各类投入中，企业养老投入达到 217.89 亿元，城乡居民养老投入达到 85.66 亿元，就业投入达到 40.6 亿元，医疗卫生、计生投入达到 343.02 亿元，社会福利、社会救助和优抚等方面投入达到 187 亿元。支持将城镇居民医保和新农合整合成统一的城乡居民医保制度，城乡居民医保年人均财政补助水平由 2015 年的 380 元提高到 420 元，全年下拨中央和省级补助 221.98 亿元。2016~2018 年，省财政厅每年投入 7000 万元为中心乡镇卫生院和社区卫生服务中心配备医疗设备，重点向边远、民族、贫困地区倾斜。安排 2.84 亿元支持住院医师规范化培训工作，安排 1300 万元支持全科医生和助理全科医生转岗培训、乡村医生培养培训工作，为基层培养紧缺、急需的卫生人才。安排 6840 万元支持武陵山（罗霄山）片区发放农村卫生人才津贴和引进卫生人才，安排 7340 万元支持提高老年乡村医生生活困难补助标准，安排 5000 万元支持卫生信息化建设。支持基本公共卫生服务扩面提标，将服务项目扩大到 12 大类 45 项，补助标准提高到 45 元/（人·年），2016 年共下拨中央和省级补助 25.2 亿元。大力支持艾滋病、结核病、职业病、血吸虫病等重大疾病防控，其中每年安排 8600 万元用于落实《湖南省消除血吸虫病规划（2016～2025）》。在茶陵县等 14 个贫困县市开展出生缺陷防治项目试点。继续支持省重点民生实事项目，完成"两癌"免费检查 100 万人、重性精神疾病患者救治救助 11000 人、改扩建精神卫生机构 20 家①。

二　湖南城乡一体化面临的新挑战

尽管湖南城乡一体化不断取得新的突破，城乡发展正逐步实现由分割向融合转变，但同时，随着经济结构的加快调整和改革的不断深入，湖南城乡一体化发展中存在的一些深层次的矛盾与问题逐渐显现，改革发展的任务依然艰巨。

（一）农民市民化成本分担机制运行不畅

建立由政府、企业、个人共同参与的农业转移人口市民化成本分担机制，是推进以人为本的新型城镇化的重要任务。湖南作为中部农业大省，农业转移人口多，近年来全省围绕构建农业转移人口市民化成本分担机制进行了诸多有益探索，城镇公共服务供给能力不断增强，但分担责任不清、分担协调机制不健全等问题仍未得到有效解决。

1. 中央、省和市县分担责任失衡

国务院于 2016 年 8 月出台了《关于实施支持农业转移人口市民化若干

---

① 省财政厅：《加大财政支出　织密扎牢民生保障网》，红网。

财政政策的通知》，湖南省人民政府于 2017 年 3 月出台了《关于实施支持农业转移人口市民化若干财政政策的通知》，明确了中央与省、省与市县的农业转移人口市民化成本分担责任，但具体的操作办法尚未形成。从当前湖南的总体情况来看，分担责任仍然失衡。

一是未建立科学的成本测算机制导致分担责任难以落实。建立农业转移人口市民化成本分担机制，前提是明确成本的类别与数量。《国家新型城镇化规划（2014~2020 年）》提出要建立健全由政府、企业、个人共同参与的农业转移人口市民化成本分担机制，并要求政府、企业、农民工相应地承担相关费用。但这些要求并未细化，中央也未就成本类别与测算方式作出统一要求。湖南省级层面并未开展相关的成本测算工作，仅有部分市县如长沙市、资兴市、澧县等进行了初步探索，但缺乏相应的标准，导致认识不一致、测算结果差异很大，如长沙市预算的农业转移人口市民化人均成本为 15.66 万元①，资兴市测算的人均成本为 13.53 万元②，澧县测算的人均成本为 18.26 万元③，三者相差较大，澧县作为县级城市的市民化成本比长沙这一省级城市的市民化成本还高很多，且测算政府、企业、个人分担的比例的差异更大，对各级政府如何来分担缺乏充分的依据。影响农业转移人口市民化成本测算的因素很多，分类测算这些成本，才能明晰成本的承担主体和支出责任，尤其是由政府承担的基础设施与公共服务成本，涉及中央、省、市、县多层主体，若缺乏分类测算，必然无法确定分担责任。而当前无论是中央的政策还是湖南省的政策都未就此进行明确，湖南也未建立农业转移人口市民化的数据库，导致各地在探索农业转移人口市民化成本分担机制时无所适从，难以操作。

二是地方政府尤其是县级政府财权小事权大导致分担失衡。中央、省与市县政府的财权事权不匹配，导致政府之间的农业转移人口市民化成本分担

---

① 《长沙170万农业转移人口将完成市民化　人均成本15万》，《长沙晚报》2014年9月1日。
② 《资兴市农业转移人口市民化成本分担办法》，打印稿。
③ 《澧县推进农业人口市民化工作情况汇报》，打印稿。

失衡。一方面，各级政府间财权事权不平衡，县域承担农业转移人口市民化的公共支出压力大。当前，我国地方政府的财政支出远大于收入，在公共服务的支出方面远远大于中央的支出。中央上收财权，下放事权，使地方政府尤其是像湖南这样的农业大省财政压力大，也在一定程度上加重了省级与县级之间的财权事权不平衡的情况。湖南近年来通过财政直管县改革，扩大了县级政府的财权，但改革未与县级政府的事权相衔接。当前，从中央到省级对县级政府进行转移支付的同时转移了事权，还需要相应的配套，而县级层面没有转移支付的事权越来越多，尤其是诸多财力薄弱县域，随着城镇化建设与公共服务支出的责任越来越重，财政压力沉重，难以承担起农业转移人口市民化的公共支出。另一方面，从中央到湖南省的相关政策，都提出将农业转移人口市民化作为市县转移支付、奖励等的依据，但规定不具体，对市县的要求多，相关责任依然不明晰。如湖南省提出按照在校学生数及相关因素、标准测算分配涉及学生政策的转移支付，但对于农业转移人口子女教育涉及的软硬件设施建设、资助等仅提出以奖补的形式进行引导；对将农业转移人口纳入住房保障体系，只提出对吸纳农业转移人口较多的地区给予适当支持等①。这些政策措施并未提出针对农业转移人口市民化的专项投入，政策随意性较大，市县政府落实起来难度大。同时，当前从中央到省里尚未就农业转移人口市民化所需要解决的城镇化建设及其用地、融资等问题做出相关规定，也影响到市县政府推进农业转移人口市民化的积极性。

2. 市县部门协调机制不完善

推进农业转移人口市民化是个系统工程，从政府职能来看几乎涉及了市县政府的所有部门。而在湖南城镇化快速推进过程中，市县政府各部门提供城市建设与公共服务的压力逐步增大，加上协调、激励不足，各部门协调推进农业转移人口市民化的效率不高。

一是统筹协调机制尚未建立，责任难以落实。农业转移人口市民化的核

---

① 《湖南省人民政府关于实施支持农业转移人口市民化若干财政政策的通知》，湖南省人民政府网。

心是保障农业转移人口享有与城镇居民同等的权利，这涉及公共基础设施建设、教育、医疗、卫生、文化、就业培训、住房保障、保险、最低生活保障、社会救助等方面，需要承担具体工作的各部门统筹协调，才能有效推进。但当前湖南鲜有市县就农业转移人口市民化制定专门的文件或规划，也未建立部门的联络协调机制及相应办事机构来统筹推进农业转移人口市民化成本分担工作，更缺乏相应的监督与追责机制，这导致各部门普遍缺乏参与的积极性。

二是相关部门工作压力大，任务难以均衡。以政府为主导来分担农业转移人口市民化的成本，意味着要在公共设施建设与公共服务上加大投入。从当前来看，有些领域的工作可以根据中央与省级政府的安排和转移支付的状况，按部就班地逐步解决。而有些领域的工作需要快速突破，必须在加大投入的同时创新推进。如解决农业转移人口随迁子女的教育问题，当前湖南诸多城市的教育资源难以满足农业转移人口市民化的需要，以怀化市为例，怀化市城区现有义务教育阶段学生49641人（含市直学校），其中非城区户口学生31263人，占到62.98%，外来学生的逐年增加导致教师不足、大班额等问题十分突出①。这一现象在全省各市县城区普遍存在，当前要推进更多的农业转移人口市民化，势必要在城镇校舍建设、教师配置方面等积极投入。但对于这些任务重的部门，市县普遍缺乏有力的激励措施，上级部门在配置资源方面也并未以农业转移人口市民化为重要依据，导致工作推进难度大。

三是一些部门职能交叉，资源难以整合。政府承担农业转移人口市民化成本涉及的公共基础设施建设、就业培训、农村产权改革等往往都是需要多个部门协同推进的，市县各部门在一些职能上交叉，导致投入资源分散、效率不高，甚至产生推诿现象。如在农业转移人口培训方面，往往涉及多个部门，培训形式也多种多样，有些部门为了完成任务，往往重数量、轻效果，效率不高。一些县域城镇基础设施建设涉及的路、水、气、电、绿化等行业

---

① 《湖南怀化：全市统筹教师编制　缓解城区缺编难题》，湖南省教育新闻网。

和部门往往也存在各自为政、重复建设、多头管理等问题，缺乏统筹协调，从而导致了一方面成本分担压力大，另一方面投入效率不高的局面。

3. 社会分担机制有待创新

农业转移人口市民化的利益主体除了政府外，还有企业、社会组织和个人。而当前湖南农业转移人口市民化成本的社会分担机制尚不完善，企业和个人参与市民化成本分担的意愿和能力不足。

一是对企业参与成本分担的激励与监督不足。企业是市民化的受益者，有责任为在企业工作的农业转移劳动力提供良好的工作环境、工资待遇与相应的福利，促进其市民化。但企业以盈利为目标，在利益驱使下，很多企业视农业转移劳动力为廉价劳动力而不愿意承担相应的责任，因此需要相应的激励与监督。在这方面，湖南目前还缺乏有效的机制保障。湖南企业数量多，且以私营中小企业为主，2015 年全省有企业 51 万家，其中私营企业达44.4 万家，占到 87%，平均每家私营企业注册资本仅为 4.9 万元[①]。数量庞大的中小企业让政府难以对其用工状况进行完全监管，且农业转移人口流动性大，企业用工变动频繁，企业主观上少报缴费人数和工资以减少社保费用支出，政府缺乏有效控制手段。加上近年来湖南经济下行，大量企业的经营收入下滑，而湖南各级政府尚未建立对企业分担农业转移劳动力市民化成本的引导与激励机制，企业分担成本的积极性不足。据调查，2014 年，湖南农民工由单位和雇主缴纳养老保险、工伤保险、医疗保险、失业保险、生育保险和住房公积金的参保率仅分别为 15.0%、27.9%、16.2%、9.2%、6.6% 和 4.6%，受雇农民工合同签订率仅为 42.6%[②]。

二是个人参与成本分担的能力不足。由农业转移人口个人承担的市民化成本主要是承担在城市的基本生活成本、住房成本以及在社会保障成本中的个人支出部分，其中最大的成本为住房成本。湖南是农业劳动力转移大省，但多数转移劳动力受能力素质的制约只能从事建筑、采掘、家政、餐饮等行

[①] 数据来源：根据湖南省工商行政管理局《2015 年湖南省市场主体发展分析报告》（湖南省工商行政管理局网）有关数据计算。

[②] 《统计局：湖南外出农民工平均月收入为 2998 元》，《长沙晚报》2015 年 5 月 6 日。

业的低端体力型工作，收入水平低、劳动强度大、福利待遇差。据调查，2015 年湖南外出农民工月均收入 3596 元①，而同期全省在岗职工月均工资为 4491 元②，两者相差较大。农业转移人口市民化一般是举家的市民化，相对于单个劳动力在外就业来说，生活成本、社会保障成本将会大大增加，尤其是城镇的住房成本往往令农业转移人口望而生畏。农业转移人口最大的财产就是农村的各种权益，而当前湖南的农村产权改革还在探索中推进，房产、宅基地的流转困难且价值低，政府也未就农业转移人口转让其在农村各项权益作出相关的制度安排，资兴等地探索了农民权益的置换机制，但尚处于小范围的试点阶段。因此，整体上看，湖南推进农业转移人口市民化还面临着如何提高转移人口收入水平，尤其是如何让农村资产变现并能携带入城的问题。

（二）农业供给侧结构性矛盾明显

随着我国农产品供给和市场需求形势的变化，农业供给侧结构性问题日益凸显。湖南作为农业大省，目前的农业供给侧结构性矛盾尤为突出，区域布局、品种结构、产业结构等与市场需求不匹配，农业竞争力和整体效益不高。

1.农业区域布局不明晰

"小而全"是湖南省农业区域布局的一大特点，每个市、县产业齐全、产品齐全，但是规模小、分布散，全省不同区域的农产品低层次、低水平重复布局，难以形成差异互补的发展格局。尽管全省按功能定位布局了以商品粮生产为主的洞庭湖生态经济区、长株潭都市农业圈、湘南特色农业圈、大湘西旅游休闲农业区"四大"农业板块，但对各板块区域内具体如何布局，并没有进一步细化和实化，农业区域布局仍然不明晰甚至还存在不合理的地方。

---

① 《2016 年度湖南国家统计调查数据新闻发布会》，湖南省人民政府网。
② 根据湖南省统计局《湖南统计年鉴 2016》（中国统计出版社）相关数据计算。

如长株潭城市群拥有其他区域无法比拟的科技、市场、交通、物流、资金等显著优势，依其功能定位，打造以"两型"农业为主的都市农业圈，应当大力发展质量高、效益好的都市型农业生产项目。但事实上该区域是湖南主要的粮食生产和生猪养殖区，区域内的宁乡县、长沙县、望城县、浏阳市、株洲县、醴陵市、攸县、茶陵县、湘乡市、湘潭县是全省产粮大县（市），2015 年十县市粮食播种面积为 71.1 万公顷，产量达 523.08 万吨，分别占全省总数的 14.4% 和 17.4%①。同时十县市又是全省生猪养殖大县（市），2015 年末生猪存栏 799.44 万头，占全省生猪存栏总量的 17.1%②。显然，该区域过于扶持粮食生产和生猪养殖，与其功能定位和农业产业结构调整方向背道而驰。无论是从区位条件、农业效益还是从环境保护来看，该区域都应该缩减粮食生产和生猪养殖规模。同时，围绕农业板块的功能定位，各县（市）对重点发展哪些产业、缩减哪些产业、调出哪些产业、新增哪些产业缺乏统筹，政策、项目、补贴的导向性不明确，区域农业结构趋同性较高，比较优势难以发挥；特色农作物区域布局分散、规模偏小，难以形成市场竞争合力。如湖南省是茶叶生产大省，多年来的茶叶产量居全国前列，但产业分布零散，茶园规模小。全省有长沙、安化、桃源、石门、湘阴等 33 个县市区生产茶叶，仅有长沙金井、岳阳县黄沙街镇、平江县安定镇以及汨罗范家园镇有数千亩茶园，难以形成规模优势和品牌优势③。

2. 品种结构市场导向不突出

湖南省农产品数量大，粮食、棉花、油料、蔬菜、水果、肉类、禽蛋、水产品等主要农产品数量充足，但是品种结构的市场导向性不突出，产品供给与市场需求有效对接不足，导致"卖难"与"买难"并存。

一是产品品种与市场需求不对接。随着人们生活水平的提升，市场需求发生了重大变化，居民消费越来越要求多样化、个性化和优质化的产品，而

---

① 数据来源：根据湖南省统计局《湖南统计年鉴 2016》（中国统计出版社）有关数据整理。
② 数据来源：根据《湖南统计年鉴 2016》（中国统计出版社）有关数据整理。
③ 《湖南省人民政府办公厅关于印发〈湖南省茶叶产业发展规划〉的通知》，湖南省人民政府网。

湖南农产品供给应对市场需求变化的适应性调整明显滞后，表现为品种结构较单一，大宗低端产品供给过剩，特色中高端产品供给不足。如湖南水稻播种面积和产量均居全国第一，但是以品质、口感不占优的籼稻为主，粮食产量虽多，但产品销路不好，市场占有率低，去库存压力不断增大①；蔬菜以低档菜为主，中高档菜少，旺季产量大但经常出现滞销；柑橘产量大，但是品种老化、品质不佳，柑橘卖难现象严重，而市场需求旺盛的杨梅、猕猴桃、枇杷、布朗李、黄桃等特色时鲜水果却供不应求。

二是产品品质与市场需求不对接。湖南农产品产量大，但品质普遍较低，超量使用化肥、农药、激素、添加剂的现象较为普遍，农产品质量安全存在隐患，"镉大米""铅生姜"等事件在全国造成恶劣影响。2016年，湖南省农委组织对全省14个市州开展4次蔬菜和水果、2次茶叶、1次稻谷质量安全例行监测，情况堪忧，检出农药2641次，其中蔬菜1527次、水果862次、茶叶52次、稻谷200批次②。这与当前消费者越来越青睐无公害、绿色、有机农产品的市场需求形势不相适应。

三是农产品品牌打造与市场需求不对接。与周边省份相比，湖南的农产品品牌偏少尤其是有竞争力的高端品牌少。截至2016年三季度，全省农产品"三品一标"认证总数2965个，其中无公害农产品1673个、绿色食品1113个、有机食品136个、地理标志产品43个，"三品一标"产品年产量占同类农产品商品量不到20%③，而全国已经超过40%④；江苏省"三品一标"认证农产品多达9000个，是湖南省的3倍⑤。湖南"三品一标"产品

① 刘宗林：《以精细农业引领农业供给侧结构性改革》，《发展精细农业务虚会材料汇编》（省政府农村工作办公室、湖南省农业委员会编），打印稿。
② 《湖南省农业委员会办公室关于2016年全省农产品质量安全例行监测结果的通报》，湖南省人民政府网。
③ 兰定国：《大力发展"三品一标"提升农产品质量与效益》，《发展精细农业务虚会材料汇编》（省政府农村工作办公室、湖南省农业委员会编），打印稿。
④ 《我国"三品一标"农产品认证覆盖同类产品40%以上》，《中国食品报》2014年6月18日。
⑤ 兰定国：《大力发展"三品一标"提升农产品质量与效益》，《发展精细农业务虚会材料汇编》（省政府农村工作办公室、湖南省农业委员会编），打印稿。

产量744万吨，占全省食用农产品总量的7.9%[①]，江苏省"三品一标"产品的生产总量占全省食用农产品总量的40%[②]。农产品中区域公共品牌较少，"一标"的数量在中部五省中最少，2016年公布的中国十大大米区域公共品牌中，全国水稻播种面积和产量均为第一的湖南竟然榜上无名。农产品品牌"杂、乱、散"，无序发展严重。以茶叶为例，湖南茶叶品牌有1400多个，"三品"认证150多个[③]，但是各自为政，仅新化县就有青峰剑、渠江薄片、蒙耳冲、梓鹍顶芽·翠芽等众多品牌，产品生产规模小、市场分散，难以形成品牌合力。

3. 产业结构特色不突出

湖南农业产业结构呈现明显的粮猪独大的单一型结构特征，粮、猪产值占农林牧渔业总产值的比重高达30%以上[④]，内部结构特色不突出且结构失衡。在种植业内部结构中，一粮独大，粮食中又以水稻种植为主，占粮食总产量的88%，而特色杂粮、马铃薯、红薯、豆类等优质旱粮不足。经济作物种植面积只为粮食种植面积的30%左右[⑤]，畜牧业所需饲料种植更少，导致粮食品种结构中，口粮有余、饲用粮不足，粮经饲三者失衡，不利于农牧业多样化发展与整个农业结构的调整。在畜牧业内部结构中，生猪养殖一家独大，牛羊等草食畜牧业发展缓慢。2014~2016年，全省生猪产值占畜牧业总产值的比重均超过60%，而市场需求旺盛的牛羊合计产值占比不到8%[⑥]。农产品加工程度不高，仍以初级加工为主，精深加工不足，农产品加工率低，2016年农产品加工转化率只有45%，低于全国65%的平均水平

---

① 数据来源：根据《湖南统计年鉴2016》（中国统计出版社）有关数据整理。
② 《大力推广"三品一标"农产品》，金陵农网。
③ 《湖南省人民政府办公厅关于印发〈湖南省茶叶产业发展规划〉的通知》，湖南省人民政府网。
④ 数据来源：根据《湖南2016年农村经济形势分析及2017年形势预测》（湖南省人民政府网）有关数据整理。
⑤ 刘宗林：《以精细农业引领农业供给侧结构性改革》，《发展精细农业务虚会材料汇编》（省政府农村工作办公室、湖南省农业委员会编），打印稿。
⑥ 《湖南2016年农村经济形势分析及2017年形势预测》，湖南省人民政府网。

20个百分点，农产品加工与农业产值比为2.2∶1①，刚刚达到全国平均水平。作为柑橘生产大省，全省橘汁加工不到5万吨②，每年需从美国、巴西等国家进口大量的浓缩橘汁来满足市场的需求。

（三）农村产权制度改革与经营体制创新有待加速

农村产权制度与经营体制改革是增强农业农村发展活力、促进农民增收的重要途径。湖南在这方面的工作起步较早，也进行了一些颇有成效的探索，但从整体上来看，推进步伐比较缓慢。

1．增加财产性收入的改革有待全面推进

农民财产性收入来源是土地、住房和村民共有的村级集体资产的相关收益。近年来，中央出台了关于农村集体产权制度改革以及土地征收、集体经营性建设用地入市、宅基地制度改革试点的系列文件，为增加农民的财产性收入提供了制度保障。但相关改革仍然处于探索阶段。受此影响，湖南在农村产权改革方面的步伐尚比较缓慢，农民大量的资产和资源尚未盘活。

农村产权确权登记没有全面完成，在土地承包经营权确权方面，目前有51个整县推进县（市、区）基本完成，第二批49个县（市、区）正在进行，其余22个县（市、区）开始启动③，不少地方反映，要在2017年全面完成确权登记难度较大，而山东、宁夏等诸多省份已经完成这一工作；农村集体土地所有权、宅基地、集体建设用地、农村房屋等涉农不动产登记情况也十分复杂，很多地方尚未进入实际操作阶段。湖南虽然已经启动农村集体产权制度改革试点，但试点范围仍然较小，很多市州尚没有推进试点工作。由于农村集体经济组织尚缺乏清晰的界定，部分集体经济组织成员身份难以界定，集体非土地经营性资产的清资核产难度大，这些都成为集体产权制度

---

① 数据来源：根据湖南省农业委员会《关于印发〈湖南省农业委员会2017年重点工作要点〉的通知》（湖南三农网）和农业部《关于印发〈全国农产品加工业与农村一二三产业融合发展规划（2016～2020年）的通知》（农业部网）有关数据整理。

② 刘宗林：《以精细农业引领农业供给侧结构性改革》，《发展精细农业务虚会材料汇编》（省政府农村工作办公室、湖南省农业委员会编），打印稿。

③ 《湖南今年将基本完成土地确权颁证》，湖南信息网。

改革的重要障碍。

由于相关改革未深入推进，农民财产投资收益的空间狭小，目前湖南农民财产性收入水平低、比重小，据统计，2016年上半年，湖南农村居民人均财产净收入仅65元，占人均可支配收入比重仅为1.2%，仅为城镇居民的4.8%。农村居民财产收入结构较单一，其中，银行利息和红利收入占比达61.8%，其他收入很少[①]。

2.农业社会化服务体系有待加快创新

完善的农业社会化服务体系是现代农业发展的有力支撑，但是湖南现有的农业服务体系与现代农业的发展要求不相适应。

一是农业社会化服务组织体系不健全。整体看湖南农业公共服务机构数量不足，且地域分布差异大，偏远山区分布少，靠近城市的农村分布多，难于满足经营主体的服务需求。公益性服务体系基层虚化，尽管建立了省、市、县、乡镇四级政府公益性服务组织体系，行政村也设有站，但很多乡镇、村一级的服务站点流于形式，缺乏科技成果转化、推广能力。经营性服务体系不完善，很多县缺少特色产业的专业化服务组织，尤其是信息、金融类、法律类中介组织发展缓慢，各类农产品市场和信息服务平台不成熟。合作性服务组织发展滞后，服务主体培育不足。2015年，湖南有工商登记的农民合作社3.6万个，累计有合作社成员195.6万户，仅占全省农户总数的14.1%[②]，其中农机专业合作组织2484家[③]；而江苏省早在2010年合作社成员已经占全省农户的36.3%[④]，2015年农机专业合作组织达到7544个[⑤]。

二是社会化服务供给与需求不匹配。由于服务组织机构数量少，服务供

① 国家统计局湖南调查总队居民收支调查处《2016年上半年湖南农村居民收入增速放缓》，湖南国调信息网。
② 《湖南省农业委员会关于印发〈湖南省"十三五"农业现代化发展规划〉的通知》，湖南省人民政府网。
③ 《湖南将重点扶持建设现代农机专业合作社》，搜狐网。
④ 《江苏农民合作社超2.8万家　成员占全省农户36.3%》，新浪网。
⑤ 《江苏省"十三五"农业机械化发展规划》，江苏省农业机械化信息网。

需矛盾突出，很多农民享受不到合作社提供的农业服务。当前农业社会化服务供给范围主要集中在播种、耕作、灌溉等生产技术指导的产中服务，而农业经营主体更需要的是产前、产后服务，尤其是对于农产品保鲜、储藏、加工、物流、销售及金融、保险、信息等产后服务需求旺盛，现有服务供需对接不够。

3. 农地"三权分置"改革有待新的突破

农村土地"三权分置"改革是指将土地承包经营权分为承包权和经营权，实行所有权、承包权、经营权（简称"三权"）分置并行的改革，这是我国在实行土地集体所有权与农户承包经营权两权分置后的又一次重大土地制度创新。其核心是放活经营权，实现土地资源的优化配置，促进适度规模经营。湖南在探索"三权分置"改革方面也已经取得一定成效，土地确权全面铺开，土地流转面积不断扩大，汉寿等8个县纳入全国的经营权抵押融资试点，为改革积累了经验。但从湖南各地"三权分置"改革探索的过程来看，目前还存在相关的制度障碍。

一是经营权属性不清影响土地权益的实现。中央并未就土地经营权的属性作出清晰的界定，我国的《物权法》已经将土地承包经营权界定为用益物权，但现在将经营权分离出来后，经营权是物权还是债权，尚未明确。经营权属性不清导致土地流转的风险仍然较大，如果经营权是物权，在流转后，农民的财产权益就难以得到保障；如果经营权是债权，经营权的抵押融资就难以实现。受此影响，湖南土地流转转包、互换的形式还比较普遍，据统计，2016年全省耕地转包与互换形式占流转耕地的37.16%，尽管出租形式占到47.64%[1]，但很多也是相邻集体经济组织的成员进行的小规模的租赁。由于新型经营主体在与农户签订流转合同时，不能超过第二轮土地承包期，因而也不敢在土地上过多投入。而经营权的抵押融资尽管在试点，但效果并不理想，由于经营权性质不清晰，金融机构不愿贷、不敢贷的现象很普遍。

---

[1] 数据来源：根据董成森等《农村土地承包经营权流转趋势及风险防范策略》（中国乡村发现网）有关调查数据整理。

二是经营权流转服务体系不健全导致流转成本高、风险较大。随着湖南土地流转规模的不断扩大，对服务的要求越来越高。尽管湖南各县（市、区）都建立了土地流转服务平台，但也有很多流于形式，未能有效发挥作用。由于全省的土地确权登记工作还有近一半未完成，很多乡镇与村的流转服务平台难以掌握实际情况，相关工作未能跟进。加上农民法制观念相对淡薄，无报批备案、不签订协议等现象突出，引发了诸多纠纷和矛盾。2016年全省发生土地承包经营纠纷20525起①。同时，土地流转的中介服务组织很少，农地流转价格评估机制还不完善，转入方与农户在土地流转上往往要进行较艰辛的谈判，尤其是较大规模的流转一般需要政府或村委会介入，因某位农户不愿流转而导致流转失败时，转入方往往要付出成本，这些都导致土地流转的交易成本高，从而影响土地流转的效率与效益。

（四）农村财政投入效益有待提高

随着中央一系列强农、惠农、富农政策的制定与实施，湖南各级政府的农村财政资金投入大幅增加，有力地促进了农村农业发展和城乡一体化进程。但农村财政资金在运行过程中效益较低、合力不足的现象仍然比较突出，农村财政投入政策仍然有较大的创新空间。

1. 农业投入面广线长、过于分散

湖南涉农资金使用分散，弱化了涉农资金的合力，影响到整个农村财政投入的效益。

一是涉农补贴项目"点多、面广、量小"。目前各种涉农补贴大约20多种，主要有种粮直补、良种补贴、养殖补贴、农资综合补贴、农机购置补贴等，有限的资金补贴点多、撒"胡椒面"现象严重。例如，湖南农业"三项补贴"作物品种，除粮食外，还涉及苎麻、蔬菜、果树、茶树等，如果按政策要求将这些品种全部纳入补贴范围，部分市县资金缺口大，且没有

---

① 董成森等：《农村土地承包经营权流转趋势及风险防范策略》，中国乡村发现网。

突出补贴重点①。2015 年，湖南在 16 个柑橘优势县（市、区）实施补助项目，投入资金 4000 万元，补助 4000 户农户、177 个合作社的贮藏设施 2308 座②，具体到每个农户、每个项目的资金非常少，导致资金整体使用效益不高。

二是涉农资金多头管理，同质专项分散。从横向看，管理涉农资金包括财政、发改、农业、林业、水利、扶贫、农机、科技、国土、交通、民政、气象、防洪抗旱等众多农口部门和涉农单位，部门各自为政，缺乏统筹协调，来自不同渠道的支农资金在使用方向、实施范围、建设内容、项目安排等方面有一定的重复交叉，如农民培训项目，就有人社、科技、农业、扶贫等多个部门管理。从纵向看，各部门对应的层级有中央、省级、市级、县级、乡镇、村级等六级，层级众多，资金流动不仅速度缓慢而且还往往逐级漏损，资金到位率不高。

2. 财政投入对社会资金的杠杆作用不强

湖南农业发展主要是靠财政资金直接补助支持，财政资金本身具有的"四两拨千斤"的杠杆作用没有得到充分发挥，财政直接投入与撬动的社会资金比例太小，很大程度造成了农业与农村融资困难。以油茶为例，2008～2015 年，全省各级财政投入油茶产业建设的总资金达 37 亿元，撬动社会资金投入油茶产业 95 亿元，只带动 2.57 倍的社会资金③。而由财政资金引导社会资本组建的铁路建设基金，预计 2015～2020 年，政府引导资金 26 亿元可带动社会资本 379 亿元，带动约 15 倍的社会资金④。两者相比，农业财政投入对社会资金的杠杆作用太弱。PPP 模式是撬动社会资金的最有效方式之一，2016 年 5 月，湖南省公布了 136 个 PPP 示范项目，总投资达 2292.3 亿元，农业和农村环境整治项目仅 6 个，投资 30.28 亿元，仅占投资总额的 1.32%⑤，这充分说明财政资金的引导性不够，社会资本投入农业农村的积

① 常德市政研室：《关于财政支农政策改革的调研报告》，打印稿。
② 《湖南持续实施农产品产地初加工补助项目》，新华网。
③ 湖南省林业厅：《我省林业基地建设情况、问题及建议》，打印稿。
④ 《湖南创新财政投融资机制，支持重大基础设施建设》，红网。
⑤ 数据来源：根据《湖南省 2016 年 PPP 示范项目出炉 总投资达 2292.3 亿元》（政府和社会资本合作网）有关数据整理。

极性不高。行业投资基金以股权投资形式引入社会资本,通过低成本适度运用杠杆,可带动长期低息贷款投入相关行业中。目前湖南成立了众多基金,但是没有一家省级农业投资基金,无法引导社会资金投向农业农村。

3.城乡基础设施建设对接程度不高

近年来,湖南各级财政支持农业农村基础设施建设力度不断加大,极大地改善了农村基础设施条件,但当前仍存在城乡基础设施对接程度不高的突出问题。

一是道路交通衔接不畅。县域之间交通设施、乡村公路与城市道路之间还存在衔接不畅的问题。截至 2015 年底,湖南尚未实现"县县通高速",桑植、古丈、石门、安化、绥宁、城步、双牌等 7 个贫困县尚未实现县城30 分钟上高速①,与当前高速、高铁时代极不相称;湘西的部分边远地区、湘南的环东江湖区域,县与县之间的交通互连条件较落后,一些相邻县域城区之间的车程仍然长达三四个小时,严重阻碍了区域交流与合作。农村诸多"最后一公里"没有完全打通、"断头路"还没有完全连通。至 2015年底,湖南还有 13 个建制村没有通公路,29 个建制村没有通硬化公路,2284 个(建制村合并之前的数据)建制村没有通客班车,占全部建制村的5.49%②。武陵山和罗霄山片区的很多村出行艰难,2015 年吉首市的建制村通班车率仅有 68.2%,建制村的通车率只有 92%③。农村公路基础较为薄弱,安全隐患大。公路等级低,道路状况差,大部分通村公路只有 3.5 米宽,不仅狭窄,雨季更是积水严重,给农民的出行带来极大不便。截至2015 年底,农村公路存在安全隐患的里程占总里程的 56%,仍有危窄桥5000 余座④。

二是农村安全饮水问题仍较突出。湖南当前离形成城乡供水互联互通一

---

① 《湖南十三五规划纲要全文发布》,新浪网。
② 数据来源:根据《改革后湖南有乡镇 1536 个 建制村 24099 个》(《湖南日报》2016 年 10 月 13 日)、《我省交通基础设施总量不足、发展不协调、不平衡、不可持续问题仍然存在》(红网)有关数据整理。
③ 《吉首市近 7 成行政村已通班车》,红网。
④ 《湖南"十三五"将投资 340 亿元建设农村公路》,《湖南日报》2016 年 5 月 24 日。

体化格局还有较大差距,城市供水管网向农村延伸力度不大,农村自来水普及率低。2015年,湖南农村自来水普及率仅为60%左右①。很多地区镇村供水水源为当地地下水,一些小型饮用地表水工程,蓄水能力差,干旱时节难以保证水量需求。洞庭湖区、武陵山片区的农村安全饮水问题尤为突出。

三是城乡能源建设有待加强对接。湖南农村电网改造尚未完成,部分地区农村电网建设标准低,可靠性差,电力设施老化陈旧,供电能力相对不足,低电压问题突出,电压不稳、停电现象时有发生,严重影响村民的生产和生活。一些用电需求大的农村在电网改造完成后,电网供电压力仍然较大,无法满足不断增加的农村用电需求。目前天然气管道还没有向农村延伸,供气仅限于城镇的建成区域,且供气规模不大,镇村还不具备管道气供应系统,距离县城近的村民有的采用瓶装气源,农村使用煤灶仍然较普遍。

(五)城乡生态环境综合整治力度有待加大

尽管近年来湖南在生态环境治理上的投入不断增加,生态环境状况明显改善,但整体来看,生态环境保护的形势仍然较为严峻,农村生态环境的整治力度不够,生态建设的补偿机制滞后,对湖南生态文明建设和城乡一体化发展形成制约。

1. 垃圾分类处理与循环利用缺乏长效机制

农村垃圾治理是改善农村人居环境的关键。2015年,湖南全面启动农村垃圾5年专项治理行动,初步形成了"户收集,村集中,镇转运,区域处理"的处理模式。但是农村垃圾的治理工作仍然是当前湖南省城乡环境整治中的薄弱环节,2016年全省只有40%的行政村对生活垃圾进行了处理②,分类处理更是刚刚起步,城乡一体化垃圾分类收运处理与循环利用长效机制尚未建立。

---

① 《湖南2015水利发展统计公报发布 解决安全饮水人口715万人》,红网。
② 《湖南的农村垃圾这样治理》,《湖南日报》2016年4月21日。

一是体系没有建立。缺少专业的设备设施，目前大部分村设备简陋，没有配备环保、密封的垃圾收集箱、桶，设立垃圾池的村也不多，现代化的垃圾专用运输车辆缺乏，落后的设备设施极容易造成二次污染。缺乏成熟的治理技术，目前推广的是垃圾卫生化填埋、无害化焚烧等技术，大部分垃圾还无法做到循环利用，多数县域垃圾处理仍然以填埋为主。村镇垃圾全部集中起来处理，导致很多填埋场处理能力跟不上。缺乏稳定的保洁队伍，除了离县城近的一些行政村建有稳定的保洁队伍外，大部分行政村没有专门的保洁人员。农村垃圾分类处理与循环利用需要投入大量资金，但全省农村垃圾治理还没有纳入财政预算，一般乡镇和村无法承担这笔开支，治理费用捉襟见肘。

二是监管制度没有建立。在农村垃圾处理过程中，形式上各村要求村民对垃圾进行分类投放，但出于习惯、设备等原因，实际上很多村民将垃圾都放置在同一个垃圾桶中。即使有些地方进行了垃圾分类投放，也未进行分类运转与分类处理，没有相应的机构对垃圾分类投放、运转、处理进行监管，也没有制定相应的制度来明确垃圾清扫、收运的范围、频次、效果等，更没有将垃圾分类处理和循环利用纳入干部考核的指标体系。

2. 耕地污染治理问题难以回避

湖南是全国耕地重金属污染重灾区，也是农业面源污染较严重的区域，耕地污染治理是农业发展过程中一道绕不过的坎。

一是农业面源污染状况不容乐观。湖南农业发展中"高肥、重药"特征明显，2010～2015年全省化肥使用量从824.9万吨增加到840.13万吨，增长了1.8%，农药使用量从11.88万吨增加到12.24万吨，增长了3%，化肥和农药的吸附率分别为34.3%和31.5%，大部分化肥和农药经雨水冲刷进入径流和土壤；全省约有四分之一的农田灌溉水和18%的农田受到不同程度污染，三分之二的耕地不同程度酸化，三分之二的水田是中低产田①。畜牧规模化养殖也给河流和土壤带来污染，以生猪为例，2016年湖南

---

① 数据来源：根据《湖南2016年农村经济形势分析及2017年形势预测》（湖南省人民政府网）、刘宗林《以精细农业引领农业供给侧结构性改革》（省政府农村工作办公室、湖南省农业委员会编《发展精细农业务虚会材料汇编》，打印稿）有关数据整理。

生猪出栏5920.9万头，据测算1头生猪1年排泄物可达1.05吨，全省1年生猪粪尿排放量超过6000吨①，虽然各地对规模化养殖污染的治理不断加强，但仍然有部分区域的养殖缺乏无害化处理和综合利用措施，大量排泄物直接排入山林或江河，严重污染土壤和水源。

二是耕地重金属修复治理任重道远。全省重金属污染的土地达2.8万公顷，占全省总面积的13%②，到2016年全省还有13.3万多公顷重金属污染地需要治理③。耕地重金属污染正成为一场生态灾难，严重影响到湖南水稻、蔬菜等农产品的质量。全省粮食作物的主产区——湘江流域重金属污染土壤总面积达4820平方千米，占流域总面积的5%，其中污染土壤中耕地超过土壤环境质量标准二级（二级标准为保障农业生产、维护人体健康的土壤限制值）以上的面积达2177平方千米，占流域耕地面积的12.5%。污染因子中，镉超标为390倍、砷275倍、铅50倍、汞43倍、铬6倍④，耕地重金属污染治理任务十分艰巨。以湘潭县为例，据调查，该县一共有200万亩重金属污染的耕地需要治理，但每年治理改造的耕地仅为2万亩左右。

3. **生态建设的补偿机制亟须完善**

当前湖南生态建设的补偿机制还比较滞后，县域政府与人民群众投入生态建设的积极性难以充分发挥，区域发展中生态保护与经济发展的矛盾还比较突出。

一是生态建设补偿标准低。以生态公益林为例，近年来湖南逐步提高了生态公益林补偿标准，2007～2012年生态补偿标准为5元/（亩·年），2013年提高到10元/（亩·年），2014年增至12元/（亩·年），2016年将国家级和省级公益林国有部分生态补偿标准提高到15元/（亩·年），个人

---

① 数据来源：根据《湖南省2016年国民经济和社会发展统计公报》（湖南统计信息网）、邓秋纯《规模化猪场粪尿的污染问题与综合治理》（《猪业观察》2014年第8期）相关数据整理。

② 《湖南大米镉含量超标调查：土壤污染由来已久》，新浪网。

③ 《2016年湖南省国土绿化状况公报》，《湖南日报》2017年3月14日。

④ 数据来源：《水专项突破典型行业重金属污染控制重大共性关键技术，推进我国重金属污染河流综合治理》，《水体污染控制与治理科技重大专项工作简报》第105期。

和集体部分提高到 17 元/（亩·年）①，补偿资金直接发给农户。但是补偿资金与农民因保护生态而减少的收入严重不对等。根据对怀化的调研，某农户有 80 亩林地，其中 60 亩公益林可以获取国家补贴，一年公益林地可获取补助 1020 元，但是因保护公益林而导致的其他经济损失每亩达 8000 元以上。

二是生态建设补偿范围窄。目前湖南大部分地区划定国家级和省级生态公益林是依据国家和省级生态公益林界定办法划定的，但对于森林覆盖率高的市县区公益林延伸不够，对在涵养水源、保持水土方面做出贡献的同时也损失了经济效益的商业林没有补偿。对湘江源头区域的补偿，只覆盖到蓝山、宁远和江华等县，而舂陵江流域特别是欧阳海库区等一些重要支流水域没有补偿②，环东江湖流域各县市均处于重要生态功能区内，但当前主要享受的也只是公益林及湖区环境设施建设的补偿，对于其他小流域的治理缺乏补偿。

三是补偿标准制定不合理。以退耕还林为例，全省一个补偿标准，没有考虑地域差异性和品种差异性，实际上不同地区退耕地产出效益与损失有差异，不同林种的造林成本和收益也不同。县级政府是重点生态建设项目的责任主体，但不是获取生态补偿的主体，在生态项目建设中县级政府还要提供配套资金，生态保护区的县往往是地处偏远山区的县，县级财政弱小，生态保护与建设压力大。

四是生态补偿渠道和方式单一。湖南生态补偿以政府财政补偿为主，生态受益的横向区域间、流域上下游间、不同社会群体间的补偿途径几乎没有，没有体现"谁受益、谁补偿"原则。如资兴市为保护东江湖流域，关闭了大量矿产企业，财政也因此每年减少税收近亿元，但并没有获得任何下游地区的补偿与支持。永州市为保护湘江流域，5 年来因限制和拒绝引进能源消耗大、影响生态环境的相关投资项目涉及的金额累计达 300 多亿元，直接财税损失 30 多亿元；先后关闭污染企业 220 家，停产整治污染企业 140

① 数据来源：根据湖南省财政厅《关于湖南财政支持"四化同步"的汇报》（打印稿）、湖南省林业厅《湖南探索多样化生态补偿方式》（人民网）有关数据整理。
② 谭跃湘：《着力创新湘江源头治理的生态补偿机制》，红网。

家，财政直接减收 5 亿多元，间接损失 15 亿元左右①，没有获得来自湘江下游地区长沙、株洲、湘潭等受益城市和企业的生态补偿。

三 推进湖南城乡一体化的对策建议

推进城乡一体化发展是一项长期的渐进的系统工程，在不同的历史时期面临不同的挑战，必须采取不同的应对之策。当前，进一步推进湖南城乡一体化发展要以区域中心城镇群建设为核心优化区域布局，以地标品牌建设为抓手推进农业供给侧结构性改革，以区域公共设施互联互通为突破加快城乡融合发展，以绿色发展为取向提升城乡资源环境承载力，以城乡综合改革为动能全面释放发展红利，构建新时期湖南城乡一体化发展的科学体系。

（一）以区域中心城镇群建设为核心优化区域布局

区域中心城镇群是区域发展的核心，是湖南城乡一体化发展的重点。因此，以区域中城镇群建设为核心优化区域中心城镇群布局，是湖南城乡一体化加速发展的战略选择。

1.完善中心城镇群战略布局

首先，要遵循湖南区域自然历史条件和资源环境特色，结合湖南"十三五"规划"一核三极四带多点"的整体布局，统筹考虑城乡人口分布、生产力布局、国土空间利用和生态环境保护等因素，因地制宜细化各地发展定位，以城镇程度高、带动能力强、区位优势明显的县城和特色小镇为中心，以产业的集聚发展和产业链完善为纽带，以功能互补为原则，科学布局小城镇，培育一批辐射带动作用大、集聚效应强的中心城镇群，形成具有密切联系的、布局合理的小城镇发展中心，提高湖南以城带乡的发展能力。其次，加速培育城镇产业新业态，促进一二三产业融合发展，形成产城融合、功能互补、优势明显的小城镇产业体系，构建产城融合、辐射有力的城乡结

---

① 谭跃湘：《着力创新湘江源头治理的生态补偿机制》，红网。

构，以城镇群的集聚发展和规模效益带动区域发展。

2.畅通城乡资源要素配置的通道

一是坚持以城乡市场化改革为导向，进一步加速农村产权制度改革，建立归属明晰的城乡产权制度，提高农民财产权益的流动性，建立城乡一体的资源要素市场体系，确保城乡资源要素的优化配置。二是积极开展农村集体资源、资产、资本等产权制度改革，探索农村集体经济有效实现形式，努力实现农村资源市场化、资本股份化。加快农民宅基地制度改革试点，建立规范的农民建房制度，完善农民住房财产权抵押、担保、转让制度，推进农民财产权益的资本化，推进资源要素的城乡互动。三是完善和规范工商资本下乡投资制度，拓展城乡要素资源自由流动和高效配置通道，让城市的专业人才、金融资本、现代规划设计理念和城市文明进入农村，把美丽乡村资源优势转化为美丽经济。

3.促进产业集聚与产城融合

一是充分发挥中心城镇群的集聚效应，适度推进农业产业规模发展，加快农产品加工和农村服务业发展，积极发展乡村文化旅游产业，加速城镇群产业与城镇的融合。二是坚持规划先行、科学定位，以产业带动城镇发展，实现城市与产业发展之间的相互促进。突出小城镇产业特色和优势，密切把握产业发展趋势，借助全球产业发展转移和产业结构转型的机遇，大力引领乡镇产业变革，吸引优质产业，培育战略性龙头企业，鼓励城镇企业做大做强、发挥特色优势，积极参与国际市场竞争，不断提升小城镇群的品牌和影响力。三是突破早期城镇化的弊端，坚持新兴产业与新型城镇化同步推进，打造城镇可持续发展的支柱产业，提高新型城镇化质量和效益。

4.以特色小镇建设作为战略支撑

抓住国家特色小镇建设的机遇，立足小城镇资源文化特色，坚持因势利导，形成有特色、有优势的"一镇一业"和"一村一品"特色小城镇发展体系。一是以特色小镇为载体集聚高端要素，打造产业集聚升级版和民间资本对接区，在特色小镇的交通条件、基础设施、居住环境、人才政策等方面，充分体现服务型政府的作用，不断提升公共服务水平。二是强化产业就业支撑，切实转变发展模式，做好古街名胜等开发保护，不断放大绿色生态、人文厚重的自身优势，打造有品质、有记忆、有亮点的特色小镇。三是不断完善城市功能要素和各类便民服务设施，完善小城镇宜居环境。避免大拆大建、破坏生态环境、割断历史文脉、抬高农民进城门槛和创新创业成本的特色小镇建设，建设以人为本的特色小镇。

5.探索培育镇级市

对于经济较发达、具有区域中心城镇功能的特色小镇，探索实施"扩权强镇"改革，试点赋予部分吸纳人口多、经济实力强的中心镇以县（市）级经济社会管理权限，以现代小城市的标准来规划、建设、管理城镇，使镇的规模、设施、产业结构等达到城市的水准，教育、科技、文化、卫生等社会事业也接近城市的标准。加快镇级市体制改革与创新，坚持以企业为主体，创新融资方式，探索产业基金、股权众筹、PPP等融资路径，加大引入社会资本的力度，坚决清除阻碍创新发展的"堵点"、企业和群众办事的"痛点"、公共服务的"盲点"，探索建立与培育镇级市相适应的体制机制。

（二）以地标品牌建设为抓手推进农业供给侧结构性改革

农业供给侧结构性改革要提高农产品品质，优化农产业结构，加速农产品品牌化。地标品牌是重要的区域公共品牌，涉及农业知识产权，在提高农产品竞争力、促进区域经济发展等方面具有核心的作用。

1.以地标品牌战略为引领优化农业结构

针对湖南农产品结构问题突出，"多的不优、优的不多，缺的不少、少的很贵"现状，要以地标品牌战略为引领加速农业结构优化调整。一是调整种养结构。坚持稳粮、优经等，树立大农业、大食物观，推动粮经饲统筹、农林牧渔结合发展。二是调整区域结构。要深入研究各地的资源禀赋条件，选准区域特色产业，建立与市场需求相对接、资源禀赋相匹配的现代农业产业体系。要防止盲目跟风、一哄而上，实行错位化发展，规避同质化竞争，避免"一个锅里争饭吃"。要科学合理划定粮食生产功能区、重要农产品保护区、特色农产品优势区，通过政策扶持、项目支持、补贴补助等方式，建设一批特色鲜明、类型多样、竞争力强的现代化优质农产品生产基地，加快形成具有区域特色的农业主导产品、支柱产业。三是加强品牌建设，强力推进品牌重组整合，严格品牌准入，加强品牌保护，逐步改变湖南农产品品牌散、小、弱的格局。建立区域产品标准，着力打造区域公共品牌，继续组织开展"湖南十大农业品牌"评选活动，并逐步扩大到企业品牌和新业态品牌。

2. 以科技创新为驱动推进农业生产向绿色转型

以绿色转型、生态兴湘、质量强省为主线，突出抓好现代农业、生态农业、特色农业。一是强化绿色技术集成创新，加强农业生态技术攻关，深入开展粮棉油糖绿色增产模式攻关和整建制绿色高产高效创建。二是以科技为核心推进绿色治理行动。加强耕地保护和重金属治理，加强"一湖四水"的生态保护，实施果菜茶有机肥代替化肥行动，开展畜禽粪污专项治理、农业面源污染防治、农膜回收与污染治理、养殖业标准化建设等工程。三是积极开发有机、绿色、生态、高效种植农业技术，加快创新优质大米、中药材等特色产业技术，加快形成科学的绿色生活方式和消费模式。

3. 以社会服务规模化为关键提高农业规模化水平

农业社会服务规模化可以弥补湖南人多地少、大多属于丘陵山地区域、不可能实现耕地规模化的不足。通过社会化服务如农机跨区域合作服务、跨区域作业，可以弥补湖南农业规模化不足。一是完善农业社会化服务规模化政策法规。引导社会化服务规模化快速发展，出台优惠政策，鼓励农业社会化跨区域服务，以弥补湖南农业生产规模小、效益低的缺陷，用社会化服务规模化降低农户生产成本，提高生产效益，增加农户的规模效益，构建完善的适应湖南农业规模化的服务体系。二是加快培育农业社会化服务规模化龙头企业，加强财政引导和金融支持，引导农业社会化服务规模化企业创新机制、提高服务质量。

4. 构建以县乡政府为第一责任主体的农产品质量安全问责机制

农产品质量安全问题在很大程度上源于信息不对称，建立农产品质量安全体系，关键是要解决信息不对称的难题。一是要完善县乡政府的农产品质量安全体系，建立第一责任人制度，明确承担农产品质量安全责任的主体。二是加大公共财政对休耕、生态补偿的力度，激发农民保护土壤和生态环境的积极性，避免基层政府在农业生态环境安全保护中的短期行为。三是加快推进农业标准化生产，加强对农业标准化生产的引导和指导，完善农产品质量安全生产标准，确保生产源头的质量安全。四是赋予县乡政府农产品质量安全的监督权和执法权，建立分工明确的县乡政府农产品管理体系。

5. 加快耕地污染的有效治理进程

全面开展耕地污染普查，建立耕地污染治理数据库。一是加强耕地污染治理的科技攻关。研发可复制、可推广的耕地污染治理技术模式，探索创新耕地污染修复治理机制，加快新产品、新品种、新技术、新模式的示范与推广应用。二是大力推广生物综合防治技术。科学合理施用高效低毒化学农药和生物农药，推广应用化学防治与物理、生物、农业防治相结合的绿色生物综合防治技术，大力推进农作物病虫害统防统治，提高农药利用率，减少化学农药使用量，防止农药残留污染。三是加大耕地污染治理投入。结合土地整治和其他环境保护项目，推广生态耕作制度，实施试点休耕和轮作制度，建立土地使用的监控制度。

（三）以区域公共设施互联互通为突破加快城乡融合发展

公共设施对经济社会发展具有基础性、先导性、全局性作用。在新的起点上推进城乡一体化，必须把以交通为重点的基础设施互联互通放在优先位置，科学规划，合理布局，适度超前发展。

1. 推进交通网络的城乡与区域互联互通

一是推进重大交通项目建设，提高综合交通网络的等级和服务能力。加快建设市县区域间互联互通的铁路运输网、公路运输网和水运网络，完善全省民航网络建设，构建互联互通的区域交通网络。二是推进市际、县际交通基础设施对接，促进区域互联互通。强化相邻县市沟通协作：树立大交通理念，冲破地域限制，打破行业条块分割和行政区划限制，促进省域内外相邻县市的交通基础设施对接和交通运输对接，促使城市公交与市际、县际公路客运、出租车等行业互通、互联、互融。加快制订区域交通一体化实施协调规划方案，把交通基础设施建设融入参与长江经济带，对接珠三角、东盟和全国交通发展战略规划之中。加快补齐区域交通短板。以区域性城镇群、区域中心城市（省际边界中心城市）为中心，推进区域交通一体化发展，强化与周边城镇的交通对接、路网衔接，特别要重视打通公路"断头路"和"瓶颈路"，为做好衔接规划奠定良好的基础。统筹建设交通运输枢纽。加快推进一批综合交通枢纽升级，注重做好公路与铁路、轻轨、港口、机场等运输枢纽统筹协调与衔接，推动区域内"零距离换乘"和"无缝化衔接"。三是推进农村公路提质改造，加快城乡交通一体化进程。提高农村公路路网通畅水平与服务能力。着力农村公路提质改造，继续推进重要县乡道路改造、农村公路窄路加宽、安全防护、危桥改造、公路地质灾害处治等；坚持"路、站、运"一体化发展，加快旅游路、资源路、产业路建设，推进通客班车线路窄路加宽，推动贫困地区交通条件进一步改善。

2. 推进信息化平台的城乡与区域共建共享

一是推进"宽带中国"示范城市群建设，实施中小城市基础设施网络完善工程和宽带乡村工程。推动宽带接入光纤化改造，推进第四代移动通信（4G）和免费高速无线局域网（WLAN）建设。力推绝大部分城镇地区实现光网覆盖，不断提高互联网普及率。推进长株潭下一代互联网示范城市群建设，超前布局下一代互联网，全面向互联网协议第6版（IPV6）演进升级。推进"三网融合"，加大有线电视网络数字化和双向化改造力度，加快市州本地电视台节目接入互联网传输平台进度[1]。二是强化信息化应用支撑。建设省级政府大数据中心，医疗健康、教育等重点领域大数据中心和工程机械制造、轨道交通装备等行业大数据中心。统筹推进电子政务内外网建设。推进人口、法人、空间地理、宏观经济信息四大基础数据库建设，建立电子证照、社会信用、政务服务、司法执法等主题数据库[2]。三是推进信息服务平

---

① 湖南省国民经济与社会发展"十三五"规划。
② 湖南省国民经济与社会发展"十三五"规划。

台规范化建设。突出加强电子政务应用、政府网站建设，着重推进社区信息化、农业信息化、教育信息化，加大对信息操作人员的培训力度，普及信息化常态应用，提升政府行政效率和公共服务能力。四是提升公共信息资源开放度，建立公共信息资源开放制度体系、推进机制和服务模式，形成城乡区域信息化互通机制，推动交通、医疗、环保、农业、教育等多个领域数据对接与信息联动，加快向社会开放，推动区域城乡的信息共享。

3. 推进公共服务的城乡与区域全面对接

一是推进公共服务向农村延伸。以增加农村基本公共服务供给为重点，推进公共资源要素向农村倾斜配置，推动城镇公共服务向农村延伸、覆盖和对接，逐步实现城乡基本公共服务制度并轨、标准统一：提高城镇和中心村公共服务设施网络化程度；统筹城乡社会保障，健全可转接并与经济发展水平相适应的城乡社会保障体系，特别是推动社会养老保险、基本医疗保险和社会救助城乡全覆盖；统筹城乡社会事业发展，加大农村基础教育投入，提高农村教育质量，让城乡居民享有平等的教育机会，使文化教育资源合理配置、均衡发展；构建城乡统一的就业服务体系，实现城乡劳动者平等充分就业；推进快递下乡工程，完善农村物流网络；加快推进镇、村两级社区服务中心建设，强化乡镇、村公共服务功能，推动社会工作向农村延伸，注意提高公众享受基本公共服务的能力。二是推进区域公共服务对接。以融入长江中游城市群为重心，加快推进湘赣、湘粤（港澳）等合作试验区建设。推进长江中游省会城市公交一卡通工程建设，构建智能一体的运输合作体制，共建重大疾病联防联控机制，建立信息和技术资源平台，联手打造社会保障网络，推进区域公共服务一体化合作。推进长株潭地区率先发展，促进三市公共服务设施共建共享，推进公交、健康、社保"一卡通"。以长株潭公共服务一体化为引领，带动衡阳、岳阳、常德、益阳、娄底等副中心城市创新公共服务领域的体制和制度安排，建立相应的协调机制、公共服务财政能力均衡机制、成本分担和利益共享机制等，探索区域公共服务对接路径，推进区域资源要素公平交换和优势互补，实现在区域之间资源流动与优化配置。

（四）以绿色发展为取向提升城乡资源环境承载力

建设美丽湖南、实现绿色发展、守住绿水青山，不断提高城乡资源环境承载力，正是湖南长远发展、可持续发展的关键之举，也是城乡一体化的重要环节。

1.加强对城乡"三废"排放的有效控制

一是加大环保执法力度，推动环保监管城乡全覆盖。加强重点行业治理，重拳打击违法排放，充分发挥第三级网格乡（镇）政府的属地管理职能，借助网格化环境监管平台，实现"三废排放"城乡区域联查联控。二是落实各方监管责任，增强监管合力。明确地方政府的责任，环境保护重点区域、流域地方政府要强化协同监管，开展联合执法、区域执法和交叉执法，在环境保护部门统一监管"三废"排放的工作机制下，加强部门间联动执法。三是强化监管责任追究，加大环保问责力度。实施生态环境损害责任终身追究制，对环境网格监管不履职的，发现环境违法行为查处不及时、不依法对环境违法行为实施处罚等监管不作为的，监察机关要依法依纪追究有关单位和人员的责任。四是引导生产者自我约束，落实社会主体责任，制定财政、税收和环境监管等激励政策，促使各类企业、事业单位和社会组织加强自我约束、自我管理。五是畅通公众参与渠道，发挥社会监督作用，充分发挥环保举报热线和网络平台作用，对污染环境、破坏生态等损害公众环境权益的行为，鼓励社会组织、公民依法提起公益诉讼和民事诉讼。

2.构建变"废"为资源的城乡垃圾处理机制

一是强化垃圾分类回收观念。加强对垃圾分类回收的宣传，使城乡居民认识到垃圾污染的危害和垃圾回收利用的重要性，掌握垃圾分类相关知识，逐渐把垃圾分类变为自觉和习惯性行为。二是建立完善有效的垃圾分类处理系统，对城乡垃圾分类收集、分类运输和分类处理，全流程支撑垃圾分类。三是探索出台符合湖南省情、具有可操作性的法律法规，使生活垃圾的分类回收利用有法可依。四是加大对垃圾资源化、无害化技术研究的投入，鼓励引进和借鉴国内外先进技术、经验，特别是提升垃圾后端处理处置设施和技术，推动由垃圾到能源的转化。五是推进垃圾回收处理的产业化运营，充分激发市场活力，利用税收、经济政策等多种手段，鼓励支持相关企业参与垃圾分类回收，形成垃圾的分类、回收、资源化输出的产业化链条。

3. 建立可追溯的食品质量安全保障体系

一是制定统一追溯的标准，加强标准化支撑平台建设。加大主要农产品质量安全标准、生产技术规范和管理规程制（修）订力度，推动新型经营主体按标生产。二是制定可追溯的政策法规，强化食品安全的制度保障。在借鉴国外食品追溯相关法规和标准的基础上，结合湖南特色与食品产业发展要求，制定适应湖南食品产业水平、具有科学性和可操作性的法规和标准，为建立可追溯的食品质量安全体系提供法制保障。三是加强监管体系建设，发挥政府对食品安全追溯的主导作用，加快构建统一权威的食品安全监管体系，逐步建立起食品安全准入机制和食品安全信用体系。四是引导企业承担追溯主体责任，完善食品质量安全追溯体系。督促和指导生产企业依法建立质量安全追溯体系，对率先建立追溯体系的企业实现税收优惠、价格补贴等，推动追溯链条向食品原料供应环节延伸，率先建成覆盖全省的七大重要产品追溯体系，实现全产业链可追溯管理。五是加强对可追溯知识的宣传，让民众认识可追溯系统的功能，提高对可追溯产品的认知度和接受度，奠定实施食品安全可追溯制度的社会基础。

4. 构建利益共享的生态建设补偿机制

一是推进生态补偿政策创新。争取上级的政策支持，健全直接权益损失补偿机制，包括对省内生态保护受到的损失进行政策性的弥补，提高资金与实物的补偿标准，争取差异性的区域政策等。二是加大对生态补偿的财政转移支付力度。加大省级财政对生态保护区各县市一般性转移支付力度，设立生态补偿专项账户，探索建立省域内外横向转移支付机制，建立生态补偿基金，通过项目支持、合作开发、信贷担保贴息等方式，承担对生态功能区域的生态补偿。三是加强对生态功能区基础设施和产业项目的支持，重点对水利、交通、能源等重大基础设施项目，城乡环境治理、矿山整治、土壤修复、水土保持、湿地保护建设与恢复项目，自然保护区、风景名胜区、森林公园建设与管理项目等加大支持力度。四是支持生态功能区开展生态资源产权改革试点。积极争取中央支持，在省内开辟全国自然资源产权改革试点区，按现代产权制度的要求，在自然资源资产统一确权登记和用途管制、编制自然资源资产负债表、资源环境承载能力监测等方面推进改革。同时，推进生态资源产权的市场化改革，引导进行多样化的生态资源产权交易、置换和产权流转，试点生态资源产权的抵押、质押改革，激活生态资源产权的价值，提高生态保护区人民的受益度。

5. 加快形成绿色生活方式和消费模式

一是强化绿色理念。大力实施绿色联动战略，发挥环保、宣传、教育等部门优势资源作用，创新开展全民生态文明宣传教育活动，着力普及生态文明法律法规，培育生态环境文化，形成以绿色发展为荣的伦理观，强化公众生态文明社会责任意识。二是构建绿色行动体系。积极搭建绿色生活方式的行动网络和平台，开展绿色工厂、绿色社区、绿色机关、绿色学校等创建活动，引导公众积极践行绿色生活；大力开展以绿色生活、绿色消费为主题的环境文化活动，推进衣、食、住、行等领域绿色化，强化公众践行绿色生活的内在动力。三是扩大绿色产品供给。建立健全绿色发展引导机制和政策体系，对生产绿色产品的企业给予政策扶持和技术支持，对积极采用先进节能技术、有利于绿色消费的项目，给予专项资金补助、税收减免，着力促进生产、生活系统循环链接。四是规范绿色消费市场。强化对绿色产品的监测、监督和管理，对认证假伪绿色产品予以严厉打击，推进绿色标准的制定、绿色认证、绿色评估等工作的开展，为湖南的绿色发展提供更多支撑。

（五）以城乡综合改革为动能全面释放发展红利

当前湖南还存在阻碍城乡一体化发展的体制机制，正在实施的一些改革红利有待加快释放。必须加快推进城乡综合改革，全面释放发展红利，激发城乡一体化发展的新动能。

1. 构建调动基层和农民积极性的农民市民化成本分摊机制

成本分摊是农民市民化中的核心问题，如何构建调动基层政府新型城镇化积极性和农民进城积极性的成本分担机制，是城乡综合改革面对的首要问题。一是全面核算农民市民化的成本，根据不同地域农民市民化的成本构成，科学计算农民市民化的成本总量。二是强化责任目标，确立国家、县乡政府、企业、农民共同承担的市民化成本额度，构建合理可行的农民市民化成本分担机制。三是完善各类优惠政策，在农民市民化中简化各种手续和程序，减少不合理收费，降低农民在市民化中的成本支出，调动农民进城的积极性。

2.构建城乡一体化的社会保障机制

社会保障是农民进城的防火墙，是解决农民后顾之忧的保障。要加快社会保障的城乡一体化进程，提高社会保障标准和水平。一是加快农民养老保险改革，积极宣传养老保险的益处，提高农村居民参保的积极性。二是拓展城乡医疗保险保障的覆盖范围，提高大病医疗保险的保障水平。三是加大社会救助力度，切实解决大病救助和五保救助问题。四是建立兜底保障制度，对于进城落户的农民，对长久失业或生活不能自保的困难居民进行兜底救助，以保障进城农民的最低生活水平。五是支持城乡公共服务均等化，加快户籍、就业、养老、教育、医疗等制度改革，使公共财政政策、公共产品和服务向城乡低收入者倾斜。

3.构建促进金融支持农村发展的财政引导机制

一是建立财政支持金融工具创新的体系。采取设立产业投资基金、先建后补、奖补结合等方式，创新政府投融资机制，设立城镇化建设政府引导基金，吸引社会资本，建立多元化、可持续的投融资长效机制。探索采取政府采购、PPP模式推进重金属耕地污染修复、病死畜禽无害化处理和畜禽粪污综合利用等。采取贷款贴息、支持社会化服务等，鼓励农业新型经营主体发展多种形式的农业适度规模经营。二是加强财政金融联动。针对农村金融服务"最后一公里"的问题，完善推广"财银保"和"扶贫财银保"，理顺财政银行保险政策链，健全农业信贷担保体系，撬动社会金融资本支持"三农"发展。三是建立财政支持的农业风险保障制度。加强财政资金对金融的引导，对支持"三农"的金融资金，财政给予一定的利息补贴和风险保障，完善农业保险制度，建立适应现代农业和新型城镇化发展的金融保险制度。

4. 以激活农地经营权为关键推进土地流转

一是加强"三权分置"的土地改革，完善"三权分置"机制、独立发挥作用的土地权利与经营制度，充分发挥土地的财产权作用。二是搞好农村土地确权颁证，推动农村资产"确权赋能"，健全农村产权服务体系，建立"归属清晰、权责明确、利益共享、流转规范"的现代农村产权制度，激活农村"沉睡"资本，提升农村产权价值。三是积极推广土地入股等流转模式，全面带动农民脱贫致富，发展壮大村级集体经济。四是创新土地流转形式，强化土地流转权益保障。按照依法、自愿、有偿的原则，引导农民采取互换、出租、转包、入股、托管等多种流转形式流转承包土地；完善土地流转监管，控制土地流向，严格保护土地经营权，引导土地集中流向农业优势主导产业、经营能手大户、规模高效项目。

5. 以增加财产性收入为新突破构建农民收入增长机制

中国经济进入新常态后，随着经济增速放缓，农民增收的难度日益加大。要增加农民收入，当前的务工收入增加难度很大，只能从农民的财产性收入找突破口。一是加强农村闲置土地处置工作，不定期对农村土地开发利用进行重点检查，对抛荒地、闲置宅基地引导流转和开发，增加农民土地财产性收入。二是加强农村集体资产确权和股份化改革，合理确定农村集体财产价值，鼓励农民通过入股的方式参与集体资产管理和分红，加快集体资产的保值增值，以此增加农民的财产性收入。三是稳妥推进农民住房抵押、质押、担保等流转改革，激活农民"沉睡"资本的财产权。

脱贫攻坚与城乡
一体化专题报告

Special Reports on Tackling Poverty and
Integration of Urban-rural Areas

B.2
"十三五"湖南省脱贫
攻坚研究报告

摘　要：　湖南近五年来扶贫工作成效显著，贫困人口大幅减少，收入
快速增长，生产生活条件持续改善，民生保障与公共服务水
平全面提升，贫困地区经济实力逐步增强，扶贫开发机制不
断完善。但还存在困难和问题：一是贫困总量大，二是贫困
分布广，三是致贫因素复杂。其机遇是：中央重视程度前所
未有，政策"红利"持续加码，发展拉力不断增强，扶贫合
力全面汇集。湖南"十三五"脱贫攻坚的主要任务是：落实
减贫计划，改善基础设施，完善公共保障，培育发展产业，
加强金融扶贫，推进教育就业，实施易地扶贫搬迁，加强生
态保护，建强基层组织。并提出实施规划引领、落实主体责

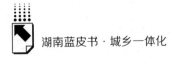

任、坚持分类推进、坚持改革创新、强化驻村帮扶和结对帮扶、激活内生动力、动员社会力量的对策。

关键词： "十三五" 脱贫攻坚 精准扶贫

消除贫困、改善民生、实现共同富裕，是社会主义的本质要求，也是城乡一体化的重要目标之一。湖南省委、省政府把贫困地区和贫困人口与全省同步建成全面小康社会作为湖南城乡一体化的重大战略任务来抓，出台了《关于实施精准扶贫加快推进扶贫开发工作的决议》，提出了到2020年全省51个贫困县全部摘帽，8000个贫困村全部退出和596万贫困人口全部脱贫的目标。目前，湖南扶贫开发任务十分艰巨繁重，处于啃硬骨头、攻坚拔寨的冲刺期。

一 湖南脱贫攻坚的现状

（一）湖南近五年来扶贫工作成效显著

"十二五"期间，湖南紧紧围绕"两不愁三保障"奋斗目标，扎实推进扶贫开发工作，全省贫困地区经济、社会发展取得了明显成效，基础设施建设、公共服务和社会保障明显改善，人民生活水平明显提高。

1. 贫困人口大幅减少

全省农村贫困人口数量快速减少。据统计，全省贫困人口从2010年1006万人下降到2015年的445万人，减少了572万人，减少率56.9%；贫困发生率由17%下降到7.84%。20个国家扶贫开发工作重点县贫困人口从410万人下降到2014年的193.8万人，减少了216.2万人，减少率52.7%；贫困发生率由41.2%下降到18.84%。

表1　全省 2011～2015 年贫困人口与贫困发生率

年份 项目	2010	2011	2012	2013	2014	2015
全省贫困人口(万人)	1006	908	767	704	596	445
全省贫困发生率(%)	17	16	13.5	11.2	10.4	7.84
国扶县贫困人口(万人)	410	379	299	233.1	193.8	/
国扶县贫困发生率(%)	41.2	37.5	29.2	22.12	18.84	/

2.贫困人口收入增长快速

据统计，全省 20 个国家扶贫开发工作重点县人均纯收入加速增长，增长幅度达到 126.7%，由 2010 年 2709 元，上升到 2014 年的 6141 元，远高于全省的增长幅度。贫困人口人均消费水平 2010 年是 2309 元，2014 年上升到 6056 元，增长幅度达到 162.3%，也远高于全省的增长速度。贫困县恩格尔系数不断下降，由 2010 年的 56.6% 下降到 2014 年的 37.3%，下降了 19.3 个百分点，降幅高出全省 2.8 个百分点。

表2　全省与国扶县农民人均纯收入水平比较

单位：元

年份 区域	2010	2011	2012	2013	2014
全　省	5622	6567	7440	8372	10060
20 个国扶县	2709	3216	3728	5353	6141

表3　全省与国扶县人均消费水平比较

年份 项目	人均消费水平(元)		人均消费增幅度(%)		恩格尔系数(%)	
	全省	20 个县	全省	20 个县	全省	20 个县
2010	4310	2309	109.4%	162.3%	48.4	56.6
2014	9025	6056			31.9	37.3

3.生产生活条件持续改善

全省完成了一大批重点交通、水利、能源等基础设施项目，贫困地区全面融入全省 4 小时经济圈。全省贫困地区通公路行政村比重达到 99.83%，行政村通班车率上升到 93.99%。全省贫困县修建小微型水利设施 230510

处，新增有效灌溉面积 420 万亩，解决农村饮水困难户 380 万户。贫困县通电话率上升到 2014 年的 91.5%。完成了 4000 个贫困村整村推进脱贫任务，解决了 7 万户贫困农户安居问题。

4. 民生保障与公共服务水平全面提升

"十二五"期间，贫困地区医疗卫生条件不断改善，教育水平不断提升，贫困地区五保供养、最低生活保障、受灾贫困群众生活救助、养老制度不断完善。到 2015 年，新型农村合作医疗全省参与率上升到 99.42%，100% 的贫困乡（镇）设立了卫生院，95% 的贫困村建立了村级卫生室，全省 7~15 岁儿童在校率达到 99.89%，其中 20 个国扶县达到 99.93%，高出全省平均水平；帮助 6 万多贫困家庭子女完成职业学历教育并顺利就业；帮扶 2500 多名贫困大学生完成学业；培训村官和科技骨干 2 万多人，组织 30 多万农民参加实用技术培训；全省贫困地区新型农村社会养老保险参保率达 83.6%。

5. 贫困地区经济实力逐步增强

大力推进贫困地区经济发展，形成了加速提质、三量齐升的发展格局。2015 年，51 个扶贫开发工作重点县人均 GDP 达到 21545 元，比 2010 年增长 84.2%；人均地方财政收入达到 1014 元，比 2010 年增长 128%，农民人均可支配收入比 2010 年的农民人均纯收入 3289 元有大幅提升，达到 7575元，调研显示，贫困群众的获得感明显增强。

表4　全省与扶贫片区主要经济指标比较

项目 地区 年份	地区生产总值 （亿元）		人均地区生产总值 （元/人）		地方财政收入 （亿元）		人均地方财政收入 （元/人）	
	2010	2014	2010	2014	2010	2014	2010	2014
全省	16037.96	27048.5	24719	40287	1081.69	2259.9	1667	3366
51 个重点县	2890.71	5021.73	11830	19903	109.78	231.26	449	916
20 个国扶县	969.83	1639.23	9770	16193	37.44	82.66	377	817
31 个武陵山片区县	1676.09	2861	10518	17636	65.23	128.46	409	792
6 个罗霄山片区县	253.31	507.47	1144	2183	13.86	35.66	626	1534

6. 扶贫开发机制不断完善

出台了一系列扶贫开发的文件，进一步创新机制、明确责任、强化考核，加大政策、项目和资金向贫困地区倾斜的力度，"三位一体"的大扶贫格局逐步形成。

精准扶贫工作机制基本建立。全面完成了704万贫困人口和8000个贫困村的建档立卡工作，摸清了贫困底数，建立了全省扶贫开发信息系统，完成了精准识贫。探索精准帮扶机制，实现了干部驻村和结对帮扶全覆盖。出台了贫困县约束机制、建立了扶贫对象退出机制，比照中央对省考核办法，对市州和重点县建立了扶贫工作考核机制，市州和重点县党政一把手与省委、省政府签订了脱贫攻坚责任状。

加快完善专项扶贫资金管理机制。改革财政专项扶贫资金分配机制，将70%的资金按照"贫困类型、贫困人口规模、贫困程度、农民人均纯收入和人均地方财政收入"等五个因素在县市区进行分配，另外30%的资金通过引入竞争机制，把资金分配与工作考核、绩效评价结合起来，这样既兼顾了公平又提升了效率，激发了县域扶贫工作活力。下放项目审批权限，按因素法切块分配的专项资金，由县级根据脱贫任务和本地实际自主审批具体项目，提高了项目安排的精准性。进一步下沉工作重心，改革财政专项扶贫资金监管机制，省每年实地检查三分之一的县，市州每年对所辖县市区监管全覆盖；完善监管措施，严格开展专项资金绩效考评，将结果作为资金分配的重要依据；积极利用第三方力量参与资金监管，加强了公告公示制度建设，着力提高群众参与度和社会公信力。

干部驻村帮扶机制得到创新。把干部驻村扶贫作为推进精准扶贫的重要工作平台，实施了以"三改三完善"为主要内容的机制创新。改驻村时间两年为三年、贫困村部分覆盖为全覆盖、省领导联村为联县；完善了驻村帮扶职责、管理体制和考核体系。以"领导办点、部门联村、干部驻村"为主要形式，省委、省政府明确了33名省级领导联县，并从省直部门和中央驻湘单位派出184支工作队到51个贫困县开展驻村帮扶，市县乡也相应派驻工作队，实现了8000个贫困村驻村帮扶全覆盖。工作队重点任务是抓好

"12 + 1"，"12"就是水、电、路、业、房、环境整治"六到农家"和就医、就学、养老、低保、五保、村级集体经济发展"六个落实"，"1"就是加强基层组织建设，三年时间贫困村未脱贫，工作队继续帮扶。通过全力推进，全省贫困村、贫困户脱贫致富步伐全面加快。

社会扶贫机制逐步健全。加强与中央和省主流媒体衔接，广泛宣传扶贫开发的各项政策，大力弘扬扶贫济困的传统美德，全面宣传湖南扶贫的成效和经验，营造了全社会关注、支持和参与扶贫的良好氛围。以"扶贫日"活动为重大平台，开展了系列社会动员活动，募集帮扶资金22亿元，凝聚了强大的社会合力。深入推进驻湘部队"2211助老区奔小康"工程，强化了军队帮扶，广泛开展了"万企联村、共同发展""村企共建"等活动，加大了企业帮扶的力度，通过"邮政爱心包裹""海联三湘行""手拉手""同心·温暖工程"等活动，引进了上海公益基金会、实事助学基金会等民间组织到湖南开展扶贫、助学等公益活动，引进各类资金20多亿元，实施了一批群众最渴望、最需要的项目。发动6700多家企业参加结对帮扶，投入资金120亿元，受益贫困人口200多万。

产业扶贫机制不断突破。创新帮扶理念，确立了"资金跟着穷人走，穷人跟着能人走，穷人能人跟着产业项目走，项目跟着市场走"的"四跟四走"产业扶贫思路，示范效应十分明显；创新帮扶方式，改单一的打卡到户为直接帮扶、委托帮扶和股份合作等帮扶模式，提高了资金使用效益和项目效益，推动贫困人口与企业、大户等建立了紧密的利益联结机制；创新金融服务机制，针对贫困户打造了"免担保、免抵押"、扶贫资金贴息的1万~5万元额度小额信用贷款等模式，建立了风险化解机制，在全省普遍推广。创新管理手段，落实协议和合同备案规定，积极开展贫困人口维权，巩固了帮扶成效。近三年，共实施了以帮扶1000个以上贫困人口、面积1000亩以上为目标的"双千"产业项目182个，通过发展产业增收直接减贫50万人。

（二）湖南精准扶贫存在的困难和问题

虽然近年来全省贫困地区得到较快发展，贫困人口快速减少，但扶贫开发任务依然艰巨。具体表现在以下方面。

一是贫困总量大。目前，全省有建档立卡贫困人口 682 万人，截至 2015 年，还有 445 万人尚未脱贫，贫困人口总量居全国第 5 位；全省贫困发生率为 7.84%，贫困人口规模居全国第 5 位；全省确定的贫困村 8000 个，占行政村总数的 19.7%，51 个扶贫重点县，占全省县市区的 41.80%。

二是贫困分布广。全省建档立卡贫困人口在 14 个市州有不同程度的分布，长株潭三市以外的 11 个市州贫困人口均在 20 万人以上，有 5 个市州贫困人口在 40 万人以上。51 个扶贫开发重点县，分布有贫困人口 401.40 万人，占全省贫困人口总量的 67.35%。全省有 8000 个贫困村，邵阳市、怀化市和湘西州均有 1200 个以上。县域层面，有 32 个县市区的贫困村数量超过 100 个。

三是致贫因素复杂。湖南贫困地区自然条件恶劣，交通不便，资源短缺，经济社会发展滞后，彻底改变贫困状况难度大。贫困户致贫的因素很多，其中因病、缺资金、缺技术、缺劳动力是贫困户致贫的主要原因。根据 2014 年对建档立卡贫困户 228.64 万户的统计，全省因病致贫的贫困户有 91.24 万户，占全省贫困户的 39.91%；因缺资金致贫的有 44.60 万户，占 19.51%；因缺技术致贫的有 32.18 万户，占 14.07%；因缺劳动力致贫的有 16.64 万户，占 7.28%；因自身发展能力不足致贫的有 11.47 万户，占 5.02%；因学致贫的有 6.63 万户，占 2.90%；因交通条件落后致贫的有 5.44 万户，占 2.38%；因残致贫的有 4.88 万户，占 2.14%；因灾致贫的有 4.54 万户，占 1.99%；因缺土地致贫的有 2.63 万户，占 1.15%；因缺水致贫的有 1.07 万户，占 0.47%；因其他原因致贫的有 6.86 万户，占 3%。

（三）湖南"十三五"脱贫攻坚的机遇与挑战

"十三五"时期，是湖南加快转型发展的关键时期，是全面建成小康社会的决胜阶段，扶贫开发正面临前所未有的历史机遇。

——中央重视程度前所未有。党的十八大以来，以习近平同志为总书记的党中央把扶贫开发纳入"四个全面"战略全局来谋划、作为实现第一个百年奋斗目标的重点工作来部署和推进，大力实施精准扶贫、精准脱贫，明确了农村贫困人口到 2020 年如期脱贫的目标，为新时期扶贫开发指明了方向。省委、省政府贯彻落实党中央决策部署，加强对全省扶贫开发工作的领导和协调，多次召开重要会议，出台了系列文件，全面部署、强力推进全省的精准扶贫，为全省扶贫开发提供了强有力的组织和制度保障。

——政策"红利"持续加码。党中央不断加大对贫困地区的政策支持和投入力度，中央财政预算扶贫专项补助资金由 2011 年的 314.1 亿元增加到 2015 年的 460.9 亿元，2015 年中央安排 1000 亿元地方政府债务支持易地扶贫搬迁，"十三五"期间的中央财政扶贫力度将与打赢脱贫攻坚战的任务相适应，国家继续实施西部大开发战略，加强对革命老区、少数民族地区发展的支持，相关部委将进一步加强对贫困地区和贫困人口的支持。湖南扶贫开发在"十三五"时期必将得到国家在资金、政策等方面的重点倾斜。

——发展拉力不断增强。"十三五"期间，湖南的区位优势将逐步凸显，国家大力推进"长江经济带"建设，实施"一带一路两廊"战略，将对湖南的经济发展和新型城镇化产生强有力的拉动作用，这对于带动全省贫困地区经济社会发展，尤其是拉动特色农业、休闲文化旅游等扶贫产业的发展，提升全省对贫困地区、贫困群众的支持能力提供了有利条件。现代交通网络体系的不断完善和信息化的深入推进，将对脱贫攻坚产生巨大的带动效应。特别是随着以高铁、高速公路为骨干的综合交通网络进一步拓展，城乡之间的信息鸿沟将逐步缩小，贫困地区的对外通道将更加畅通，必将极大地提升全省贫困地区的发展能力。

——扶贫合力全面汇集。从中央到地方，分级负责、部门协作、精准扶贫的责任体系和考核机制不断完善，政府主导的扶贫工作效率与水平不断提升；全社会共同关心和帮助贫困地区和贫困人口的良好氛围已经形成，企业和社会各界广泛参与扶贫的合作平台不断夯实，扶贫开发的各种资源和力量正在向贫困地区和贫困群众聚集；广大贫困地区干部群众不甘落后、致富奔小康的愿望越来越迫切，贫困群众的自强自立精神和自我发展能力明显增强。这些为推进脱贫攻坚提供了强大的动力和支撑。

虽然机遇很多，但面临的困难与挑战依然不少。

——减贫任务依然艰巨。要在五年时间内，实现全省51个扶贫工作重点县市区、8000个贫困村、445万贫困人口的整体脱贫，平均每年需要减少10个贫困县市区、1600个贫困村、100万贫困人口，任务很重。尤其还有41.8万户属于无文化（或少文化）、无技能、无劳力、无资源的"四无户"，约160万人需要兜低保障，要让这类贫困群体脱贫的难度更大。

——基本公共服务和基础设施依然滞后。湖南基础条件还十分薄弱，贫困群众上学难、看病难、出行难等问题仍然突出。武陵山、罗霄山两个片区仍有2.2%的自然村未通电，16.2%的自然村未通公路，18.5%的自然村不能接收电视节目，12.4%的行政村无卫生室，每万人拥有医疗机构床位数仅为全省平均水平的88%，村级小学危房面积达119.6万平方米，解决这些问题还将有一个较长的过程。

——贫困群体增收压力依然较大。当前，湖南贫困地区农民增收渠道仍然较为狭窄，收入水平同全省相比仍然存在较大差距。短期内，我国经济增速下行的趋势难以发生根本性改变，经济转型势在必行，资源环境约束日益强化，阵痛难免。

——扶贫资金需求与供给矛盾依然突出。按"五个一批"解决贫困人口问题估算，400多万贫困人口脱贫需要帮扶资金数百亿元；一个1000人的贫困村要实现整体稳定脱贫，大约要投入900万~1200万元，湖南还有8000个贫困村，需要资金720~960亿元。解决51个扶贫开发工作重点县的区域性贫困问题，需要实施一大批基础设施和公共服务项目，所需的投入更大。而贫困县市区本身的财政实力不强，扶贫攻坚对外援的依赖大。开源节流，整合各方力量，提高扶贫效率，把扶贫与开发结合起来，成为"十三五"扶贫攻坚的重要任务。

二　湖南"十三五"脱贫攻坚的主要任务

深入贯彻党的十八大以及十八届三中、四中、五中全会精神，以中国特色社会主义理论和习近平总书记关于扶贫开发的系列重要讲话精神为指导，以消除绝对贫困为目标，以精准扶贫、精准脱贫为方略，紧紧围绕"四个全面"战略布局，牢固树立创新、协调、开放、绿色、共享发展的理念，坚持扶贫开发与经济社会发展相互促进，坚持精准帮扶与集中连片特殊困难地区开发紧密结合，坚持扶贫开发与生态保护并重，坚持扶贫开发与社会保障有效衔接，进一步增强扶贫开发的紧迫感、责任感和使命感，采取超常举措和过硬办法，用一套政策组合拳，坚决打赢脱贫攻坚战。重点抓好以下九个方面的工作。

（一）落实减贫计划

分解脱贫任务，层层传导压力。在精准识别贫困对象的基础上，将减贫总任务逐级分解到市州、到县，年度任务落实到乡镇、到村、到户、到人，层层签订脱贫攻坚和年度减贫责任书，传导压力，落实党政一把手扶贫工作责任。

制定计划，精准帮扶。深入分析致贫原因，因村因户制定实施帮扶计划，做到项目安排精准、资金使用精准、措施到户精准、因村派人精准，实现驻村扶贫和结对帮扶两个"全覆盖"，确保每个贫困村都有驻村工作队，每个贫困户都有帮扶责任人。要因地制宜确定扶贫开发项目，加快实施水、电、路、气、房、环境治理"六到农家"的各种基础设施项目，改善脱贫环境；扎实抓好"六个落实"，设置一批就医、就学、养老、低保、五保、村级集体经济发展项目，推进社会服务城乡均等化。通过产业扶持、转移就业、易地搬迁、教育支持、医疗救助、低保兜底等措施实现脱贫。资金跟着项目走，确保资金安全和发挥最大效益。

建立退出机制，严格考核。建立贫困退出和扶贫工作考核机制，对贫困县、贫困村和贫困人口实施有计划分年度退出，严格开展扶贫开发工作考核，采取第三方评估、实地核实等多种方式，加强贫困人口脱贫核查，确保脱贫成效精准。

（二）改善基础设施

改善交通条件。加快推进贫困地区铁路、高速公路、航运等重大项目建设，提高国省干线技术标准，全面形成贫困地区"外通内联、乡村通畅、班车通村、安全便捷"的交通运输网络。加大对贫困地区农村公路建设的投入，加快实施建制村通畅工程，推进断头路、瓶颈路、中小危桥改造和通组路（连通25户以上的自然村）建设工程，加强安全防护设施建设，提高通村路标准，建立健全村组道路维护机制，不断提高贫困地区农村客运班车通达率，保障群众安全便捷出行。到2020年，实现所有已通公路的地方通水泥路或沥青路，建制村客运班线通达率达到100%。

完善水利设施。实施农村饮水安全巩固提升工程，采取差别式扶持政策，对水源保障率和水质不达标工程全面实行提质增效改造，确保到2020年全面解决贫困人口饮水安全问题。加强对贫困地区中小河流治理、病险水库除险加固、山洪灾害防治、病险水闸除险加固等防洪薄弱环节建设的支持，提高贫困地区防洪抗旱减灾能力。优先实施贫困村小型农田水利和"五小水利"设施建设，优先将贫困村符合条件的重点小型水利工程设施纳入中央和省资金补助范围，力争将贫困地区水利服务水平提高到全省平均水平。

加强电力保障。加强贫困地区电网建设，适度提高建设标准，拓宽电能输送通道。优先实施贫困村电网升级改造，提升电网供电能力和供电质量，2018年前彻底解决"低电压""卡脖子"现象，保障所有贫困村用上安全优质的电能。支持贫困地区开发清洁能源，因地制宜采取大电网延伸以及风电光电互补、小水电、生物质能源等可再生能源分散供电方式。大力推进光伏开发扶贫，鼓励利用废弃土地、荒山荒坡、建筑屋顶、农业大棚等建设就地消纳的分布式光伏电站，开辟绿色通道，优先安排接入上网，提供小额信贷支持，促进贫困村、贫困户长久受益。

推进危房改造。把贫困农户危房改造作为农村危房改造重点优先安排，完善现有政策，提高补贴标准，整合扶贫、移民、国土等各类建房资金，同时借助金融支持，以空间换时间，力争到2019年全面解决全省约80万贫困人口的安居问题。坚持先规划后建设，将农村危房改造与整村推进、新农村建设、传统村落保护发展、美丽乡村建设结合起来，优先帮扶自然条件恶劣

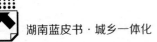

的深度贫困村和基本无投劳能力、自筹资金能力的贫困农户，引导村民科学选址、理性建房，鼓励有条件的村集中建房。

加快贫困村信息化。加快贫困乡村宽带网络建设，实施贫困地区入村互联网宽带建设工程，建立省内电信普遍服务补偿机制，力争5年内实现所有贫困村光纤网络和4G网络有效覆盖、农村家庭宽带接入能力达到12Mbps以上。整合开放各类信息资源，搭建信息服务平台，推进邮政、商务、供销合作和知名电商在贫困乡村建设服务网点，推广"互联网＋"电商扶贫模式，培育发展一批"淘宝村""快递村"。建立农村信息员登记、培训和考核制度，帮助提高其信息获取和服务能力，引导农民使用信息终端产品，分享"互联网＋"成果。

推进文化扶贫工程。加强贫困地区公共文化服务体系建设，支持县级公共图书馆、文化馆和乡镇综合文化站、贫困村综合文化服务中心建设，推进公共数字文化建设。加强国家级、省级历史文化名镇、名村、名街区和具有历史文化价值的古村落、文物古迹及非物质文化遗产的保护。加大贫困村文化体育设施建设力度，适时更新图书资料，支持开展群众性文化体育娱乐活动，加快建设一批具有乡村文化特色的村庄。统筹文化设施建设，提升有线电视、直播卫星、农村广播、地面数字电视等多种文化设施质量，提高贫困地区广播电视覆盖率。到2020年，全面实现广播电视户户通。

整治村容村貌。完善村庄建设规划，加大山水田林路和小流域治理力度，推进村庄绿化、亮化和历史遗迹、古树名木等人文自然景观的保护工作，保持田园风光，全面改善贫困村生产生活条件。推进农村环境综合整治，改善农村人居环境，扎实开展以垃圾处理、污水处理、养殖污染治理、卫生厕所建设、规范农村建房等为重点的贫困村生产生活生态环境治理，到2020年所有贫困村及相关集镇的农村生活垃圾治理达到"五有标准"，创建干净整洁、生态秀美的农村人居环境，建设美丽乡村。

（三）完善公共保障

完善医疗卫生保障。对贫困人口提供基本医疗、大病保险、医疗救助

"三重医疗保障",有效遏制因病致贫返贫。对贫困人口参加新型农村合作医疗个人缴费部分由财政给予补贴。新型农村合作医疗和大病保险制度对贫困人口实行政策倾斜,门诊统筹率先覆盖所有贫困地区,将参加新农合的贫困人口就医费用报销比例提高10%,大病保险报销起付线降低50%。将贫困人口全部纳入重特大疾病救助范围。对通过新型农村合作医疗、大病保险支付和医疗救助后仍有困难的,加大临时救助、慈善救助等帮扶力度,使贫困人口大病治疗得到有效保障。加大农村贫困残疾人康复服务和医疗救助力度,扩大纳入基本医疗保险范围的残疾人医疗康复项目。建立贫困人口健康卡,对患有重大疾病、长期慢性病贫困人口和残疾贫困人口实行系统化管理,分类制定有针对性的救助政策。全面实施贫困地区儿童营养改善、新生儿疾病免费筛查、妇女"两癌"免费筛查、孕前优生健康免费检查等重大公共卫生项目。加大医院结对帮扶力度,全省三级医院与贫困地区县级医院、县级医院与乡镇卫生院实行一对一帮扶。加快贫困地区医疗卫生服务体系建设,确保每个乡镇有1所标准化卫生院、每个贫困村有1所标准化卫生室。完成贫困地区县乡村三级医疗卫生服务网络标准化建设,积极促进远程医疗诊治和保健咨询服务覆盖贫困乡村,将远程医疗会诊诊疗纳入城乡医保报销范围。为贫困地区县乡医疗卫生机构订单定向免费培养医学类本专科学生,支持贫困地区实施全科医生和专科医生特设岗位计划,制定符合基层实际的人才招聘引进办法。支持和引导符合条件的贫困地区乡村医生按规定参加城镇职工基本养老保险。采取针对性措施,加强贫困地区传染病、地方病、慢性病等防治工作。加强贫困地区计划生育服务管理工作。

完善养老保障和救助体系。加快完善城乡居民基本养老保险制度,适时提高基础养老金标准。引导贫困人口参加城乡居民养老保险,对完全丧失劳动能力、没有收入来源的贫困群体,由当地政府全部代缴最低标准的养老保险费,其他困难群体的缴费由当地政府给予部分补助,实现所有贫困人口享有养老保险。加快农村养老机构和服务设施建设,支持贫困地区建立健全养老服务体系,支持贫困村建立村民自治型养老机构。完善临时救助制度,及时对符合条件的贫困家庭和个人提供临时救助。逐步提高农村特困人员供养水平，改善供养条件。

实施兜底保障。推进最低生活保障制度与扶贫开发政策有效衔接，完善农村最低生活保障制度，对无法通过产业扶持和就业帮助实现脱贫的家庭实行政策性兜底保障。进一步核准兜底及低保对象，加强农村低保申请家庭经济状况核查工作，健全并落实救助申请家庭经济状况核对机制，将所有符合条件的贫困家庭纳入低保范围，做到应保尽保。统筹协调农村低保标准与扶贫标准，逐步提高农村最低生活补助标准，完成低保信息系统改造，到2020年前实现"两线融合"。

（四）培育发展产业

发展优势产业。充分发挥贫困地区生态环境和自然资源优势，围绕培育壮大柑橘、茶叶、油茶、楠竹、中药材、肉牛（羊）、生猪、奶业、高山蔬菜和旅游等十大特色支柱产业，因地制宜发展贫困人口参与度高的产业项目，培育一批有影响力的特色园艺品牌；支持有条件的贫困乡村和贫困农户大力发展牛羊生猪产业和特色畜禽品种，大力发展高效水产养殖，积极推广稻田综合种养和流水养鱼；大力支持贫困地区和贫困农户发展油茶、茶叶等经济作物和优质水稻、玉米、油菜等粮油生产，打造优质粮油品牌，提升生产效益。加快贫困地区旅游资源开发，促进民族特色文化与旅游融合发展，大力发展乡村旅游，支持旅游特色村镇、生态旅游示范区、自驾车营地、观光休闲农业等旅游新业态发展。通过发展优势产业，帮助约260万有劳动能力的困难人口脱贫。

健全产业扶贫机制。坚持资金跟着穷人走、穷人跟着能人走、能人穷人跟着产业项目走、产业项目跟着市场走的"四跟四走"产业扶贫路子，通过直接帮扶、委托帮扶和股份合作等方式，完善利益联结机制。相关部门要主动介入，建立健全贫困农户利益维护机制，建立监事会，实行股份托管，依照有关法律法规，帮助贫困农民明晰产权，明确双方责任与风险，合理确定利益分配，有效化解利益矛盾，着力构建产业扶贫中贫困农民的利益维护机制和利益分配机制，确保贫困户更多分享农业产业发展成果。

完善产业链条。加快贫困地区一二三产业融合发展，支持龙头企业、农民合作社、家庭农场等新型经营组织参与产业扶贫。力争每个贫困村新建 1 个以上产业合作组织和 1 个以上互助组织，每个有劳动能力的贫困户至少加入 1 个合作组织。发展适度规模产业基地，实施贫困村"一村一品"产业推进行动，实现特色产业对有条件的贫困村、贫困户全覆盖。大力发展农产品加工，依托现有基础扶持每个贫困县打造 1 个以上以带动贫困人口就业为主的特色产业园。支持贫困地区培育和引进农产品精深加工企业，提高农产品产地初加工技术与装备水平。加快农产品物流体系和市场体系建设，推进"农超对接""农批对接"，重点支持贫困地区建设农资和商品配送中心、完善农畜产品交易市场、建设农产品冷链物流系统。加快发展农村电子商务，鼓励贫困村建立电商平台，引进电子商务龙头企业，拓展特色农产品网上销售渠道，发展"互联网＋"产业扶贫。

（五）加强金融扶贫

引导各类金融机构加大对扶贫开发的支持力度，推动金融服务到村到户，实现贫困地区和贫困人口金融服务全面覆盖。充分发挥开发性金融、政策性金融的服务功能，引导各类社会资本支持扶贫开发工作。创新发展扶贫小额信贷，为有需求的贫困户提供免抵押、免担保、基础利率、全额贴息的扶贫小额信贷，力争 5 年累计达到 300 亿元。支持创业担保贷款、"两民"贴息贷款、妇女小额贷款、康复扶贫贷款，推广涉农信用保证保险贷款等多种小额信贷产品，鼓励和引导金融机构结合贫困地区实际，创新特色产业、基础设施、易地扶贫搬迁、公共服务建设信贷产品和融资方式，有针对性地满足贫困地区各类经营主体的资金需求。拓展贫困地区贷款抵押担保资产范围，积极稳妥推进"两权"抵押贷款试点，探索创新农村集体建设用地抵押、农村承包土地经营权抵押、农民住房财产权抵押等综合农村产权抵质押方式。支持贫困地区新设村镇银行、小额贷款公司等新型金融组织，支持农民专业合作社成立农村资金互助组织，开展农民合作社信用合作试点。全面建立金融扶贫服务站、农村综合支付服务平台。加快贫困地区信用体系建设，支持各县全面建立扶贫贷款风险补偿机制、扶贫融资担保机制等配套政策，优化贫困地区金融生态环境。

（六）推进教育就业

加快实施教育扶贫工程。把教育扶贫摆在教育资源配置的战略优先位置，加快实施教育扶贫工程，阻断贫困代际传递。教育经费向贫困地区、基础教育倾斜，将建档立卡贫困家庭学生优先纳入家庭经济困难寄宿生生活费补助范围，实现贫困县农村义务教育阶段学生营养改善计划的全覆盖，进一步完善对从学前到研究生教育阶段的家庭经济困难学生的资助政策体系，将建档立卡贫困家庭优先纳入各类国家奖助学金资助范围，加强对家庭经济困难学生的助学贷款支持，防止因贫困而失学、辍学。实施基础教育巩固提升计划，整合各种教育资源，改善贫困地区义务教育办学条件，省级基础教育工程建设项目逐步对贫困地区实行"零分担、零配套"政策；合理布局贫困地区农村中小学校，全面改善贫困地区义务教育薄弱学校基本办学条件，加强偏远农村寄宿制学校建设，办好或恢复确需保留的村小学和教学点，提高义务教育巩固率。实施乡村教师支持政策，特岗计划、国培计划向贫困地区基层倾斜，制定符合基层实际的教师招聘引进办法，建立省级统筹乡村教师补充机制；实施贫困地区乡村教师安居工程，全面落实连片特困地区乡村教师生活补助政策；建立乡村教师荣誉制度，将武陵山片区农村教师人才津贴政策实施范围扩大到全省所有贫困县的乡镇及以下中小学校。实施教育扶贫结对帮扶行动计划，组织 300 所优质学校帮扶带动贫困地区 600 所薄弱学校（教学点）提高办学水平。

全面实施就业创业工程。加快贫困地区职业教育发展，支持每个市州办好一所高等职业学校，每个县办好一所中等职业学校。统筹"雨露计划""阳光工程"等职业教育培训资源，提高补助标准，落实中等职业教育免除学杂费政策，确保每个建档立卡贫困家庭"两后生"都接受中高等职业教育。积极开展贫困村创业致富带头人创业培训，支持创业致富带头人在贫困村创办企业，带动扶贫对象参与创业项目、多渠道增加收入。实施转移就业精准帮扶工程，优先安排贫困地区基层劳动就业和社会保障服务平台建设，健全贫困地区就业服务体系，将有劳动能力和就业愿望的建档立卡贫困人口纳入就业援助范围；建立劳务输出奖励制度和贫困人口就业交通费补助资金，对贫困家庭离校未就业的高校毕业生提供就业支持。

（七）实施易地扶贫搬迁

对"一方水土养不活一方人"的贫困人口，实施易地扶贫搬迁工程。坚持"政府主导、群众自愿、量力而行、就近方便安置"的基本原则，鼓励依托当地资源就近分散安置，紧密结合推进新型城镇化、新农村建设、同步整村搬迁、库区移民搬迁、农村危房改造，支持有条件的地方依托小城镇、工业园区、乡村旅游区安置搬迁，完善基础设施配套建设，规范建房风格，做到既有新房又有新村。加大政府投入力度，用好开发性金融资金，创新投融资模式和组织方式，用足支持政策，强化搬迁成效监督考核。完善搬迁后续扶持政策，将易地搬迁与产业扶贫、"雨露计划"、创业就业等有机结合起来，支持他们通过发展特色经济、参与合作社经营、开展乡村旅游、务工就业等渠道，提高自我发展能力，增加财产性收入，支持他们在搬迁点实现就业创业、融入当地生活，确保搬迁对象搬得出、稳得住、能致富。

（八）加强生态保护

国家和省实施的重大生态保护工程在项目和资金安排上进一步向贫困地区倾斜，提高贫困人口参与度和受益水平。加大贫困地区生态修复力度，增加重点生态功能区转移支付。创新生态资金使用方式，利用森林生态效益补偿和天然林保护资金，让更多有劳动能力的贫困人口就地转移成护林员等生态保护人员。加大贫困地区新一轮退耕还林力度，引导和扶持贫困户实施荒山造林。开展贫困地区生态综合补偿试点，探索定向提高贫困地区生态补偿标准。在贫困地区实施的各类项目都要严格把关，不能以牺牲生态环境为代价。

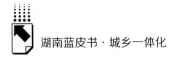

（九）建强基层组织

结合乡镇领导班子和村"两委"换届，选优配强乡镇和贫困村领导班子尤其是一把手。有针对性地选配政治素质高、工作能力强、熟悉"三农"工作的干部担任贫困乡镇党政主要领导；注重从致富能手、返乡农民工、复员军人和大学生村官中选拔作风正、能力强、愿意帮扶群众致富的同志担任村干部特别是村党组织书记，加大向贫困村选派"第一书记"力度。鼓励和选派思想好、作风正、能力强、愿意为群众服务的优秀年轻干部、退伍军人、高校毕业生到贫困村工作，注重把思想好、素质高、能力强的优秀人员及时吸收到党的组织中来，重点做好农村优秀致富带头人入党工作，增强农民党员队伍的整体"带富"能力。持续推进软弱涣散村党组织整顿，从严管理监督村干部队伍。完善村级组织运转经费保障机制，加强贫困村综合性服务平台建设，扶持贫困村壮大集体经济实力，增强解决贫困户特殊困难的实力。健全落实以村党组织为领导核心，村民委员会、村民议事会、村务监督委员会各负其责的村级治理模式，全面建立村务监督委员会并切实发挥好作用，严格落实"四议两公开"、村务财务公开、村账乡代管等民主管理制度。

三　推进湖南"十三五"脱贫攻坚的对策措施

精准扶贫工作是一项艰巨复杂的系统工程，"十三五"时期必须在实施规划引领、落实主体责任、坚持分类推进、不断改革创新、强化驻村帮扶和结对帮扶、激发内生活力、动员社会力量等方面精准谋划，全方位推进。

（一）实施规划引领

发挥规划的引领作用。县级以上人民政府要紧扣全省"十三五"精准脱贫规划的要求和部署，结合实际制定作为本行政区域国民经济和社会发展规划组成部分，与区域发展、行业发展等规划相衔接的扶贫开发规划，并指导重点乡镇和贫困村制定脱贫攻坚规划。省、市、县各部门要将精准扶贫、精准脱贫作为"十三五"规划的重要内容，部门行业规划相关内容要以精准脱贫规划为依据，与之相衔接、相适应。

发挥规划在实施中的指导作用。各级各有关部门要严格按照精准脱贫规划推进精准扶贫工作，县、乡、村要根据精准脱贫规划制定年度实施计划，有计划、有步骤地推进各项工作，扶贫的年度项目要进入规划项目库，统一管理，分期分批、有序实施、精准落地，确保规划与实际工作不脱节，克服"两张皮"现象。

加强规划对资源、政策的统筹作用。按照"统一规划、集中使用、性质不变、渠道不乱"的原则，强化规划的综合能力，整合中央扶贫资金和省级各部门专项扶贫资金、行业资金、金融资金、社会资金等各项扶贫资金，集中力量解决突出问题，提高扶贫的整体效应。坚持扶贫项目与其他部门项目有机对接、统筹实施，充分发挥市场运作的活力，推进规划项目的市场化运作，提高项目的经济效益和社会效益。

（二）落实主体责任

强化各级党政一把手的领导责任。认真落实省负总责、部门配合、市县抓落实的工作机制。各级党委、政府承担主体责任，党政主要负责同志是第一责任人。各市（州）和扶贫工作重点县党政主要领导要向省委、省政府签署脱贫责任书，每年向省委、省政府报告脱贫攻坚进展情况。县乡要逐级递交脱贫工作责任状，层层传导压力，级级压实责任。

强化各级扶贫开发领导小组的责任。扶贫开发任务重的市（州）、县（市、区）扶贫开发领导小组组长由党政主要负责同志担任。各级扶贫开发领导小组要制定和完善扶贫开发领导小组工作规则，强化组织实施规划、决策部署、统筹协调、督促落实、检查考核等职能，定期召开领导小组会议，调度脱贫规划实施进度，研究和解决扶贫工作中存在的困难和重大问题。各级扶贫开发领导小组办公室承担组织推进的职能，做好任务分解、部门协调、规划评估、督促考核等具体工作，参与资金整合和年度计划制定，配合行业部门抓好政策、项目落实。

明确部门落实相关任务的责任。全面落实行业部门脱贫攻坚责任制，各部门主要负责同志是本部门脱贫攻坚工作的第一责任人。相关部门要按照"1＋10＋17"脱贫攻坚政策支撑体系，出台部门扶贫政策，建立工作机制，落实扶贫责任。有关部门要加大项目审批权限下放力度，支持县级开展涉农资金整合，集中解决突出问题。省、市州相关部门要督促县、乡抓好政策落实。

（三）坚持分类推进

贫困县按照现有的区域定位和板块划分组织实施扶贫规划。两大片区贫困县，以武陵山和罗霄山集中连片特困地区区域发展与扶贫攻坚规划为统领，完善片区联系协调机制，增加资金投入和项目投放，完善支持政策，实行重点倾斜支持。继续深入实施湘西地区开发战略，着力加快重大基础设施项目和民生工程建设，为贫困乡村的发展创造良好的环境。片区外贫困县，依托湘南承接产业转移示范区建设、环洞庭湖生态经济区建设，大力发展服务业、区域特色产业，带动脱贫攻坚。出台《关于加大脱贫攻坚力度支持革命老区开发建设的实施意见》，完善对老区贫困县的项目布局和加大资金投放；加快推进民族地区扶贫开发，实施少数民族特困地区和特困群体综合扶贫工程。加快实施移民后期扶持计划，推进库区贫困移民脱贫解困工程和移民增收致富计划。

坚持以贫困村为脱贫攻坚的基本单元。下沉工作重心和力量，以贫困村为打赢脱贫攻坚战的基础平台，以全面实施贫困村脱贫规划为抓手，支撑各县市区实现整体脱贫目标。结合各地资源禀赋和产业基础，因地制宜开展贫困村"一村一品"产业推进行动，发展贫困户有能力经营的产业项目，实现特色产业对有条件的贫困村、贫困户全覆盖。围绕生产生活条件改善，着力实施好农村安全饮水巩固提升、农村电网升级改造、农村道路建设、贫困村信息化、农村危房改造和环境综合治理工程。针对贫困群众生活难题，抓好新农合、新农保、最低生活保障和社会救助制度落实，加强农村卫生服务、特困人员供养、文化和广播电视等设施建设，提升贫困村公共服务均等化水平。

坚持以逐户逐人脱贫实现全面脱贫目标。按照"精准脱贫、不落一人"要求，把年度脱贫任务分解到市州、县乡村，具体到户到人。对每个贫困对象，严格落实帮扶责任人和帮扶计划，按照"五个一批"办法，因人施策、因贫施策，采取扶持生产发展和就业、易地扶贫搬迁、开展教育培训、落实医疗保险和救助政策、实施生态补偿、社保兜底等方式脱贫，通过逐户逐人脱贫，最终实现全面脱贫目标。严格贫困人口脱贫的程序和标准，严禁"数字脱贫""假脱贫"。

（四）坚持改革创新

建立扶贫对象动态管理及退出机制。做好扶贫对象识别和建档立卡的动态管理工作，以现有建档立卡贫困人口为基础，建设全省扶贫开发的大数据平台，形成与关联行业部门信息互联、数据共享的资源平台，实行脱贫销号、返贫录入，做到贫困人口有进有出，动态管理。制定贫困县、贫困村和贫困人口的退出标准、退出程序和退出政策，实行脱贫不脱政策，针对"摘帽"的贫困县、"出列"的贫困村、已脱贫的农户在规定的年限内继续享受扶贫相关政策，切实解决好"如何退"的问题。

创新扶贫资金管理使用机制。加大扶贫资金管理改革力度，进一步完善财政专项扶贫资金的安排、分配、使用办法，完善因素法分配机制与竞争分配机制，建立扶贫投入县级整合机制，按照"省级统筹、市州协调、县级整合"的原则，以县为主搭建资金整合平台。省级负责做好总量分配，明确目标任务，强化督查落实，抓好资金监管；资金审批权下放到县，实行项目管理。各县特别是贫困县要以脱贫规划为引领，以重点扶贫项目为载体，把专项扶贫资金、相关涉农资金、社会帮扶资金捆绑使用，提高资金使用效率。建立扶贫项目公告公示制度，建立资金、项目动态监督管理机制和资金违规使用责任追究制度。

完善扶贫开发考核督查机制。对市（州）的扶贫工作考核办法，比照中央对省的考核办法执行，纳入全面小康建设考核、领导班子和领导干部年度考核、年度绩效考评范围。完善贫困县党政领导班子和领导干部基于经济社会发展精准扶贫实绩考核办法，优化细化考核指标，大幅度提高减贫指标的权重，建立扶贫工作责任清单；对年度考核排名靠前的市县给予一定奖励，对未完成年度脱贫攻坚任务和违反相关扶贫政策规定的市县，对其党政主要领导进行约谈问责；将领导干部的考核结果作为干部选拔使用和评先评优的重要依据。加强行业部门扶贫责任制考核和驻村帮扶考核，推进考核向基层延伸。建立扶贫绩效第三方评估机制，提升扶贫脱贫绩效评估的公信力和诚信度。各级党委、政府督查部门和扶贫主管部门将扶贫开发工作纳入年度重点督查内容，建立年度扶贫开发逐级督查制度，定期组织督查督办。强化纪检监察，加大审计力度，预防、整治和查处扶贫领域的职务犯罪，从严惩处违法违纪问题，全面落实贫困县约束机制。

（五）强化驻村帮扶和结对帮扶

推进驻村帮扶和结对帮扶的全覆盖。各级各部门提高机关干部派出比例，确保8000个贫困村全面实现驻村帮扶工作队对所有贫困村、帮扶责任人对所有贫困户的全覆盖。派出单位为驻村干部、"第一书记"开展帮扶工作提供力所能及的条件和保障，动员机关干部职工全面开展结对帮扶。

充分发挥驻村帮扶和结对帮扶的作用。各派出单位要建立帮扶台账，制定帮扶规划，细化工作措施，帮助协调落实资金项目，提供信息技术和市场服务，帮助贫困村、贫困户脱贫致富；加强对驻村帮扶干部的培训指导，引导其深入驻点村调查研究，有针对性地开展各项帮扶工作，提高帮扶效率；充分发挥驻村工作队的桥梁作用，引导社会力量、社会组织参与驻村帮扶，提高帮扶的实效。

加强对驻村帮扶和结对帮扶的管理。强化对驻村扶贫工作队和驻村干部的跟踪管理，建立驻村工作队督查、考核、激励、问责机制，对表现优秀、干出成绩的驻村干部要重点培养使用；对不作为、群众意见大的进行约谈问责。建立健全驻村工作队和干部职工精准扶贫到户到人责任制，切实做到不脱贫不脱钩。

（六）激活内生动力

扶贫先扶智。通过政策宣讲、典型引路和思想政治工作，引导贫困群众树立"苦熬不如苦干"的观念和"勤劳致富光荣"的思想，激发贫困群众强烈的发展愿望，增强其脱贫奔小康的信心，使其依靠自身努力增加收入，改变贫困落后面貌，过上美好生活，实现"富口袋"与"富脑袋"的有机结合。

加强引导。坚持尽力而为、量力而行，正确引导群众预期，避免因政府大包大揽出现"一头热，一头冷"现象。认真落实专项扶贫、"一事一议"、以工代赈等扶贫惠民政策，发动群众积极参与村脱贫规划编制、项目选择和实施、资金使用管理等过程，提高项目的群众参与度，充分调动群众的积极性和主动性。积极运用市场思维、市场机制、市场手段解决贫困问题，培育贫困人口的市场意识，提升其市场经营能力和风险防范能力。

发挥基层组织的战斗堡垒作用。加强村支两委人才建设，着力从优秀外出务工经商人员、乡土能人、复退军人和大学生村官中选拔村支两委人员，对重点贫困村、矛盾复杂村、基础薄弱村，选优配强第一支部书记。尊重基层干部的首创精神，抓好基层党组织带头人队伍建设，把群众信得过、"双带"能力强的同志充实到基层组织队伍中，努力建设一支"永不撤走"的工作队。积极开展创业致富带头人培训、新型农村经营管理人员培训，加强对贫困群众的生产经营指导，带动其创业，发挥脱贫示范效应。

（七）动员社会力量

加大扶贫宣传力度。通过电视、广播、报刊、互联网等媒介，以"扶贫宣传月""扶贫主题日"等形式，弘扬中华民族扶贫济困传统美德，以扶贫表彰、评选宣传"最美扶贫人物""最佳扶贫组织"等形式，宣传推广扶贫先进典型和成功经验，引导和鼓励社会各界关注、参与和支持扶贫事业。

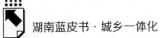

　　创新社会扶贫机制。畅通社会各阶层交流交融、互帮互助的渠道，完善扶贫公益平台，建立社会扶贫"直通车"信息网络，引导广大社会成员和港澳同胞、台湾同胞、华侨海外人士，通过爱心捐赠、志愿服务、包村进户等多种形式参与扶贫。支持军队和武警部队加强扶贫工作，充分发挥各民主党派、无党派人士和工商联在精准扶贫上的优势和作用，促进社会各方资源向精准扶贫聚集。优先发展具有扶贫济困功能的各类慈善组织，有计划、有重点地培育和发展一批枢纽型社会扶贫组织，着力打造扶贫公益品牌。

　　落实社会扶贫优惠政策。全面落实公益扶贫捐赠所得税税前扣除政策，探索发展公益众筹扶贫，鼓励支持有条件的企业和社会组织设立扶贫公益基金。落实各类市场主体到贫困地区投资兴业相关支持政策，完善扶贫龙头企业认定制度，大力开展"万企联村"、村企共建、"万企帮万村"等活动，动员国有和民营企业到贫困地区投资兴业。鼓励企业吸引农村贫困人口就业，有贡献的企业按规定享受税收优惠、职业培训补贴等就业支持政策。

B.3
"十三五"怀化市脱贫攻坚研究报告

摘　要：　怀化市持续强化"悠悠万事，脱贫为大"的责任感和紧迫感，大力实施精准扶贫"五大工程"，精准推进基础设施"六到农家"和公共服务"六个落实"，扶贫开发不断向"精准式、造血式、参与式、整体式"转变，逐步走出了一条具有怀化特色的精准扶贫新路子。当前，怀化市脱贫攻坚面临贫困人口多、贫困区域广、贫困程度深的新挑战。怀化市脱贫攻坚的重点任务是：强化扶贫产业支撑、提升主体能力、发展社会事业、强化社会保障、加快基础设施建设、完善社会帮扶体制、创新"四跟四走"产业帮扶模式。其实现精准脱贫的保障措施是：加强党的领导，推进精准管理，严格考核监督，强化教育引导。

关键词：　怀化市　脱贫攻坚　精准扶贫

为决胜脱贫攻坚、全面建成小康社会、加快推进"一极两带""一个中心，四个怀化"建设，课题组深入怀化市有关县市区、乡镇、贫困村和贫困户进行调研，形成以下研究报告。

一　怀化市脱贫攻坚面临的形势

"十二五"特别是党的十八大以来，怀化市持续强化"悠悠万事，脱贫为大"的责任感和紧迫感，大力实施精准扶贫"五大工程"，精准推进基础设施"六到农家"和公共服务"六个落实",扶贫开发不断向"精准式、造血式、参与式、整体式"转变,逐步走出了一条具有怀化特色的精准扶贫新路子。2010~2015年,全市贫困人口由128万人下降到54.43万人,减少了73.57万人;贫困发生率由25.1%下降到12.6%,下降了12.5个百分点;农村居民人均可支配收入由3283元增长到7203元,翻了一番。贫困地区基础设施和公共服务明显改善。产业扶贫为全省提供了典型经验,"三个一"产业扶贫示范工程的13个重点产业项目覆盖240个贫困村、贫困人口39679人;"双千"产业扶贫项目计划覆盖209个贫困村、贫困人口33288人。扶贫机制不断完善,形成了"纵向到底、横向到边、齐抓共管"的扶贫责任体系,构建了分类指导、差异扶持的贫困村扶持机制,走出了"四跟四走"精准扶贫的新路子,得到习近平总书记的充分肯定;打造了"无抵押、无担保、基础利率、补贴利息、风险共担"扶贫小额信贷的新品牌,麻阳县"贫困农户特惠信用小额贷款"做法得到全国推广;探索了"搬得下、稳得住、融得进、能发展"的生态移民和农民就地城镇化的新途径。

但是,作为湖南武陵山片区区域发展与扶贫攻坚重点县最多的地区,怀化脱贫攻坚任务仍然十分艰巨。一是贫困人口多。至2015年底还有54.43万人尚未脱贫,占全省贫困人口的12.23%,贫困发生率高出全省4.8个百分点。二是贫困区域广。全市所有县市区均为扶贫开发工作重点县,是全省贫困面积最大、扶贫开发重点县最多的市,武陵山有10个集中连片特困县,占整个片区县总数的15.6%,占全省片区县总数的32.3%;其中2个为国家扶贫开发工作重点县,3个比照省扶贫开发工作重点县。全市有贫困村1025个(行政区划调整后为1025个,之前为1237个),占全省贫困村总数的12.8%。三是贫困程度深。全市地处地质条件差、生态承载能力弱的武陵山区,基础设施建设难度大,经济基础薄弱,区域内有5个少数民族自治县,少数民族人口占全市总人口的40.5%,少数民族地区困难群众多,贫困程度更深,脱贫难度更大。全市1025个贫困村中,大多数贫困村公共设施严重不足,尚有85个村还没有通沥青(水泥)路,D级危房户达2.49万户，126个村没有完成农网改造任务，859个村庄没有通宽带，7.68万户贫困家庭饮水安全问题没有解决；尤其是有易地扶贫搬迁需求的达11.03万人，需要通过兜底政策实现解困脱贫的达9.39万人，这些更是脱贫攻坚工作中难啃的"硬骨头"。这些情况表明，实现既定脱贫目标，时间十分紧迫，任务特别艰巨。

"十三五"时期是怀化市经济转型升级的关键时期、全面建成小康社会的决胜阶段，脱贫攻坚面临前所未有的历史机遇。一是"一极两带"和"一个中心、四个怀化"战略的强劲驱动。湖南省委、省政府作出"一核三级四带多点"的区域发展战略布局，把怀化市定位为"一极两带"，极大地提升了怀化市在全省乃至全国区域发展中的地位。市委、市政府已全面布局"一极两带"建设，正努力建设五省边区生态中心城市和绿色怀化、法治怀化、智慧怀化、幸福怀化。这必将推动怀化市全面融入"一带一路"建设和"长江经济带"战略，从而加速优势资源的开发和整合，促进新兴经济带的产业分工合作，为怀化经济转型提供强大驱动力，并有利于形成新的区域结构和城乡结构，对贫困地区经济社会发展，尤其是贫困地区的优势特色产业发展和基础设施建设，产生强有力的带动作用。二是精准扶贫政策的强力保障。"十三五"期间，国家全面实施精准扶贫、精准脱贫战略，明确了到2020年农村贫困人口全面脱贫的目标，重点支持革命老区、民族地区、边疆地区、连片特困地区脱贫攻坚。国家和省里的政策支持与资金投入力度前所未有，且针对性更强、作用更直接、"补短板"效应更加突出。这为怀化市贫困地区加快发展、贫困人口全面脱贫提供了强有力的政策保障。三是脱贫攻坚合力的强大支撑。脱贫攻坚已经成为全党全社会的统一意志和共同行动。从中央到地方，党委领导、政府主导，分级负责、部门协作、联动推进的扶贫开发工作机制不断完善，全社会关心、支持、参与扶贫济困的良好氛围已经形成。全市干部作风、社会风气、干群关系等扶贫软实力不断提升，社会各方面资源和力量正向贫困地区和贫困群众聚集，贫困群众盼脱贫、谋发展的意愿明显增强，广大干部群众打赢脱贫攻坚战的信心、决心和热情前所未有。

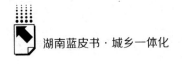

二 怀化市脱贫攻坚的重点任务

（一）强化扶贫产业支撑

立足全市资源禀赋，以市场为导向，因地制宜发展贫困人口参与度高的特色优势产业，加大乡村旅游扶贫、电商扶贫力度，确保每个贫困村至少形成一个特色主导产业，每个贫困户至少有一个增收项目，使全市13.78万有劳动能力的贫困人口通过发展产业实现稳定脱贫。

1. 发展优势特色产业脱贫

加快发展特色种植业。立足各贫困村资源优势，坚持绿色发展方向，积极发展中高海拔生态有机稻、藏红黑贡米、特色旱杂粮、有机蔬菜、特色有机水果、烟叶、食用菌等经济效益好、市场潜力大的特优种植业。建设以溆浦、沅陵、麻阳、辰溪、芷江、洪江市、新晃、靖州、会同等地为主的粮油产业基地，以麻阳、中方、靖州、辰溪、鹤城、芷江、通道等地为主的名优特新水果基地，以鹤城、中方、洪江市、芷江、通道、辰溪等地为主的优质特色蔬菜基地，以沅陵、会同、中方、芷江、溆浦、通道等地为主的有机茶、野生甜茶种植基地，以麻阳、溆浦、芷江等地为主的食用菌种植基地。

积极发展生态养殖业。支持贫困村和贫困户发展特色生态养殖，扶持贫困户标准化生猪和牛羊养殖场（户）的圈舍改造、良种引进、防疫管理、粪污处理。建设溆浦、芷江、新晃、中方、洪江区、靖州等生猪养殖基地，通道、新晃、沅陵、会同、溆浦等草食动物养殖基地，芷江、辰溪、中方、鹤城、新晃、洪江区、麻阳、通道、沅陵等家禽养殖基地。建立健全畜禽良种繁育体系，加强地方特色品种保护，引导贫困户合理发展生态肉兔、蛇、竹鼠等特种养殖。

有序发展特色水产业。在沅陵、芷江、辰溪、洪江、会同、中方等沅江水系水电站库区，发展库区渔业放养和环保型网箱养殖，推进沅陵山塘和库汊养鱼，芷江、新晃水面养鱼和网箱养鱼等扶贫项目建设。推广"高垄低沟""田、沟、凼"模式化高产技术和"稻、鱼、菜（瓜果）"等立体养殖模式，推进辰溪、麻阳、会同、通道等地的稻田塘库水产类养殖以及洪江市稻田综合养殖项目建设。在沅陵、芷江、中方、辰溪、新晃、靖州、通道等地，积极发展湘华鲮、光倒刺鲃、鲴鱼、鳅鳝、虾蟹、鳖等名特产品养殖。支持贫困地区大力发展休闲渔业。

大力发展特色林产业。因地制宜发展林药、林果、林草、花卉、林菌、林禽、林畜、林菜等林业经济扶贫项目。建设溆浦、麻阳、芷江、新晃等地中药材产业基地，打造靖州茯苓，新晃右旋龙脑樟，溆浦、辰溪、洪江市金银花、鱼腥草等生物医药原料基地。加强沅陵、辰溪、中方、溆浦、会同等地以油茶、核桃为主的木本油料基地建设，建设会同、洪江市、洪江区、溆浦、靖州、通道等地楠竹生产基地，培育一批有影响力和竞争力的花卉园艺品牌，建设以红豆杉、桂花、香樟、银杏等为主的花卉苗木等特色扶贫产业示范基地。积极发展特色林产品加工产业，打造一批林业扶贫富民工程。

打造地方特色品牌。立足各地资源、气候、市场供求变化，扶持发展地方名优特产品，加强对"麻阳柑橘""黔阳柑橘""湘怀金珠""沅陵碣滩茶""靖州茯苓""靖州杨梅""中方湘珍珠刺葡萄""芷江鸭""雪峰乌骨鸡""麻阳白鹅""溆浦白鹅""新晃黄牛""通道黔阳花猪""新晃凉伞花猪""会同魔芋"等地方品牌的扶持与推广。实施贫困村特色产品基地创建和推广计划，打造"一村一品、一村一个产业示范基地"，支持有条件的企业、专业合作社注册农产品商标、申报"三品一标"产品认证。推进特色农产品标准化生产和管理，加强对认证产品的监管，维护品牌公信力和品牌形象。鼓励和引导科研机构、企业加强对贫困地区特色动植物资源、优良品种的商业性开发利用，培育、推广地方特色农产品品牌。

促进产业融合发展。加快发展基于第一产业的二三产业，大力发展怀化国家农业科技示范园，加快靖州国家现代农业示范区建设，进一步建好新晃国家地理标志产品保护示范区，全面建设国家绿色食品产业示范基地。支持贫困地区培育和引进农产品精深加工企业，提高农产品产地初加工技术与装备水平，积极发展肉牛、水果、楠竹、茶油、中药材、红薯淀粉、山核桃、酒业、茶叶等特色农产品精深加工业，提高农业综合效益。以汇源果汁、海联食品、绿康蔬菜、康师傅、虹瑞湘葛等企业为龙头，带动贫困村土特果蔬与加工业融合；以大康牧业、老菜肉牛、嘉信食品、和翔鸭业等为龙头，推进贫困村特色养殖与工业融合；围绕沅陵碣滩茶、会同毛峰茶、辰溪甜茶品牌，延伸茶叶产业链。实施改善贫困村流通基础设施工程，对田间临储、集配中心、保鲜、烘干、冷藏等设施建设给予大力扶持。加快贫困村农产品市场建设，促进传统市场与新型市场融合、传统营销与现代营销手段融合，拓展农产品销售渠道；发挥贫困村的农业生态优势，促进农业与生态文化、休闲旅游业相互融合。实施"互联网＋农业"行动，推动移动互联网、大数据、云计算、物联网等信息技术与农业产业跨界融合，大力发展农村电子商务。

2. 发展乡村生态文化旅游脱贫

开发乡村生态文化旅游产品。以全域旅游为导向，依托河流、水库、岩洞、天池、石林、森林、古村、古井、古商道、侗寨、苗寨等资源，发展以民俗体验、健康养身、休闲度假等为主要特色的乡村旅游，开发一批农家乐、度假村、垂钓中心、休闲农庄、民俗风情、俱乐部、品牌餐饮、乡村酒店、古村落、古寨子、古院子等形式多样、特色鲜明的乡村旅游产品。打造沅澧山水之旅、原生态侗苗风情之旅、生态丹霞之旅、古城古镇古村之旅、长寿之旅等乡村旅游精品线路。推进鹤城、中方、辰溪、溆浦等县区的农业休闲观光旅游扶贫项目建设；打造新晃侗民俗生态休闲农庄、芷江客人棚村和碧河村旅游、通道县侗寨旅游、溆浦县山背花瑶梯田等特色旅游品牌。

完善旅游基础设施及配套服务体系。重点加强全市313个全国乡村旅游扶贫重点村以及"十三五"精准脱贫乡村旅游扶贫项目覆盖贫困村的通村公路、村寨内游步道、自行车道、交通干道、旅游景区到乡村旅游点的道路交通建设，打通乡村旅游景区的"断头路"和"瓶颈路"，解决"最后一公里"问题；改善重点村与项目覆盖村的供电、供水、通信、消防、环境卫生、停车场、旅游厕所、寨门、游客购物长廊、自驾游营地、旅游标识标牌等旅游基础设施条件，打造一批标准化乡村旅游区。支持有条件的重点村和项目覆盖村建设综合性游客服务中心；建设乡村旅游公共信息服务体系，推进数字旅游；建设乡村旅游安全保障服务体系，提升安全应急处置能力。

加强乡村生态文化旅游形象宣传和品牌推广。设立乡村旅游扶贫公益广告，建立全市乡村旅游网站，大力推介各扶贫重点村和项目覆盖村的乡村旅游品牌。通过电商平台、节庆推广、主题活动、涉外经济文化活动等载体，强化旅游品牌体系宣传，积极参与省乡村旅游节，继续办好中国（怀化）"三古"文化旅游节，组织各县市区联合开展民族特色旅游主题营销活动，扩大乡村旅游市场影响力。将电子商务经营窗口、门店延伸到乡村旅游扶贫点，加大线上营销力度，加强与知名旅行社、旅游网站等的对接，充分发挥旅游景区、旅行社、旅游饭店招徕客源的主渠道作用。

3. 发展农村电子商务脱贫

培育电子商务市场主体。发挥电商企业的孵化带动作用，鼓励贫困地区有意愿的农户、农民专业合作社开设网店，培育发展一批"淘宝村""快递村"，推动本土特色产品上线运行，带动贫困农户增收。支持贫困村村级电商门店建设，对贫困家庭开设网店的给予补助、小额信贷等支持。鼓励当地电商和电商平台企业与贫困村、贫困户开展"一对一"帮扶，提高网店运营效益。鼓励电商企业通过开辟特色农产品网上销售平台、开办村镇扶贫代销网点等形式，与贫困村建立直采直供关系。引导建立"农产品加工企业＋农业合作社＋农户＋电商企业"的"电商扶贫"专业团队，为贫困地区实施电子商务提供一条龙服务。

加强与知名电商企业的合作。积极引进阿里巴巴、京东、苏宁易购、千微网、上海心家等一批大型电子商务企业及项目，参与全市电商扶贫工程建设。支持"怀化购""淘宝特色中国怀化馆""苏宁云商怀化馆"等电商平台建设，推进县市区互联网＋电子商务平台建设。支持快递、物流企业拓展贫困村业务，加快发展电子商务，增强与邮政快递、顺丰快递等快递物流公司的合作，提升电子商务的覆盖率，拓展和畅通农村特色农产品的流通渠道，真正打通贫困村电商发展"最后一公里"。

健全农村电商服务体系。加快市县电子商务产业园建设，完善县市区电商服务中心，建立乡（镇）服务站和村服务点的电子商务服务体系，完善相关功能及配套设施。加强交通、物流、供销、邮政及大型电商、快递企业信息网络共享衔接，鼓励多站合一、服务同网。加快推进适应电子商务的农产品质量标准体系建设和分等分级、产品溯源、包装运输标准制定和应用。加强贫困村电商人才培训，确保每个贫困村至少培训 2 名以上的电商应用人才和信息员。

4. 增加资产收益脱贫

组织开展资产收益扶贫。鼓励贫困户将已确权登记的土地承包经营权和个人财产，以及到户财政扶贫资金入股企业、合作社、家庭农场和产业基地，通过委托经营、合作经营等方式，获得资产收益。鼓励贫困村将农户和集体拥有的土地、林地、草地、荒山荒坡、滩涂、水面、房屋、建筑物、机械设备等资源资产股份量化评估入股，增加集体经济收益或个人收入。创新资源开发占用农村集体土地的补偿补助方式，在各县域选择一批光伏、水电、矿产资源开发项目占用集体土地补偿先行试点，对于资源开发项目占用或影响导致土地被征收、征用的农村集体经济组织，试点将集体土地及土地上的附属资产等折股量化，形成集体股权，使贫困村集体和贫困人口分享资源开发收益。

探索扶贫资源资本化投入机制。鼓励财政专项扶贫资金、相关涉农资金和社会帮扶资金投入设施农业、种养殖业、生态林、光伏、风能、生物质能、水电、乡村旅游等项目折股量化给贫困户和村集体，优先保障丧失劳动能力的贫困户。探索理财收益扶贫模式，对无劳动能力的贫困人口，可对无指定用途的扶贫捐赠或安排到户的扶贫资金，采取委托经营方式，帮助其获得理财收益、分红收入。

健全资产运营和收益分配监管。加强对贫困村集体和贫困户资产运营监管，建立健全收益分配和风险防控机制，确保资产安全与资产收益保底、按股分红、及时兑现。

5. 增强科技能力脱贫

完善科技扶贫帮扶体系。落实边远贫困地区、边疆民族地区和革命老区人才支持计划、科技人员专项计划，引入科技人员与贫困户结成利益共同体，创办、领办、协办企业和农民专业合作社，开展一对一到户帮扶指导，带动贫困人口脱贫。深入推行科技特派员制度，引导科技特派员到贫困村开展科技服务和创业示范，带动贫困群众创业致富。鼓励和支持高等院校、科研院所发挥科技优势，为贫困地区培养科技致富带头人，培训种养大户、家庭农场主、专业合作社骨干。强化乡村科普工作，为贫困群众提供线上线下、点对点、面对面的培训。

建设科技扶贫平台。支持贫困地区建设一批"星创天地"、科技园区等科技创新载体，推进创新链、产业链、资金链、价值链"四链融合"。协调高校新农村发展研究院在怀化市贫困地区建设一批农村科技服务基地。支持全市贫困地区农技协联合会（联合体）和农村专业技术协会发展。

（二）提升主体能力

大力推进培训就业脱贫，完善转移就业支持，加强转移就业服务，拓展转移就业渠道，帮助有转移就业意向的贫困人口实现转移就业，实现贫困人口充分就业、稳定脱贫。

1. 大力开展职业技能培训

加强贫困家庭劳动力技能培训。统筹使用各类培训资源，以就业为导向，加强对贫困家庭劳动力的技能培训。对贫困家庭劳动力参加半年以上职业技能培训并获得初、中级职业资格证书的每人资助1500元，确保缺技术贫困户劳动力至少掌握一门致富技能。

支持贫困家庭子女就业培训。实施贫困户新成长劳动力职业学历培训扶贫工程，对建档立卡贫困家庭学生初中、高中毕业后进入中专、中级和高级技工学校，参加一年以上的职业学历培训的，免除学费，给予生活费、交通费补助，并优先安排特困学生扶贫助学补助资金，所需资金从财政扶贫专项资金中列支。确保建档立卡贫困家庭"两后生"都能接受职业学历教育或职业技能培训。

拓展转移就业培训渠道。以政府购买服务形式，因地制宜引导用人单位通过订单培训、定岗培训、定向培训等方式对贫困家庭劳动力开展就业技能培训、岗位技能提升培训和创业培训。加强对贫困妇女的职业技能培训和就业指导服务，落实巾帼家政服务专项培训工程，提高妇女脱贫致富的能力。

2. 多渠道促进转移就业

加强转移就业平台建设。建设市县乡三级劳动就业服务平台，健全就业服务体系，优先将建档立卡贫困人口纳入就业援助范围。将贫困人口转移就业与新型城镇化、产业园区建设相结合，鼓励引导企业向贫困人口提供就业岗位，财政资金支持的企业或产业园区要优先安排贫困人口就业。

建立转移就业定向培训机制。依托市内外职业院校和龙头企业，积极推进县校对接、校企合作、订单培训，做到培训一人、就业一人。引导本地服装、针织、手工制作、电子、农产品加工等企业在有条件的乡镇（村）创建就业扶贫加工点，由乡镇级政府组织当地贫困劳动力进加工点务工，为贫困劳动力在家门口就业创造条件。

加强对外劳务协作。强化与沿海地区及省内发达地区的劳务输入对接合作，依托异地商会、劳务公司和用工企业组建就业扶贫工作站，建立健全劳务协作信息平台，加大劳务输出脱贫力度。

3. 落实转移就业激励措施

加强转移就业支持。对有创业愿望并具备一定创业条件的贫困人口，优先给予创业担保贷款扶持。对招录当地贫困人口并签订一年以上劳动合同的企业和组织带领贫困人口跨市或跨省转移就业的劳务经纪人，由当地县级人民政府给予一定奖励；对新增跨市或跨省务工转移就业的贫困人口，由当地县级人民政府给予适当的交通补助；将自主创业带动就业的贫困人口优先纳入"双百资助工程"。

维护转移就业权益。维护进城落户贫困人口土地承包经营权、宅基地使用权、集体收益分配权，支持其依法自愿有偿转让；完善对已稳定转移就业的贫困人口在住房、居住证、落户等方面的政策支持，保障其本人及随迁家属平等享受城镇基本公共服务。

4.促进搬迁群众就业创业

大力发展特色优势产业。以建档立卡搬迁户为主要扶持对象，完善搬迁后续扶持政策，把搬迁安置与培育发展优势特色产业相结合，制定搬迁区和安置区产业发展规划，统筹用好财政扶贫搬迁资金和产业扶贫资金，向有特色农业资源的地区推广"农户下山，产业上山"等模式，盘活好承包地、山林地和宅基地，支持搬迁户发展特色种养业、林下经济和设施农业；对旅游资源丰富的安置区，重点支持搬迁户发展农家乐、休闲农庄、民宿、旅游产品制作等乡村旅游业；对依托小城镇建设的安置区，重点支持搬迁户发展商贸、加工、运输、餐饮等二、三产业，确保每个建档立卡搬迁户都进入脱贫致富产业。支持各类经济组织与搬迁户建立稳定的利益联结机制，增加贫困户经营性、劳务性收入，实现增收脱贫。

促进搬迁群众就业增收。加强对建档立卡搬迁户的职业技能培训和就业指导服务，推进各类培训资源向搬迁群众倾斜，提高搬迁群众参与产业发展、脱贫致富的能力。引导搬迁群众从事种养加工、商贸物流、家政服务、物业管理、旅游服务等工作。在集中安置区开设卫生保洁、水暖、电力维修等公益岗位，安排就业困难的建档立卡贫困人口就业。支持安置地发展物业经济，将商铺、厂房、停车场等营利性物业产权量化给搬迁户，探索开展资产收益扶贫。

5.加快发展现代职业教育

完善职业教育布局。积极推进中等职业学校布局调整，确保贫困地区高中阶段教育普职学校所数、招生数、在校生数大体相当。支持每个贫困县办好一所公办中等职业学校，鼓励市职业院校对口支援贫困县职业院校建设。到2020年，各县市区职业教育学校达到省级示范性学校办学标准，进一步服务贫困家庭学生的就业。

拓展职业教育扶贫渠道。引导职业院校建设对接区域优势产业的特色专业体系，在旅游服务、商贸物流、农林牧渔、加工制造等重点扶贫产业方面建好3~5个特色专业。鼓励职业学校与企业共同制定和实施人才培养方案，促使职业教育与就业衔接得更加紧密。结合怀化市"一极两带"的战略定位，高起点、高标准建设怀化职业技术学院武陵山片区产业扶贫培训示范基地，支持将市县两级职业院校建成贫困户产业培训、贫困学生职业技能培训的示范基地，争取到2020年，每所职业学校配建1~2个工位充足、功能齐全、设备先进的生产性实训基地，面向贫困家庭开展多种形式的继续教育和培训。

（三）发展社会事业，强化社会保障

1.改善居住条件，易地搬迁脱贫

组织实施好易地扶贫搬迁工程，确保搬迁群众的基本生活需要得到保障、基本公共服务得到保障、收入水平不断提高，确保约11.03万贫困人口"搬得下、稳得住、融得进、能发展"。

一是精准识别搬迁对象。以居住在深山、石山、高寒、地方病多发、无水源、生产资料缺乏等生存环境差、不具备基本发展条件，以及生态环境脆弱、限制或禁止开发地区，交通极不便利且基础设施投入较大地区的农村建档立卡贫困人口为主要对象，确定易地扶贫搬迁人口规模和搬迁任务。搬迁对象按照贫困农户申请、村委初核及公示、乡镇政府审核及公示、县级政府审批及公告、签订搬迁协议等程序确认。按照"政府主导、群众自愿、因地制宜、分步实施"的原则，优先安排受泥石流、滑坡等地质灾害威胁的建档立卡贫困人口搬迁。统筹整合各方面资源，用好中央与省级项目资金，创新投融资机制，努力做到应搬尽搬，尽量实现自然村整体迁出。

二是积极稳妥实施搬迁安置。与整村搬迁、农村危房改造、库区移民搬迁等统筹安排，统一选址、统一规划基础设施、统一推进。依托当地资源条件，因地制宜采取集中安置与分散安置相结合的方式组织实施。适宜集中安置的，可以结合新型城镇化规划和新农村建设，选择在行政村内就近安置、建设移民新村集中安置、依托小城镇或工业园区安置、依托乡村旅游区安置。适宜分散安置的，可通过引导在城区、园区就近就业、投亲靠友等方式安置。实行差异化补助政策，县级政府结合本地实际，到户到人确定安置方

式以及相应的支持政策和资金补助标准。按照"保障基本、安全适用"的原则，规划建设建档立卡搬迁户安置住房，严格执行人均住房建设面积不超过 25 平方米的标准。搬入地在县城及以下乡镇和农村的，每户可增加不超过 25 平方米的面积，增加面积部分按实际建设成本由农户自行承担费用。注重地方特色，凸显民族元素，统一户型外观，因地制宜选择建房模式。科学规划、配套建设安置区水、电、路、网，以及污水、垃圾处理等基础设施，完善安置区商业网点、便民超市、集贸市场等生活服务设施以及必要的教育、卫生、文化体育等公共服务设施，方便安置区搬迁户生产生活。

2. 提升人口素质，教育助学脱贫

大力实施教育精准扶贫"643"计划，推进教育精准扶贫试点，确保 12.7 万贫困家庭子女能接受公平有质量的教育，从源头上阻断贫困代际传递。

一是提高基础教育水平。全面改善贫困地区义务教育薄弱学校基本办学条件，加强农村寄宿制学校建设，到 2018 年完成"全面改薄"，到 2020 年彻底改善非完全小学和教学点的基本办学条件，所有贫困地区学校办学条件均达到义务教育办学标准。切实推进农村公办幼儿园建设，不断扩大学前教育覆盖面，保障建档立卡贫困家庭适龄儿童接受学前教育。加速贫困地区高中教育提质，统筹实施民族地区教育基础薄弱县普通高中建设和普通高中扩容改造计划，提升高中教育办学水平。通过实施乡村教师支持计划、武陵山片区农村中小学紧缺骨干人才引进计划和特岗教师计划，每年为乡镇中学、中心小学配备缺科教师。继续实施农村小学、幼儿园教师公费定向培养专项计划，每年定向培养 200～300 名教师；继续实施从本乡本土初中毕业生中定向公费培养村小（教学点）教师工作，每年由芷江民族师范负责培养教师 400 名，培养经费由市财政统筹。继续推进"特岗计划"，加大"国培计划""省培计划"实施力度，积极推进"三区"教师支教计划，完善城乡教师轮岗交流机制。全面推进"三通两平台"建设，大力实施"教育信息化应用十百千万工程"，到 2017 年，完成所有贫困村小教学点接入宽带，到 2020 年，贫困地区村小教学点参与省市两级"中小学网络联校"的比例超过80%，实现"宽带网络校校通""优质资源班班通""网络学习空间人人通"，教育信息化水平达到全省中等以上水平。通过引进优质教育资源合作办学、独立办学等方式，更新教育理念，不断提高本市受援学校办学水平。建立市内义务制教育优质学校与薄弱学校、城区学校与农村学校的结对帮扶机制，推进城乡教育资源共享。

二是减轻贫困家庭学生就学负担。进一步完善以"奖、贷、助、补、减"为主要内容的贫困家庭学生助学补助和助学奖励制度，实现"精准识别、动态跟踪、全程资助"。健全学前教育资助制度，为家庭经济困难幼儿、孤儿和残疾幼儿入园提供资助。全面落实"两免一补"政策，继续实施好农村义务教育学生营养改善计划。对建档立卡的高中教育阶段家庭经济困难学生实施免学费政策，实施好中等职业学校学生国家免学费和助学金政策，积极推进生源地信用助学贷款工作，确保每个学生不因家庭经济困难而失学。建立政府统筹、教育主抓、部门配合的控辍保学联动机制，完善教育部门、校长、班主任三位一体的控辍保学责任体系，强化教育执法、控辍保学预警和督查，切实抓好劝学工作，不断提高义务教育巩固率，确保每年的小学辍学率控制在0.6%以下，初中辍学率控制在1.8%以下。到2020年，全市义务教育巩固率达到97%以上，高中阶段毛入学率达到88%以上，控辍保学率接近全省平均水平。改善残疾教育办学条件，推进残疾学生学习和生活无障碍设施项目建设。市、县两级残联每年安排3%以上残疾人就业保障金用于扶残助学和支持特殊教育；30万人口以上县市区必须设立特殊教育学校，30万人口以下县市区根据实际需要开设特教班。通过建设特殊教育学校、普通学校随班就读、送教上门等措施，切实提高三类贫困残疾儿童少年入学率。

三是增强高等教育服务贫困地区的能力。支持怀化学院和湖南医药学院建成特色鲜明、服务地方、高水平的区域性大学，支持芷江师范升大专，支持怀化职院创建省级示范性（骨干）高职学院，并打造"杂交水稻发源地"的名校品牌。鼓励引导怀化学院等举办的少数民族预科班和民族班适度扩大规模，湖南医学院为贫困地区乡镇卫生院定向免费培养医学类本专科学生，加快为贫困地区培养教育、卫生、管理、农技等专业人才。鼓励支持本地高校从事与贫困地区产业发展有关的应用研究，形成校、县、乡、村、户一条龙的科技兴农服务体系，鼓励支持高校通过人才支援、师资培训、生产指导、文化扶贫等，进一步加强对贫困地区的人才培训、智力开发。

3.完善医疗服务，健康扶贫脱贫

实施健康扶贫工程，加快医疗卫生服务体系建设，完善医疗保险制度，保障贫困人口享受基本医疗卫生服务，防止因病致贫、因病返贫。

一是提高医疗卫生服务水平。健全以三级医院为龙头、二级医院为骨干、专科医院为特色、城乡基层医疗卫生机构为基础的多层次医疗服务体系。到2020年，建成市、县、乡、村四级较为完善的医疗卫生服务网络，完成486个行政村卫生室建设，确保每个乡镇有1所标准化卫生院、每个贫困村有1所标准化卫生室、设立1个中医服务点、配备1名乡村医生、明确1名妇幼保健员。加强远程医疗能力建设，实现市级诊疗资源和咨询服务向贫困县延伸，县级医院与县域内各级各类医疗卫生服务机构互联互通。深化县级公立医院综合改革。健全药品供应保障机制，统筹做好县级医院与基层医疗卫生机构的药品供应配送管理工作，探索县乡村一体化药品配送。推进分级诊疗制度建设，加快建立基层首诊、分级医疗、双向转诊的就医制度。重视中医药事业发展，以打造全国医药健康产业基地为契机，着力开发本地特色中药材资源，完善特色中医药健康服务，鼓励发展传统中医药服务；支持各少数民族县加强民族医院建设，培养民族医药学科带头人，推进民族中医药资源保护利用。支持大专院校为贫困县医疗卫生机构定向培养人才，做好住院医师规范化培训、全科医生培训、国家农村订单定向免费培养医学生、全科医生和专科医生特设岗位计划等工作，实行本土化免费培养乡村医生，实施全科医生转岗培训。支持贫困县制定符合基层实际的医疗人才招聘引进办法，鼓励医生到贫困地区基层多点执业。

二是提高医疗保障水平。建立基本医疗保险、大病保险、医疗救助、疾病应急救助等制度的衔接机制，提高农村贫困人口医疗保障水平。对贫困人口参加城乡居民医保个人缴费部分由财政给予补贴，门诊统筹率先覆盖所有贫困地区，提高政策范围内住院费用报销比例，逐步降低贫困人口大病保险起付线。将符合条件的贫困人口全部纳入重特大疾病救助范围，对通过城乡居民医保、大病保险支付和医疗救助后自付费用仍有困难的，加大临时救助、慈善救助等帮扶力度。加大农村贫困残疾人康复服务和医疗救助力度，增加纳入基本医疗保险范围的残疾人医疗康复项目。以县为单位，进一步跟踪全市核准因病致贫返贫家庭及患病人员情况，建立因病致贫、因病返贫管理数据库和贫困人口健康卡，对患重大疾病、长期慢性病的贫困人口实行系统化管理，制定有针对性的分类救助政策。对贫困患者在县域内定点医疗机构住院的，实行先诊疗后付费的结算机制。探索市域内建档立卡贫困人口先诊疗后付费的结算机制。

三是提高公共卫生与疾病防控水平。推进贫困地区疾控机构能力标准化建设，提升县级疾控机构的防病及检测能力。着力加大传染病、地方病、慢性病防控力度，加强贫困地区艾滋病筛查防治工作，建立防治联系点；加强肿瘤随访登记及死因监测，扩大癌症筛查和早诊早治覆盖面；加强严重精神障碍患者筛查登记、救治救助和服务管理，减轻贫困患者负担。建立职业病防治工作体系和信息网络报告体系。推进贫困县妇幼健康服务机构标准化、规范化建设。全面实施贫困地区儿童营养改善、新生儿疾病免费筛查、适龄妇女"两癌"免费筛查、农村妇女免费增补叶酸预防神经管缺陷、孕前优生健康免费检查等公共卫生项目。加强贫困地区孕产妇和新生儿急危重症救治能力建设，实施0~6岁贫困残疾儿童康复救助项目，提供基本辅助器具。

4. 加大社会救助力度，兜底保障脱贫

对贫困对象实行"帮""保"结合措施，综合施策，完善农村社会救助体系，健全农村"三留守"和残疾人关爱服务体系，确保全市14.22万贫困人口通过兜底政策实现解困脱贫。

一是提高社会救助水平。推进农村最低生活保障制度与扶贫开发政策有效衔接，把无法通过产业扶持和就业帮助实现脱贫的贫困户全部纳入农村低保范围，实行政策性兜底保障。建立低保标准与物价上涨挂钩的联动机制，合理提高补助标准和补助水平，推进农村低保标准与扶贫标准"两线融合"。采取对在保对象创业就业成本扣减、低保渐退等措施，鼓励低保对象依靠自身努力脱贫致富。精准认定特困人员，将符合条件的特困人员全部纳入救助供养范围，不断提高救助供养标准，提高供养服务水平。加强"三无六○"人员兜底保障工作，由县市区统筹财政资金，采取政府购买服务的方式，实行集中供养和分散供养相结合，为"三无六○"人员提供日间照料、家政服务、健康管理、精神慰藉、医疗保障、丧葬服务等兜底保障，全面持续解决好"三无六○"人员的兜底扶贫和孤苦伶仃问题。完善临时救助制度，科学制定救助标准，提升托底救助能力，增强救助时效性，及时为遭遇突发性、紧迫性、临时性基本生活困难的家庭和个人提供临时救助。加大对农村孤儿和无人抚养儿童的保障力度，加强县乡村三级基层儿童福利服务体系建设。搭建政府部门救助资源、社会组织救助项目与贫困农户救助需求相对接的信息平台，鼓励、引导、支持社会组织、企事业单位和爱心人士开展慈善救助。优先发展具有扶贫济困功能的各类慈善组织，探索创建市慈善捐赠互助中心。

二是提高农村基本养老保障水平。全面建立统一的城乡居民基本养老保险制度，推进制度名称、政策标准、管理服务、信息系统"四统一"。到2020年，实现全市所有贫困人口享有养老保险。加快农村养老机构和服务设施建设，支持贫困村建立村民自治型养老机构，鼓励社会力量发展农村养老服务机构，促进农村家庭养老与社会养老相互补充、相互促进。巩固和拓宽个人缴费、集体补助、政府补贴相结合的资金筹集渠道，强化长缴多得、多缴多得等制度的激励机制，建立基础养老金最低标准正常调整机制。对建档立卡贫困人口保留现行100元的最低缴费档次。加强贫困地区城乡居民养老保险经办能力建设，健全基层服务网络，为参保居民提供方便快捷的服务。

三是健全关爱保护体系。加强对留守儿童的关爱服务。加强对农村留守儿童的摸底排查，建立翔实完备、动态更新的信息管理系统和大数据共享平台，分类施策进行保障。建立家庭、学校、基层组织、政府和社会力量相衔接的留守儿童关爱服务网络，深入推进"春蕾计划""恒爱行动"等关爱行动，加大对贫困地区留守儿童的心理健康与关爱力度，探索农村留守儿童的有偿代管机制。推进空巢老人和留守儿童关爱服务中心、农村社区日间照料中心建设，提升乡镇敬老院服务保障能力，推动形成区域性养老服务中心。支持地方农村幸福院等社区养老服务设施建设和运营，加强农村老年人协会建设，推动贫困地区基本养老服务补贴覆盖率达70%以上，农村社区（行政村）老年协会建会率达90%以上。充分发挥贫困地区妇联和社会组织的作用，通过志愿结对服务、帮助权益维护、扶持创业就业、实施健康促进计划及综合素质提升计划等，着重解决留守妇女在生产、生活、维权等方面的难题，为留守妇女建立学习提高、互帮互助、表达诉求、情感交流的温馨家园。将残疾人纳入社会保障体系，并予以重点保障和特殊扶持。支持发展残疾人康复、托养、特殊教育，逐步建立完善残疾人康复救助制度，全面建立困难残疾人生活补贴和重度残疾人护理补贴制度。加大贫困残疾人特殊教育、技能培训、托养服务实施力度，优先扶持贫困残疾人家庭发展生产，支持引导残疾人就业创业。

5. 加强生态建设，生态保护脱贫

充分发挥怀化市生态优势，以打造五省边区的生态中心城市为目标，着力推进绿色怀化建设行动，加强贫困地区生态资源保护和生态治理修复，加大生态补偿力度，增加生态公益岗位，使贫困群众通过参与生态保护实现脱贫。

一是加强贫困地区生态资源保护与环境治理。全面落实天然林资源管护任务，切实抓好封山育林育草、生态保护区建设、林业生态系统建设、生物多样性保护和矿山生态修复五大生态工程，打造"千公里高速铁路、高速公路绿色走廊"。加强对借母溪、鹰嘴界、雪峰山、嵩云山、五强溪、夜郎大峡谷等自然保护区、森林公园、湿地公园的保护。推进石漠化及水土流失综合治理，切实加强对沅水干流及渠水、舞水、辰水、溆水、巫水、酉水、沿江城区等重点区域水土流失的动态监测和保护监管，抓好小流域综合治理。推进矿区废渣、废水、废气、采矿废石、尾砂等污染综合治理，实施沅陵、辰溪等地区重金属污染综合治理和尾矿库、矿渣库除险加固工程。加大

贫困地区农村土地综合整治力度，提高耕地利用效能。加强土壤污染治理与修复和土壤环境监管能力建设，加强农业面源污染综合治理，全面推广测土配方施肥技术和水肥一体化技术，探索运用轮作、休耕、替代种植、退耕还林等综合措施解决土壤环境突出问题。引导贫困群众参与封山育林育草、石漠化治理、天然林保护、防护林建设等生态保护与治理工程。结合重大生态保护工程建设，引导贫困群众调整产业结构，因地制宜发展舍饲圈养和设施农业，大力发展经济效益好的生态林业产业、生态农业、生态旅游、森林康养产业等生态产业，提高贫困人口收入水平。

二是建立适应精准脱贫的生态补偿机制。

引导生态保护补偿资金、国家重大生态工程项目资金向贫困地区倾斜，向建档立卡贫困人口倾斜。探索设立市县生态补偿财政专项基金，在国家补偿的基础上提高生态公益林、水源生态保护等项目的补偿标准。加大贫困县新一轮退耕还林还草力度，在政策允许的前提下，推动退耕还林还草向原来未覆盖的贫困村、贫困户覆盖，增加贫困户政策性收入。支持贫困县探索公益林赎买机制，财政每年统筹一定比例的生态建设专项资金，用于开展集体和个人所有公益林赎买试点。探索流域水资源有偿使用制度和碳汇交易、生态产品服务标志等市场化补偿方式。支持贫困县生态保护地区与县外生态受益地区、流域下游与上游的合作，探索通过资金补偿、对口协作、产业转移、人才培训、共建园区等多种方式建立横向补偿关系。在天然林保护、公益林管护、护林防火、护渔、农村保洁等生态保护用工中，优先聘用当地贫困人口，并根据实际工作需要争取增加生态保护人员，将部分贫困户中有劳动能力的人员安排到生态公益岗位上。同时，充实完善各类生态保护区的管护岗位，鼓励国有林场、森林公园、湿地公园、自然保护区等单位，优先聘用周边贫困农民从事服务性或季节性工种，增加劳务收入。

（四）加快基础设施建设

着力加强贫困村基础设施建设，改善贫困户生活条件，以"一极两带"战略为引领推进贫困地区重大基础设施建设，优化区域发展环境，提升发展能力，为解决区域性整体贫困问题提供有力支撑。

1. 推进基础设施到村到户

完善贫困村路网建设。加快实施建制村通畅工程，优先安排建档立卡贫困村通村道路硬化，打通断头路、瓶颈路，中小危桥改造和通组路建设，实施连通 25 户以上、100 人以上的自然村通畅路建设工程，加快推进建制村通村公路路线加宽、安保工程，建立健全村级道路维护机制，有序推进农村公路路网完善。全面改造县到乡镇公路，拉通和改善乡与乡（镇）之间的网络联通线和水陆联通线，重点建设出境通道、民生产业通道、小型旅游区观光通道。不断提高农村客运班车通达率，保障贫困群众安全便捷出行。到 2020 年，建制村客运班线通达率达到 100%。

确保贫困群众饮水安全。推进农村饮水安全巩固提升工程与建档立卡贫困村贫困户精准对接，提升贫困村自来水普及率、供水保证率、水质达标率，确保贫困村居民生活和农业生产用水安全。到 2020 年，贫困地区乡镇所在地通自来水率达到 100%，贫困村自来水普及率达到 80%。

强化贫困村用电用能保障。优先实施贫困村电网升级改造，提升电网供电能力和供电质量，加快解决偏远贫困村组"低电压""卡脖子"现象，保障所有贫困村组生产生活用电充足，降低贫困人口生活成本。积极开发贫困地区清洁能源，利用贫困村生态和资源优势，形成风电、光伏、小水电、生物质能源等多种能源发展格局，确保贫困村用电用能便捷廉价。

推进危房改造到村到户行动。把符合政策条件的建档立卡贫困户尤其是特困无房户作为农村危房改造的重点优先安排，完善现有政策，科学合理地进行分类补助，每年重点帮扶户数不得少于当地农村危房改造总数的 25%。在确定农村危房改造重点帮扶对象时，严格按照农村危房改造"三最"原则及农村危房改造对象确定程序与怀化市建档立卡贫困危房户名单相衔接。整合住建、扶贫、移民等部门的相关资金和项目，积极筹集县级危房改造资金，借助金融支持，加大贫困村危房改造支持力度。实施"百村示范、千村联动、万户安居"工程，重点改造 4 万户贫困户 D、C 级危房，完成 1.8 万户 D 级农村危房改造。

加强贫困村人居环境整治。严格按照村庄建设规划，推进村庄绿化、亮化和历史遗迹、古树名木等人文自然景观的保护工作。推进农村环境综合整治，扎实开展以垃圾处理、污水处理、养殖污染治理、卫生厕所建设、规范农村建房等为重点的贫困村生产生活生态环境治理，改善农村人居环境。到2020年，所有贫困村的农村生活垃圾治理达到"五有标准"，生活污水处理率达70%，生活垃圾定点存放率100%、无害化处理率80%，畜禽粪便综合利用率80%以上。

提升贫困村社区服务水平。充分利用现有设施和场地，积极发挥村级组织作用，建设适应贫困群众要求的农村综合服务体系，发挥好农村社区综合服务功能。加强贫困地区公共文化服务体系建设，促进基本公共文化服务标准化、均等化，采取政府购买服务等方式，加大公共文化产品和服务供给。推进重大文化惠民工程融合发展，提高公共数字文化供给和服务能力。依托"互联网＋"拓展综合信息服务能力，逐步构建线上线下相结合的贫困村农村社区服务新模式。

改善贫困村生产条件。加快贫困村基本农田水利设施建设，大幅提高农田灌溉保障率和有效灌溉面积占耕地面积比例。严格保护耕地，结合贫困村农田水利、土地整治、中低产田改造和高标准农田建设项目，改善贫困村生产条件。优先实施贫困村中小型农田水利和"五小水利"设施建设，优先将贫困村符合条件的重点小型水利工程设施纳入中央和省资金补助范围。结合产业发展，改造建设一批资源路、旅游路、产业园区路，新建改造一批生产便道，推进"交通＋特色产业"扶贫。

2.推进贫困地区重大基础设施建设

建设外通内联的交通运输体系。按照"一极两带"总体布局，拓展贫困地区内外运输通道，加快推进渝怀复线、张吉怀客运专线、怀邵衡铁路、安张衡铁路、靖永郴铁路、焦柳线怀化至塘豹段电气化改造等重大项目，形成"米"字形铁路枢纽格局。完善贫困地区高速路网，大力推进武冈至靖州、官庄至安化、怀化至芷江等高速公路项目建设，做好靖州至黎平、沅陵至辰溪、怀化至铜仁、张家界至新化等高速公路项目前期工作，力争全市高速公路通车里程达到 750 公里,形成"一纵三横一环"互联互通高速公路网,实现所有县城 30 分钟内上高速。加快国省干道、县乡公路提质改造,重点推进怀化至芷江一级公路(城际快速通道)、G242 新晃方家屯至兴隆、G209 会同绕城、G241 沅陵凉水井至溆浦低庄、S332 溆浦进马江至中方新建、S317 沅陵县苦藤铺至白田、S241 通道至坪寨、S344 靖州响水坝至星子界、S343 会同翁江至鲁冲、S243 中方县新路河至洪江市硖州、S313 沅陵五强溪至古丈罗依溪、S243 辰溪龙头庵至中方袁家、S336 泸溪至辰溪公路辰溪段、S262 麻阳县岩门至托冲等公路建设,力争全市国省干线公路二级以上比例达到 30% 以上,四级以上农村公路达到 1 万公里以上,形成"外联内通、干支结合、乡村通畅、班车通村"的综合交通运输网络。提升空运、水运运输能力,重点推进芷江机场改扩建,力争开辟国际航线,推进沅水主航道整治改造,加快建设辰溪、沅陵等 500 吨级码头泊位,力争全市四级(500 吨级)及以上航道里程达 200 公里以上。

提升重大水利设施保障能力。加大对贫困地区重大水利工程的支持力度,推进沅陵县五强溪大型水库,溆浦县深子湖、麻阳县黄土溪 2 座中型水库,及溆浦县五化坝等 6 座小(1)型水库扩容升型,新建中方县罗家坪及新晃县青草坪等 8 座中型水库和沅陵县长镕垭、辰溪县蔼德冲等 249 座小型重点水源工程。新建怀化城区第二水源及 13 个县市区城市供水备用水源;13 个县市区新建抗旱应急水源工程 8500 处;继续解决国家农村饮水安全规划外人口饮水问题。推进农田水利设施建设,重点抓好蓄水大型灌区、舞水大型灌区骨干工程续建配套与节水改造,黄土溪等 28 处中型灌区的续建配套与节水改造,金麦、竹林坪、大田等 13 处新建中型灌区续建配套与节水改造,1000 处中小型泵站的新建或改造,13 个县市区小型农田水利建设及"五小水利"建设,新增和恢复灌溉面积 100 万亩,新增高效节水面积 10 万亩。提升防洪减灾能力,重点抓好溆浦县干工坝、鹤城区红岩等 5 座大型水闸,靖州水酿塘、芷江县两江口、溆浦县深子湖 3 座中型水库及 98 座一般小(2)型水库除险加固工程;开展 13 个县市区 186 条 1250 公里的山洪沟治理;新建 1 个市级 13 个县级防汛抗旱物资储备中心。

构建现代能源保障网络。深化"黔煤入湘""黔电入湘""西气入怀"合作，打通西部腹地通向怀化的"煤、电、油、气"运输通道。加快重庆酉阳—保靖—怀化天然气管道建设，实施县市区建设城市燃气管道工程，实现天然气利用"全覆盖、县县用"。积极开发贫困地区清洁能源，推进五强溪、高滩等水电站扩容，支持辰溪县渔潭、麻阳苗族自治县江坪和高村水电站建设，新增水电装机 20 万千瓦时；推进溆浦、新晃、麻阳、洪江市、通道、沅陵等风力资源比较丰富的地方建设发电站场。优先实施贫困地区农村电网升级改造，进一步完善 220 千伏骨干网架，全面完成城乡电网改造，实现 10 千伏线路县城互联率达到 100%，农村地区实现 10 千伏 N-1 通过率达 20% 以上。

加强信息网络与物流基础设施建设。加快智慧城市大数据中心建设，重点建设怀化市云计算中心。加快通信与信息基础网络建设，推动电信网、广播电视网和互联网"三网"融合与共享；推进宽带网络覆盖农村，实施光网、农村电话、广播电视、宽带"村村通工程"，扩大贫困村网络覆盖面。加快建成智慧怀化地理空间框架平台，提高地理信息数据快速获取能力。着力建设西南地区一流商贸物流基地，支持贫困地区建设辐射面宽、带动力强的区域物流节点，加强以怀化经开区为主体的商贸物流区建设，推进城区物流园及中方建材物流园、西南机械物流园、中国（沅陵）供销智慧物流社员城、溆浦综合物流园、麻阳民族边贸物流园、新晃湘黔边界物流园、芷江航空物流港、靖州国际商贸城、通道湘桂黔边贸物流园等园区建设。争创国家民贸县，力争将现有的 4 个享受民族自治待遇的县纳入省级民贸县范围。支持贫困地区大力发展冷链物流，提升农产品流通能力。

3. 解决区域性整体贫困问题

推动脱贫攻坚与新型城镇化融合发展。以五省边区生态中心城市建设为契机，着力完善城镇空间结构，构建"中心城区—县市区城关镇—经济强镇、特色乡镇—村庄"层次清晰、功能明确、优势互补的新型城镇体系。以舞水河为纽带，以鹤城区、中方县、怀化工业园、怀化经开区为主体，以洪江市、洪江区、芷江县为拓展，加快建设鹤中洪芷生态城镇群，发挥城镇群的集聚和辐射功能，带动贫困地区发展。推进贫困县城扩容提质，支持打造一批基础条件较好、特色鲜明的小城镇，提升各贫困县重点镇的品位，支持省际边界口子镇（乡）建设。强化新型工业化对脱贫攻坚的带动作用，深入落实产业及产业园区三年倍增计划，积极创建国家级高新区，加快建设以鹤城区、中方县、怀化工业园和洪江市为支撑的怀黔千亿工业走廊，积极实施省"135"工程，支持13个省级工业集中区发展，力争到2020年，鹤城、辰溪、沅陵、溆浦、中方、新晃、洪江区等工业集中区技工贸收入均突破100亿元，成为带动贫困地区发展、促进农村劳动力转移的主阵地。结合中小城市、小城镇发展进程，加快户籍制度改革，促进有能力在城镇稳定就业和生活的农业转移人口举家进城落户，并与城镇居民享有同等权利、履行同等义务。统筹推进贫困地区城乡基础设施建设，推动城镇公共服务向农村延伸，大力发展农业新型业态，推进农业与旅游、教育、文化、健康养老等产业深度融合，促进农业产业链延伸，形成农村一二三产业融合发展的新格局。

加快改革创新与脱贫攻坚步伐。全面实施供给侧结构性改革"1 + 5 + X"工程，突出去房地产库存、农产品库存和高能耗高污染产能过剩三大重点，促进贫困地区产业转型升级。深化重点领域改革，用足用好怀化农村综合产权抵押贷款、新型城镇化改革试点、不动产统一登记试点等先行先试权，推进农村宅基地、承包地、集体建设用地确权登记颁证和农村集体产权制度改革、自然资源确权。探索建立农村产权交易平台，释放农村发展活力。加大基层政府简政放权力度，推进乡镇基层公共服务改革，创新农村社会治理机制，创新基层纪检监察设置、管理体制和运行机制，严查"雁过拔毛"式腐败问题；积极探索"民生服务 + 互联网"模式，让农村群众享受与城市居民同等、便捷、高效的服务。加快推进科技创新，深入贯彻落实"科技创新2030"，争取实施农业基因工程、清洁能源工程、太阳能高效利用等一批重大科技项目，争取1～2家国家级技术转移示范机构落户怀化，为贫困地区产业发展提供科技支撑。推进大众创业、万众创新，推动芷江县全国支持返乡创业试点县、沅陵县全国农村一二三产业融合试点县、怀化经开区省级"双创"示范基地和各县市区大学生创业孵化园区建设，营造创新创业的良好环境。

推进区域合作与对外开放。顺应国家对中部地区"三基地一枢纽"的战略安排，深度对接和融入"一带一路"、长江经济带战略，推动怀化市贫困地区特色优势产业拓展国内外市场。利用怀化市作为省级边界地区的优势，建立与相邻五省边际地区的协作机制，在资源、市场、物流、商品等领域加强合作。通过基础设施联通、产业体系培育、商贸物流提升、服务平台构筑、引资引技升级、人文交流拓展，带动贫困地区与成渝城市群深度对接；全面落实湘黔两省关于建设高铁经济带的合作框架协议，加强怀化市与黔东地区在基础设施、文化旅游、健康服务等方面的项目合作，推进区域扶贫攻坚示范先行区建设。加快怀化市通关口岸建设，积极争取设置综合保税仓（区）、海关特殊监管区、出口加工区，提升怀化市出口能力，带动贫困地区传统优势产品和具有自主知识产权的产品出口；支持贫困地区培育生物医药、名优茶、优质水果、生态食品等出口主导产业，瞄准北欧和东盟市场，扩大优势产品出口，提升出口对经济的拉动能力。加大引资引技力度，支持贫困地区拓展招商引资渠道，依托资源优势引进优质资本、先进技术，支持贫困地区项目申报借用国外优惠贷款。

三 加快推进脱贫攻坚的体制机制创新

（一）完善社会帮扶体制

凝聚社会各界的扶贫力量，完善社会扶贫参与机制，进一步提高贫困人口帮扶精准度和帮扶效果，努力形成全市大扶贫格局。

1. 推进对口帮扶与扶贫协作

加强与省内发达地区的帮扶对接。根据省、市对口帮扶的统一部署，推进怀化市贫困县与省内发达地区建立精准对接机制，吸引省内发达地区通过共建职业培训基地、开展合作办学等形式，对怀化市有转移就业意愿的贫困家庭劳动力进行职业技能培训，并提供用工信息等就业服务。支持贫困县加强与省内发达地区的人才交流。支持怀化市贫困地区的学校、医院与省内发达地区建立对口帮扶关系，推进专业技术人员双向交流。

加强对外扶贫交流协作。利用作为五省边区中心的地理优势，加快推进与邻近省县市区的扶贫协作，推动各县市区与邻近省县市区建立扶贫协作机制，围绕脱贫攻坚、经济协作、园区共建、人才交流等重点领域，加强扶贫合作交流，争创武陵山片区扶贫协作示范区。主动承接国际公益扶贫组织的教育、医疗卫生、科技扶贫援助等项目，支持全市脱贫攻坚事业。

2. 推进驻村帮扶全覆盖

完善驻村扶贫保障体系。在中央和省委、省政府下派的39支驻村帮扶工作队的基础上，市委、市政府组织100支工作队驻100个贫困村进行帮扶，其余贫困村由县乡两级派驻工作队，确保驻村帮扶工作队对所有贫困村、帮扶责任人对所有贫困户的全覆盖。

坚持差异化驻村帮扶。针对生存困难型村，主要采取支持生态移民方式推进扶贫开发；发展受限型村，通过支持开展劳务技能培训，加大低保、医保、新农保等公共服务保障力度推进扶贫开发；潜力可挖型村，按照全面建成小康社会标准，重点帮扶农业基础设施建设和产业项目开发，加强社会、文化和生态建设，促进全面发展。

强化驻村帮扶管理。强化驻村扶贫工作队和驻村干部的跟踪管理，建立驻村工作队督查、考核、激励、问责机制。建立健全驻村工作队和干部职工精准扶贫到户到人责任制，切实做到不脱贫不脱钩。

3. 推进企业帮扶脱贫

推进企业扶贫行动。大力开展"万企联村"、村企共建、"万企帮万村"等企业精准扶贫行动，深入推进企业定点帮扶贫困革命老区、民族地区，帮助加快实施一批村内道路、小型农田水利等设施建设。引导、动员国有企业参与精准扶贫，积极承担包村帮扶等扶贫开发任务。充分发挥工商联的桥梁纽带作用，引导民营企业参与扶贫开发。鼓励有条件的企业设立扶贫公益基金、开展扶贫慈善信托。

拓展企业扶贫渠道。落实企业扶贫捐赠税前扣除政策，吸引农村贫困人口就业的企业，按规定享受税收优惠、职业培训补贴等支持政策。完善扶贫龙头企业认定制度，调动企业带动贫困户就业增收的积极性。利用扶贫信息网络平台，及时发布扶贫对象的贫困状况、扶贫需求以及产业发展、扶贫优惠政策等基本信息，引导企业更有针对性地制定扶贫方案。采取优惠措施，吸引企业到贫困地区从事资源开发、产业园区建设、新型城镇化发展。

4. 推进军队帮扶脱贫

支持驻怀部队和民兵预备役人员积极参与地方扶贫开发。引导驻贫困地区作战部队实施一批具体扶贫项目，帮助发展特色产业，争取部队生活物资采购向贫困地区倾斜，促进改善贫困地区群众生产生活条件。

发挥部队优势支持贫困地区开发建设。引导部队参与生态环境治理，配合易地扶贫搬迁，开展实用技能培训，培育退役军人和民兵预备役人员成为创业致富带头人；配合实施科技扶贫、健康扶贫项目，支持贫困地区建设互联网信息帮扶平台，促进军民两用科技成果转化运用；帮助革命老区加强红色资源开发，培育壮大红色旅游产业，助推老区群众早日摆脱贫困。

5. 推进社会力量帮扶脱贫

充分发挥社会团体的扶贫作用。支持社会团体、基金会、民办非企业单位等各类组织从事扶贫开发事业。引导社会工作专业人才和社会工作服务机构到怀化市组建专业服务团队、兴办社会工作服务机构，支持贫困地区扶贫开发。

开展脱贫攻坚志愿服务行动。鼓励支持青年学生、专业技术人员、退休人员和社会各界人士参与扶贫志愿者行动。畅通社会各阶层交流交融、互帮互助的渠道，完善扶贫公益平台，建立社会扶贫"直通车"信息网络，引导广大社会成员和港澳同胞、台湾同胞、华侨海外人士，通过爱心捐赠、志愿服务、包村进户等多种形式参与怀化市扶贫。

（二）创新"四跟四走"产业帮扶模式

全面推进"资金跟着贫困人口走、贫困人口跟着致富能手走、致富能手带着贫困人口跟着产业项目走、产业项目跟着市场走"的"四跟四走"精准扶贫示范区建设，采取项目化、工程化的精准帮扶方式，在全市创建100个"四跟四走"精准扶贫示范点，增强带动贫困人口脱贫致富的拉动力。

1. 精准管理贫困人口

精准识别贫困人口。全面推行"一看五评法"，加强参与式识别，引导同村群众参与识别贫困人口。摸清贫困底数，深究贫困原因，做到真扶贫、扶真贫。围绕贫困人口"两不愁三保障一增长三满意"的目标，结合贫困人口的实际需求，按照"七个一批"的标准对贫困人口进行分类扶持，明确扶持方向，引导贫困人口自觉跟着能人走。

科学制定脱贫计划。实施贫困户"四个一"工程，通过精准识别贫困原因，做到一户一本扶贫手册、一个扶贫计划、一个帮扶责任人、一个扶贫公示牌。推进贫困村"六个一"工程建设，实现贫困村一村一个驻村工作队、一个扶贫规划、一个扶贫产业基地、一个办公场所、一套台账资料、一个信息管理平台。确保贫困人口有人带、贫困村有脱贫项目和资金。

加强贫困人口动态管理。建设精准扶贫大数据平台，完善动态识别、动态进出管理机制。通过脱贫率、返贫率、动态标准，精准锁定扶贫目标，确保扶贫对象有进有出，扶贫目标动态可控。加强对贫困村、贫困人口的实时监控，确保贫困人口帮扶措施动态到位，严防机械脱贫和数字脱贫。

2. 完善资金投入机制

发挥政府投入的主导作用。积极争取中央财政和省级专项扶贫资金，市县将财政专项扶贫资金纳入本级预算，各县市区要按照不低于上年度地方财政收入5%的比例设立扶贫专项资金，逐年加大投入，确保与本地脱贫攻坚任务相适应。按照政策整合涉农资金，整合的涉农资金直接用于贫困村和贫困人口的原则上不得低于70%。财政专项扶贫资金70%以上用于扶贫产业发展，其中70%以上直接用于建档立卡贫困户。至2020年，确保贫困村平均投入资金达500万元以上，全市累计投入政府财政性资金达到50亿元。

完善社会资金引导机制。充分发挥财政资金担保、贴息、基金、奖补等杠杆作用，每年撬动 50 亿元以上的社会资本、金融资本投入扶贫产业发展。加快建设中小微企业融资担保体系，积极对接农发行移民搬迁贷款，争取国开行贫困村基础设施政府采购贷款。鼓励各类企业、社会组织通过有效形式参与扶贫，鼓励有能力的个人以多种形式帮扶，完善社会帮扶的利益联结机制；鼓励国有及民营企业、社会组织和慈善机构加大帮扶投入。盘活贫困村的集体资产，把贫困村、贫困人口的林权、集体土地、农户承包经营权、宅基地使用权等权益资源明晰产权，稳妥引导贫困群众参与资产经营，扩大贫困群众自身资本积累。

推动金融信贷服务创新。在总结麻阳、沅陵、溆浦、芷江、会同、鹤城等县区扶贫小额信贷贷款经验的基础上，推动其他 7 个县区全面开展扶贫小额信贷工作。支持创业担保贷款、"两民"贴息贷款、妇女小额贷款、康复扶贫贷款，推广涉农信用保证保险贷款等多种小额信贷产品。在每个贫困村建立金融扶贫服务站，加强基础金融服务，推动金融服务到村到户到人。争取到 2020 年，符合条件的贫困户实现应贷尽贷。积极稳妥推进"两权"抵押贷款试点，探索创新农村集体建设用地抵押、农村承包土地经营权抵押、农民住房财产权抵押等综合农村产权抵质押方式。支持贫困地区新设村镇银行、小额贷款公司等新型金融组织，支持农民专业合作社成立农村资金互助组织，开展农民合作社信用合作试点。支持贫困地区符合条件的企业通过主板、创业板、全国中小企业股份转让系统、区域股权交易市场等进行融资，发行企业债券、公司债券、短期融资券、中期票据、项目收益票据、区域集优债券等债务融资工具。加快设立怀化市扶贫基金，为脱贫攻坚提供地方性金融支持。

3. 加快培育致富能手

培训党员致富能手。实施"双培双带"计划，把党员培养成致富能手，把致富能手培养成党员，增强党员带头致富、带领贫困人口致富的能力，把党员致富能手选进村支"两委"班子。推进乡村干部"一人学一技"活动，每名乡村干部学习 1 门以上实用技术，提高技术服务贫困群众的能力。实施"能人治村"计划，创建基层服务型、活力型、实力型党组织，建设一支永

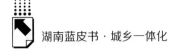

不撤走的"一线工作队"。

培训创业致富带头人。从每个建档立卡贫困村选择 3～5 名创新创业致富带头人,由当地政府免费选送到相关职业技术院校进行有针对性的学习培训。实施现代青年农场主培养计划,推进返乡创业行动计划向贫困地区倾斜。

培育脱贫帮带新型组织。大力培养农业龙头企业、专业合作社、家庭农场和种养大户等新型经营主体,支持创建示范家庭农场、农民合作示范社、农业产业化示范基地,将乐于帮带、诚实守信的新型经营主体纳入扶贫致富能手范畴予以认定,支持其带动贫困人口发展产业。

4. 健全利益联结机制

完善直接帮扶机制。采取以奖代扶、贷款贴息等方式,组织引导既有产业发展愿望又有产业发展能力的贫困人口发展特色产业,在生产资料、服务协作、包装加工、订单生产等环节结成利益联结体。引导扶贫经济组织与贫困农户建立有效的利益联结机制,做到共享共赢,确保贫困农户长期稳定增收。

完善委托帮扶机制。通过贫困对象个人委托、贫困村组集体委托、政府购买扶贫社会服务等方式,将政府用于贫困人口、贫困户的产业扶贫资金和贫困户的土地经营权、财产权、资产权等委托给扶贫经济组织经营,明确贫困人口与扶贫经济组织的责权关系、项目收益分成比例,实行统一开发、统一管理、统一经营、统一核算,与贫困人口结成利益联结体。

探索股份合作机制。鼓励贫困人口将政策扶持资金、土地、林地和水面等生产资料折价入股,实现股份到户、利益到户,在入股分红、土地流转、劳务用工等环节结成利益联结体。鼓励经济组织通过土地流转,采取直接投资、参股经营、提供技术服务、签订供销合同等方式带动贫困人口发展适度规模经营,提供全产业链服务。

发展新型集体经济。将促进贫困村集体经济发展纳入帮扶重点,创新贫困村增收模式和途径,探索设立贫困村集体经济发展基金,鼓励村集体以集体资金、土地、资源等参股农民合作社、农业龙头企业、工商企业,或者参股项目建设,通过经营盈利参与分红,增加集体经济收入,3 年内消灭集体经济空白村，培养一批 10 万元以上的集体经济强村，通过集体经济增收带动贫困村贫困人口脱贫致富。

5. 深化市场体制改革

鼓励贫困农户跟着能人闯市场。坚持市场利益引导，引导扶贫部门、扶贫经济组织、贫困农户等三方签订委托合同，通过合同明确各方的责权利，引导贫困农户参与发展当地特色产业或其他经营活动，分享农业全产业链和价值链增值收益。建立维权机制，确保贫困农户合法权益。推进普惠政策与特惠政策相结合，形成差异化脱贫帮扶的政策，对建档立卡贫困人口按人均 2000 元的标准进行精准扶持，确保扶贫专项资金有效向贫困农户倾斜。

通过市场优化配置扶贫资源。充分运用市场机制杠杆撬动扶贫开发各方资源，利用市场机制有效配置扶贫资源，引导贫困地区加大农村土地流转力度，盘活林地、耕地、水面、古民居建筑等农村资源，引导贫困人口利用自身资源参与市场资源配置，形成贫困地区涉农资金、社会资本、自有资源融合发展的脱贫机制。

推进项目产业与市场对接。结合市场需求加快产业结构调整，拓宽农产品销售渠道，推进农超对接、农社对接、农企对接。加快农产品市场体系、物流配送体系、电商服务平台建设。推进互联网信息服务城乡一体化，形成"互联网＋"经济新形态，通过"互联网＋农产品"让山货下山上网，通过"互联网＋乡村旅游"让绿水青山变金山银山。

四 怀化市精准脱贫的保障措施

各级、各部门要把扶贫开发作为重大政治任务，强化组织实施，创新工作机制，采取超常规举措，为精准脱贫提供强有力保障。

（一）加强党的领导

落实党委责任。层层签订责任书、落实责任制。市委书记、市长是扶贫攻坚第一责任人；县市区和乡镇党政主要负责人以及村党支部书记、村主任是本级扶贫攻坚第一责任人，担负本级党委的脱贫攻坚责任，做好进度安排、项目落地、资金使用、人力调配、推进实施等工作。

配强领导班子。选好配强贫困县、重点贫困乡镇党政主要领导，加大选派市内优秀年轻干部特别是后备干部到贫困县乡工作的力度。改进干部选拔任用机制，把脱贫攻坚实绩作为选拔使用干部的重要依据，对表现优秀、符合条件的可实行就地提级。各级领导干部要增强责任感、使命感和紧迫感，自觉践行党的群众路线，切实转变作风，把精准扶贫、精准脱贫要求落到实处。

强化基层党建。坚持和强化村党支部在村级事务中的领导核心地位。结合合并村工作，抓好合并村党组织设置调整。加强村支部书记队伍建设，实施"万名基层党组织书记进党校""千名基层干部进高校"计划，实施"能人治村"计划，选派好贫困村党支部"第一书记"，调优配强所有贫困村村支两委。提高村级组织运转保障水平和村干部待遇，按每年每村2万元标准设立村级组织服务群众专项经费。强力整治软弱涣散党支部，深入开展基层干部不作为、乱作为等损害群众利益的专项整治行动，排除宗族势力、乡匪村霸地痞等对基层组织的干扰破坏。健全党组织领导下的村民自治机制，严格落实"四议两公开"、村务联席会、民主议事会、村务监督等制度，引导党员群众参与村级事务管理。

（二）推进精准管理

理顺管理职能。市、县（市、区）扶贫开发领导小组负责完善工作规则，根据党委决议强化决策部署、统筹协调、督促落实、检查考核等职能。市、县（市、区）扶贫开发领导小组办公室承担规划组织实施的职能，做好任务分解、部门协调、规划评估、督促考核等具体工作。加强扶贫部门能力建设，市、县（市、区）扶贫部门的管理体制、机构职能、人事编制、社会保障按照正处级、正科级参照公务员法管理事业单位相关政策执行，乡镇设立扶贫工作站，配齐乡镇扶贫专干。

统筹规划实施。市扶贫开发领导小组加强对规划实施的统筹协调，定期组织召开规划实施协调推进会议，研究规划重大事项，加强部门交流与对接，协同推进规划实施。县市区政府要根据本规划的要求和部署，结合实际制定作为本行政区域国民经济和社会发展规划组成部分的，并与区域发展、行业发展等规划相衔接的脱贫攻坚规划，指导重点乡镇和贫困村制定脱贫攻坚规划。市、县（市、区）各部门要将精准扶贫、精准脱贫作为"十三五"规划的重要内容，部门专项规划相关内容要与脱贫攻坚规划相衔接。加强对规划执行的跟踪反馈和检察监督，市扶贫领导小组每年进行规划实施情况的年度评估，依据评估情况，及时总结经验，发现问题及时调整计划方案与政策措施，确保规划目标任务按时保质完成。

推进军令状管理。对全市13个扶贫开发工作重点县市区的党委书记、县市区长实行军令状考核制度。各县市区要就年度脱贫攻坚军令状进行研究部署，形成县市区脱贫攻坚军令状执行方案，科学制定时间表、路线图、措施方法和责任体系。强化对军令状的督查、督导、督办、问责，就各县市区执行军令状情况开展经常性巡查督办工作。军令状考核工作由市委、市政府组织实施，由市扶贫开发工作领导小组具体承办。

加强技术保障。把规划实施的相关信息纳入脱贫攻坚信息管理大数据平台，开展规划实施情况动态监测，重点监测约束性指标以及重大工程、重大项目、重要改革任务的完成情况，为各级各部门实施规划提供决策依据。市、县（市、区）相关部门要根据本部门的扶贫职责与行业要求，就规划项目实施中的相关技术问题提供咨询指导，对重大规划项目要进行跟踪指导、定期检查，对项目建设和运行管护等进行技术监督，确保项目按计划实施到位。

深化体制改革。加快政府职能转变，强化公共服务职能，持续推进简政放权、放管结合、优化服务，对规划的重大工程项目，要简化审批核准程序，优先保障实施。强化县级政府提供基本公共服务的财力保障，建立健全基本公共服务均等化的公共财政体系，促进各种资源向最困难的地区、最贫困的人口倾斜。加强法治政府建设，依法设定权力、行使权力、制约权力、监督权力，推进扶贫决策公开、执行公开、管理公开和结果公开，确保脱贫攻坚沿着规范化、制度化、法治化轨道前进。

（三）严格考核监督

健全考核机制。围绕落实脱贫攻坚责任制，制定出台党委、政府和行业部门扶贫开发工作考核办法，严格实施扶贫开发工作考核；实行党委、政府主要领导和部门主要负责人年度脱贫攻坚述职制度，让群众参与、评价、监督，建立问责与激励机制，增强压力和动力；建立县市区、乡镇党政主要负责人脱贫攻坚专项考核制度，完善考核机制和奖惩制度，将考核结果作为干部管理和选拔任用的重要依据。

严格督促检查。各级党委、政府督查部门和扶贫部门要将脱贫攻坚纳入年度重点督查工作内容，对照扶贫工作责任清单和规划要求，定期组织督查督办，确保政策、项目得到落实。各级人大常委会和政协委员会要把脱贫攻坚作为监督重点，组织开展专题调研或专项视察，监督规划实施情况，了解脱贫攻坚进展，提出工作意见和建议。全面落实贫困县约束机制，杜绝形象工程。建立重大涉贫事件的处置反馈机制。加大扶贫领域违法违规问题惩处力度，做好扶贫领域职务犯罪的预防和整治工作。

加强社会监督。加强扶贫过程及绩效的社会监督，严格履行精准扶贫各项规章程序，健全公告公示制度，拓展监督渠道，完善反馈机制，充分保障贫困群众的参与权、知情权、监督权，确保精准扶贫全过程接受社会监督。开展贫困地区群众扶贫满意度调查，支持社会第三方力量参与规划实施的监测，以及对扶贫政策、项目落实情况和脱贫攻坚成效的评估，据此及时调整完善扶贫开发政策措施。

完善追责制度。把扶贫主体责任作为真正带高压电的"高压线"，把扶贫工作的业绩、成效与领导干部的帽子、面子、票子全方位、深度挂钩，对没有完成当年扶贫任务的，要进行警示约谈，强化脱贫压力；对连续两年没有完成扶贫任务的，要分别情况采取组织措施，做到不摘贫帽摘官帽、不换状态就换人、不为慢为乱为就让位。同时，干部任期制度要与减贫脱贫任务相适应，在脱贫攻坚期间要保持县市区、乡镇领导班子相对稳定。县市区、乡镇党政主要领导干部离任时要进行扶贫工作专项考核，将考核结果作为能否离任的重要依据。

（四）强化教育引导

加强思想教育。加强对贫困地区干部群众的思想教育，培育和践行社会主义核心价值观，大力弘扬中华民族勤劳勇敢、自强不息的传统美德，引导贫困群众解放思想、转变观念、提振信心，克服"等靠要"的思想，从"要我富"变为"我要富"，充分调动贫困户主动参与脱贫攻坚的积极性；引导贫困户积极参与村脱贫规划编制、项目选择和实施、资金使用管理等过程，坚定改变贫困落后面貌的信心和决心。

抓好宣传引导。深入开展脱贫攻坚宣传工作，充分运用电视、广播、报刊、互联网等媒介，积极开展"扶贫宣传月"、"扶贫主题日"、扶贫表彰、评选先进等多种活动，全面宣传全国、全省、全市扶贫开发取得的成就，准确解读党和政府扶贫开发的决策部署、政策举措，生动报道各地区各部门精准扶贫、精准脱贫的先进典型和好经验、好做法，加强对重视不够、措施不力、工作落实不到位的地方和部门的舆论监督，营造全社会关注扶贫、支持扶贫、参与扶贫的良好氛围。

倡导文明新风。加强农村精神文明建设，开展文明村镇和文明家庭创建活动，实施文化惠民工程，倡导现代文明理念和生活方式，引导贫困乡村改变落后风俗习惯，完善村规民约，形成朴素文明的良好社会风气。

B.4
"十三五"桑植县脱贫攻坚研究报告

摘　要：　"十三五"时期是桑植县全面建成小康社会的决胜阶段，是扶贫开发啃硬骨头、攻坚拔寨的冲刺时期。当前，桑植县脱贫攻坚的发展基础是：综合实力显著增强、贫困人口快速减少、农村基础设施不断改善、民生保障与公共服务水平全面提升、扶贫产业快速发展、贫困帮扶体系逐步健全。桑植县"十三五"脱贫攻坚的主要任务是：发展特色产业脱贫、引导转移就业脱贫、实施易地搬迁脱贫、拓展教育脱贫、推进健康扶贫脱贫、结合生态保护脱贫、强化社会保障脱贫、打破基础设施瓶颈。保障措施是：创新体制机制，完善政策支撑体系，健全组织保障。

关键词：　桑植县　"十三五"　脱贫攻坚

农村贫困人口脱贫是全面建成小康社会的艰巨任务。"十三五"时期是桑植县全面建成小康社会的决胜阶段，是扶贫开发啃硬骨头、攻坚拔寨的冲刺时期。巩固全县扶贫成果，进一步做好扶贫开发工作，举全县之力打赢脱贫攻坚战，确保在既定的时间节点实现农村贫困人口全部脱贫、全县整体脱贫摘帽，是桑植县"十三五"经济社会发展的头等大事，是需要拿出超常举措推进的一项重大战略任务。

一　桑植县"十三五"脱贫攻坚发展环境

（一）发展基础

"十二五"期间，桑植县全面贯彻落实中央、省、市扶贫开发的决策部署,在推进经济社会发展的同时,持续加大扶贫开发工作力度,促进贫困人口增收脱贫,取得了较好成效,为"十三五"脱贫攻坚奠定了坚实基础。

1. 综合实力显著增强

"十二五"时期,桑植县经济保持平稳较快增长,为扶贫开发奠定了良好的物质基础。生产总值由 2010 年的 39.5 亿元增长到 2015 年的 74.07 亿元,年均增速为 13.4%;财政总收入由 2010 年的 2.7 亿元增长到 2015 年的 5.08 亿元,年均增速为 13.5%;全社会固定资产投资由 2010 年的 26.94 亿元增长到 2015 年的 54.19 亿元,年均增速为 15%;社会消费品零售总额由 2010 年的 13.3 亿元增长到 2015 年的 28.91 亿元,年均增速为 16.8%。农村居民人均可支配收入由 2010 年的 2641 元提高到 2015 年的 5428 元,年均增速为 15.5%。

2. 贫困人口快速减少

按照精准扶贫的要求,把各项扶贫措施落实到贫困村、贫困户、贫困人口,整合各方面资源,不断加大扶贫开发投入,完善帮扶机制,着力促进贫困户增收脱贫,全县农村贫困人口数量快速减少。"十二五"期间,全县有 7.81 万人摆脱了贫困,贫困人口数由 2010 年 15.77 万减少到 2015 年底的 7.9597 万人,贫困发生率由 33.9% 下降到 17.83%。

3. 农村基础设施不断改善

把完善基础设施作为扶贫开发的重要支撑,着力推进水、电、路等基础设施建设向农村、向贫困地区倾斜,有效改善了贫困群众的生产生活条件。"十二五"期间,全县 23 个乡、镇、场全部通了水泥路,乡镇通畅率达到 100%,全县建制村通达率 98.9%,建制村通畅率 93.7%,村民小组公路通组率 83.4%;累计解决农村 13.02 万人的饮水不安全问题;完成 384 个村的农网改造;水利、能源等基础条件持续改善;农村信息化水平快速提高,农村实现了乡乡通宽带,所有乡镇实现了有线电视县乡联网。

4. 民生保障与公共服务水平全面提升

按照基本公共服务均等化的要求,稳步提高贫困群众的社会保障、医疗、教育等公共服务水平。"十二五"期间,基本养老、医疗保险实现城乡全覆盖，城乡低保实现应保尽保，新型农村合作医疗参合率达到97.8%，比2010年提高7.4%；贫困群众医疗卫生条件明显改善，完成了11所乡镇卫生院的新建改扩建和165个村卫生室建设；教育培训不断推进，小学适龄儿童入学率达到99%，初中适龄人口入学率达到97%，3000名青壮年农民接受"雨露计划"培训；农村垃圾治理三年行动计划覆盖全县所有贫困村，农村垃圾集中处理率达60%；因地制宜，积极探索，创新易地扶贫搬迁的"桑植模式"，实施了对农村特困家庭的"阳光院"安居工程，走出了一条针对无自我发展能力农村特困群众的精准扶贫新路子。

5. 扶贫产业快速发展

"十二五"期间，全县坚持"整合资金，集中连片开发"的思路，在贫困人口比较集中、基本产业薄弱的区域，大力发展烟叶、大鲵、蔬菜、茶叶、油茶、林下经济、乡村旅游等特色产业。尤其是近两年来，以扶贫资金为引导，依托基层组织，整合资金4.84亿元，重点推进具有产业基础的14个乡镇114个村产业基地建设，扶持西莲—白石、蹇家坡—细砂坪—八大公山两个高寒片区产业基地发展，以产业带动贫困村、贫困农民增收脱贫，取得了明显成效，目前各产业基地发展形势良好，带动了3万多户农户增收，其中一半以上为贫困农户。

6. 贫困帮扶体系逐步健全

"十二五"以来，全县出台了《关于转变方式实施精细化扶贫的意见》以及《贫困家庭学生救助办法》《困难家庭医疗救助办法》《重度精神病患者救助办法》《重度残疾人护理补贴实施细则》等一系列文件，进一步明确了扶贫责任，完善了精准扶贫机制，加大了对有劳动能力贫困人口的就业、技能培训等支持力度；加强对贫困学生、大病患者、重度精神病患者和残疾人等弱势群体的救助；深入开展贫困母亲、困难职工、计生家庭等专项救助；全面推进被征地农民社会保险工作；努力提高农村低保平均保障标准，实现了动态管理下的应保尽保；积极进行农村特困家庭安居工程试点；干部驻村帮扶实现了贫困村全覆盖，社会帮扶机制不断完善，构建了专项扶贫、行业扶贫、社会扶贫"三位一体"的大扶贫格局。

虽然近年来全县扶贫开发成效明显，贫困人口快速减少，但同时也要清醒地看到，消除贫困的任务依然艰巨。当前，全县尚有贫困村150个、贫困户2567户、建档立卡贫困人员79597人，占全县人口的17%，这部分贫困人口的贫困程度深、减贫成本高、脱贫难度大，尤其还有1.8万人生活在"一方水土养不起一方人"的地方，是脱贫攻坚中最难啃的"硬骨头"。"十三五"期间必须进一步健全精准扶贫、精准脱贫的体制机制，采取超常规举措，拿出过硬办法，才能顺利实现既定的脱贫目标。

（二）发展形势

"十三五"时期是全面建成小康社会的关键期、全面深化改革的攻坚期，精准扶贫的宏观政策深度调整，县域经济社会发展环境深刻变化，桑植县脱贫攻坚面临前所未有的历史机遇。

扶贫政策"红利"全面释放。中央、省、市对脱贫攻坚的重视程度和支持力度前所未有，相继出台了一系列强有力的精准扶贫、精准脱贫的政策措施，这些政策措施将在"十三五"期间全面落实。桑植县作为国家扶贫开发工作重点联系县、国家确定的武陵山集中连片特困地区和比照享受西部开发有关政策及民族自治地方优惠政策县，必将直接或间接获得更多的政策、资金、项目的支持。

开放发展格局正在形成。随着黔张常铁路和张桑高速公路项目的全面通车，大交通格局逐步形成，桑植县从张家界的后花园变成湖南的西北门户，长期以来制约桑植县经济社会发展的突出交通瓶颈将得到突破，全县区位条件得到根本性改善，对外开放的步伐将大为提速，为桑植县加快经济社会发展步伐、推动发展成果更多惠及贫困群众带来重要机遇；同时，国内外市场消费结构正在发生明显变化，旅游消费、生态绿色产品消费需求不断增强，为桑植县发挥生态、文化、特色农业资源优势，发展特色扶贫产业提供了广阔的市场空间，有利于加快贫困群众增收致富的步伐。

脱贫攻坚动力不断增强。随着中央和地方的精准扶贫政策力度不断加大、责任体系和考核机制不断完善，各级政府的扶贫动力、效率与水平显著提高，桑植县建立健全扶贫责任体系、政策扶持体系，创新资源整合机制，形成了各级各部门协调配合、联动推进的工作合力，为脱贫攻坚提供了有力的组织保障。同时，全社会共同关心和帮助贫困地区和贫困人口的良好氛围已经形成，各方面的扶贫资源和力量向贫困地区和贫困群众聚集；广大贫困群众脱贫致富奔小康的愿望日益迫切，内生动力和活力不断激发，自强自立精神和自我发展能力不断增强，为桑植县"十三五"脱贫攻坚提供了强劲动力和保障。

同时，应该清醒地看到，桑植县脱贫攻坚面临的矛盾和困难还比较多，机遇与挑战并存。

基础设施建设严重滞后。"十二五"期间，尽管桑植县基础设施大大改善，但是与脱贫攻坚、全面实现小康社会的要求还差距较大。全县建制村还有111.3公里未畅通公路，其中乡道14.1公里、村道80.1公里，还有16.6%的村民小组未通公路，14%的人口居所距公路较远，出行困难，乡与乡之间、村与村之间断头路较多；尚有167个村未实施农网改造，20万人未解决安全饮水问题。通信基础设施改善不均衡，危房改造还任重道远，贫困群众的生产条件还亟待改善。

公共服务供给不足。总体上看，桑植县城乡公共服务差距仍然较大，农村医疗、教育、文化、社会保障等方面的公共服务供给不足，贫困群众公共服务需求与供给的矛盾突出。部分贫困乡镇卫生院医疗条件差，医疗设备与人力资源短缺，贫困村卫生室设施落后；教育培训资源不足，贫困人口子女就学难问题依然存在；社会保障标准较低，社会救助服务体系不健全等，成为脱贫攻坚的现实难题。

生态保护与发展矛盾突出。桑植县的生态环境比较脆弱，承载力有限，旱涝灾害时有发生，部分地方水土流失严重，导致了低水平的农业生产抗御自然灾害的能力更加薄弱，影响了贫困群众经济收入的稳定性。桑植县属于国家生态功能区，在产业选择上受到很大限制，但生态公益林补偿面积小、标准低，严重影响了发展生产脱贫，经济发展与生态保护的矛盾突出。

整体规划遭遇资金瓶颈。"十三五"期间桑植县的脱贫攻坚规划项目需要投资 82.696 亿元，其中财政专项扶贫资金 8.629 亿元、行业部门投入 63.244 亿元。以 2015 年省扶贫办下拨给桑植县的财政专项扶贫资金 8008 万元为基数，按照"十三五"期间每年递增 25% 的比例计算，至 2020 年，财政专项扶贫资金应达 24439 万元，五年累计应达 82152 万元，但 2020 年的实际规划数仅为 8629 万元，五年累计仅 41895 万元。桑植县作为后发地区的经济发展水平较低，经济新常态下面临的困难更多，自身财政实力弱，2015 年全县公共财政收入为 5.08 亿元，2020 年预计为 8.2 亿元，脱贫攻坚资金缺口大，对外援的依赖程度高，资金不足将给全县脱贫攻坚带来沉重压力。

二　桑植县"十三五"脱贫攻坚主要任务

遵照党的十八大和十八届三中、四中、五中全会以及中央扶贫开发工作会议精神，围绕"四个全面"进行战略布局，以创新、协调、开放、绿色、共享等五大发展理念为核心，按照省、市脱贫攻坚决策部署，以"两不愁、三保障"为目标，以精准扶贫、精准脱贫为方略，坚持扶贫开发与县域发展紧密结合、与生态保护并重、与社会保障有效衔接，全力实施脱贫攻坚"556"行动计划，不断创新体制机制，逐步提高贫困地区和贫困群众自我发展能力，不断增加贫困群众收入，举全县之力，坚决打赢脱贫攻坚战，确保贫困人口和贫困地区与全省全市同步步入全面小康。主要任务如下。

（一）发展产业脱贫

坚持以市场为导向，大力实施"基本产业发展工程"，推进贫困村产业"一村一品"行动，力争到 2020 年实现"一村一产业""一人一项目"，通过产业扶持带动 5 万贫困人口增收脱贫。

1. 大力发展特色产业扶贫

（1）特色种植业

蔬菜产业。连片发展贫困村特色产品。以桑植萝卜为主打品种，发展人潮溪镇（新华村、双狮村、金竹村、永安村）、瑞塔铺镇（高峰村）、马合口白族乡（麦地坪村）、空壳树乡（莲花台村、空军村、庙峪村）的高山反季蔬菜片，以桑植萝卜和魔芋、苏州青菜苔为主要品种，发展凉水口镇（夏家峪村）、芙蓉桥白族乡（合群村）、河口乡（懂市村、西坪村）、陈家河镇（甘溪村）、官地坪镇（梯市村）、上洞街乡（二户溪村、卧云界村）的加工蔬菜片，以时鲜蔬菜为主要品种，发展刘家坪白族乡（新桥村、朝阳地村）、澧源镇（兴旺塔村、黄金塔村）、洪家关白族乡（龙头村、花园村）、利福塔镇（柳树坡村）的城镇时鲜蔬菜片，重点新建包括贫困村在内的 3 万亩高山反季蔬菜、6 万亩加工蔬菜、1 万亩城镇时鲜蔬菜基地；依托蔬菜园、蔬菜基地，融入农耕文化、民族民俗文化，在洪家关、澧源镇等城郊发展生态休闲观光农业。

茶叶产业。以白茶为重点，辅助发展绿茶、红茶、黑茶，重点发展人潮溪镇、马合口白族乡、走马坪白族乡、桥自弯镇、陈家河镇、五道水镇、沙塔坪乡的茶叶产业；新建新华村、石门垭村、红旗村、长马坪村、桂竹垭村、徐家桥村、筲箕池村、老村、车大河村、八皮坡村、蹇家坡村、大溪口村、厂湾村、连家湾村、汪家垭村生态、良种高标准生态茶园，改造新华村、永安村、红旗村、长马坪村、连家湾村、花鱼泉村、汪家垭村原野茶园，提高茶园生产机械化程度，提高茶叶加工产能，积极拓展茶叶出口市场；围绕张家界旅游市场，依托茶园，积极挖掘孕育茶文化，大力发展休闲观光茶业。

烟叶产业。立足现有种烟乡镇，扩大重点乡镇生产规模，吸纳贫困人口种植烟叶。发展"烟草公司＋烟叶生产合作社＋家庭农场（职业烟农）"生产经营组织模式，集中计划资源，支持有条件的贫困村发展家庭农场种植烟叶，培育贫困户成为职业烟农，将一批贫困村打造成为烟叶专业村。加强基础设施建设，支持种植烟叶的贫困村推进基本烟田土地整理，烟区烟水、烟路建设，烟草补贴烟用农机具及烟用设施建设，烤房、育苗设施建设及维护。

（2）特色畜牧产业

重点发展人潮溪镇、官地坪镇、马合口白族乡、空壳树乡、上洞街乡、澧源镇的牛羊养殖产业。采用"公司+基地（合作社）+养殖户"的现代养殖模式，采取与良种繁育场联合，投畜还本、保护价收购模式，或者贫困户自购种牛（羊）——其养殖成本问题从金融扶贫贷款中解决，或者公司、合作社、大户等委托贫困户寄养等多种模式吸纳贫困户发展特色畜牧产业。坚持重点突破与整体推进相结合，选择生产条件好、示范带动作用强的养殖小区（场），创建牛、羊标准化示范养殖场，实现畜禽良种化、养殖标准化、生产规范化、防疫制度化和粪污处理无害化；培育牛、羊良种繁育场，逐步改良品种，防范外地引种引发的各种风险，解决种源不优问题。

（3）特种水产养殖业

有序推进大鲵特种水产养殖。合理布局空壳树乡、官地坪镇、洪家关镇、马合口白族乡、人潮溪镇的大鲵养殖，推进以大鲵产业科技化、规模化、标准化、产业化为主攻方向的科学养殖。在五道水、芭茅溪、上洞街、洪家关、廖家村、芙蓉桥、瑞塔铺、空壳树、澧源镇、官地坪、马合口等乡镇，建立大鲵标准化养殖示范基地和建设亲本100对以上标准化规模良种繁殖基地。加快大鲵产业示范园区建设，提高大鲵产业综合生产能力。建立加工生产线，引进有实力的企业合作进行大鲵深加工，带动贫困户参与养殖。

大力发展高效、健康、生态水产养殖。加快传统地区池塘标准化改造，积极发展工厂循环水养殖、池塘循环水养殖，推广复合养殖、鱼菜共生等技术。发展大水面养殖，在江垭水库、贺龙水库、鱼潭水库，严格控制网箱养殖规模，发展大水面养殖和环保型网箱养殖。推进稻田综合种养工程，积极发展"稻、鱼、菜（瓜果）"等立体养殖模式；建立标准化规模养殖基地。在官地坪、廖家村、洪家关、瑞塔铺、芙蓉桥、空壳树等乡镇建立10亩以上规模的山塘标准化饵料鱼养殖场，在江垭水库、贺龙水库、鱼潭水库建立标准化饵料鱼网箱养殖基地。突出抓好水产品质量安全、良种繁育体系、技术创新与应用支撑体系；大力推进休闲渔业发展，支持各类经营主体在贫困村，依托水库、电站、山塘资源，大力发展休闲渔业，积极创建省级休闲渔业示范点、渔业家庭农场、休闲渔业农庄以及农家乐。

（4）特色林业产业

油茶产业。引导贫困村新造油茶林，支持廖家溶村、茶园塔村、谢家坡村、沙塔坪村、大木塘村在海拔600米以下的坡耕地和适宜种植油茶的荒山荒地实施油茶造林。改造低产低效油茶林，对沙塔坪、河口、上河溪、岩屋口、陈家河、上洞街等乡镇现有的低产低效油茶林，进行垦复改造，改良品种，提高品质和产量，重点向贫困村倾斜。加快配套基础设施建设，推进贫困地区油茶产业发展基地10立方米以上的蓄水池、水渠、新修公路、水泥硬化等基础设施建设。

珍稀树种产业。加强对本地大叶榉、桢楠、红豆杉、珙桐、银杏等珍稀名贵树种的保护。支持石门垭村、永安村、南斗溪村、金竹村、兴隆坪村、梭子丘村、车大河村、塞家坡村、粑粑田村、厂湾村、龙潭沟村、砂河坪村、仓关峪村、猫子溪村、丰岩村、高家坪村、茶叶村、苦竹坝村、楠木坪村、新桥村、朝阳地村、柳树坡村、棉花垭村、宋家台村、汪家垭村、地界村、三合街村、张家湾村、平头岩村在海拔600米以上，坡度较小的坡耕地和荒山荒地实施大叶榉、楠木等珍贵树种种植。

三木药材产业。支持新华村、双狮村、红旗村、柳浪坪村、柳树塔村、棕树峪村、张家铺村、林光村、两岔溪村、筲箕池村、老村、塞家坡村、何家田村、岩屋口村、大屋坝村、耳洞坪村、平塔村、白竹山村、扒拉坪村、车头沟村、毛垭村、四方溪村等发展三木药材（黄柏、厚朴、杜仲）产业。新建三木药材园，发展玉竹、黄精、虎杖、白术、木瓜、天麻、玄参等中药材种植业。

蜜蜂产业。组建中蜂产品开发龙头企业，负责指导全县蜜蜂产业基地建设及蜂蜜收购、加工和销售。鼓励贫困村组建中蜂专业合作社（家庭农场），负责全村蜜蜂基地建设，指导、发展农户饲养蜜蜂。推进蜜蜂养殖示范园建设，建立蜜蜂加工企业、蜂蜜产品的检验检测中心、华中蜂遗传基因库、蜜蜂产业的实训中心。培育发展贫困村蜜蜂养殖大户，带动贫困农民从事蜜蜂养殖。积极开展"桑植野生蜂蜜"地理保护标志的申报。

林下经济。积极推广"油茶（珍贵树种）＋灌木（草本）药材、油茶

（珍贵树种）＋花生、油茶（珍贵树种）＋豆类、油茶（珍贵树种）＋蔬菜"等林粮（药）间作模式。在油茶造林受益前8年，积极鼓励农民林粮间作，间种花生、蔬菜、黄豆、绿豆等矮秆作物；林药间作，间作板蓝根、白杞等药材。在油茶造林8年受益后，鼓励农户积极发展生态鸡、蜜蜂等林下养殖业，增加林地经济效益，促进农民脱贫致富。结合森林资源、林业产业积极发展休闲林业、森林旅游业。

（5）打造扶贫产业基地

促进产业规模经营，扶持建设蔬菜、茶叶、烟叶、渔业养殖、畜牧养殖、林业、药材等一批贫困农户参与度高的特色农业基地，大力支持扶贫资金以及涉农资金向产业基地道路、水利设施建设、生产设施、加工厂、冷链设施倾斜，做大做强产业扶贫基地。充分发挥科技带动作用，建立健全产业带动脱贫技术推广体系，强化农技推广向贫困村下移，加大科技帮扶力度，制定各产业生产和加工技术规范，县技术服务骨干重点向贫困村提供技术服务；在有条件的贫困村建设科技成果转化示范基地，推进绿色高效生产技术集成、示范与推广。

（6）创建特色农产品品牌

加强"三品"认证，加快推进贫困村无公害、绿色、有机特色农产品的生产，支持企业、合作社积极申报地理标志产品的认证、农产品商标注册。实施标准化生产和管理，推进贫困村特色农产品实施标准化生产和统一管理，制定加工和产品销售的标准化技术操作规程。创建名牌产品和驰名商标，重点推进"桑植萝卜""桑植野茶（白茶）""桑植野蜂蜜""桑植茶油""桑植大鲵""桑植山野菜"等品牌建设，加大对"西莲云雾""三鹤园""天子银毫"等名优产品的宣传力度，建立专业网站、网页、网址等信息网络和电子商务平台，组织参加各类大型农业展销活动，集中力量培育和推广一批名优农产品品牌。

（7）促进产业融合发展

大力发展生态农副产品加工产业，积极进行高山蔬菜、茶叶、粽叶、大鲵、葛根等特色农产品精深加工，提高农业综合效益，实施对进行初加工的贫困村的补助政策。推进贫困村与龙头企业的合作，以港越、焱煌公司、九天食品公司、康华公司、永强公司等企业为龙头，带动发展贫困村猪牛羊养殖、蔬菜、葛根、粽叶等基地建设，延伸农业产业链。促进农业、旅游、加工业的融合发展，积极培育旅游商品加工产业，依托特色农产品生产，提供旅游纪念品、旅游食品、少数民族特色手工艺制品，建设张家界旅游商品供应基地；积极发展集农业生产、休闲观光于一体的休闲农业、休闲林业、休闲渔业；促进贫困村农产品对外产销衔接，推广农超对接模式，加强贫困村与企业对接，鼓励龙头企业在县域外大中城市设立产品直销店。

（8）培育新型经营主体

培育壮大贫困村各类专业合作社、龙头企业、家庭农场种养大户等新型经营主体。发挥新型农业经营主体的带动作用，采取多种组织形式和经营方式，将新型经营主体与贫困村、贫困户的利益联结起来，对有产业发展愿望、有产业发展能力但缺乏资金的贫困农户采取直接帮扶、以奖代投等办法，支持其与新型经营主体精准对接，直接参与蔬菜、养蜂、草食畜牧业等短、平、快产业项目。对有产业发展愿望但无产业发展能力的贫困农户采取委托帮扶、股份合作的模式，合作开发区域特色产业。对既无产业发展愿望又无产业发展能力的贫困农户采取"招商引资＋土地流转"的模式，将土地流转给新型经营主体，贫困农户参与当地务工，增加工资性收入。鼓励新型经营主体发展种养殖、农产品和林产品储藏保鲜、初级加工、精深加工、直供直销，鼓励采取订单帮扶模式对贫困户开展定向帮扶、提供全产业链服务。加快培育现代职业农民，对建档立卡农村贫困户中从事农业生产和服务的劳动力开展劳动技能和农业创业培训，大力培养种养能手、职业茶农、职业烟农；培育经纪人队伍，扶持发展生产大户和营销大户，带领贫困户从事种养殖业，拓展销售渠道。

2. 着力乡村旅游扶贫

实施乡村旅游富民工程。开发乡村旅游特色产品。充分依托贺龙纪念馆、贺龙故居、红二方面军长征出发地纪念馆、红二六军团司令部旧址、芭茅溪盐局旧址、红色苏维埃政权旧址、湘鄂川黔省委旧址等历史文化资源，开发重走红军路红色经典线路旅游扶贫产业带；依托八大公山国家生态旅游度假区、峰峦溪国家森林公园、溇水风景名胜区水上生态休闲、南滩草场、九天洞景区、芙蓉桥等自然资源，开发跨省市生态文化旅游精品线路；依托苦竹寨、白族宗祠、土司城遗址、桑植民歌等民族民俗文化资源开发民俗风情旅游路线；融合贫困村特色产业发展、易地扶贫搬迁、整村推进和生态保护，结合"秀美山村"建设，开发一批农家乐、休闲农庄、民俗风情、品牌餐饮、乡村酒店、古村落、古寨子、古院子等形式多样、特色鲜明的乡村旅游产品。建设乡村旅游特色村。因地制宜发展一批特色种养村、旅游工艺品生产村等乡村旅游特色村，建设好小庄坪村、实竹坪村、苦竹河、村合群村、珠玑塔村、和平村、柳杨溪村、张家铺村、岔角溪村等全国乡村旅游扶贫重点村；扶持回龙村、兴隆村、红旗村、青龙溪村、骆家山村、兴旺塔村、人生坪村、柳浪坪村、高阳村、黄连台村、楠木坪村、棉花垭村、宋家台村等贫困村的乡村旅游发展。积极发展休闲农业。依托地区特色农产品、农事景观等资源，积极发展休闲农业和森林旅游休闲康养农业。加强休闲农业聚集村、休闲农业园等主体设施建设和环境保护，扶持发展休闲农业合作社，促进农业与旅游观光、健康养老等产业深度融合，支持贫困村创建全国休闲农业示范项目、最美休闲乡村等品牌。推动贫困户参与乡村旅游和休闲农业建设。鼓励各类经营主体成立乡村旅游实体，采取公司＋贫困户、能人带贫困户的模式，鼓励贫困户以山林、果园、土地、房产等生产资料、资源合作参股，充分用活资源，共同开发建设乡村旅游项目，也可以投工投劳等方式从事种植业或养殖业，参与经济实体中的管理和生产活动。

完善乡村旅游的公共服务体系。提升乡村旅游道路设施水平，重点推进旅游村的水泥路面加宽、路面硬化、组道整修，以及交通干道、旅游景区到乡村旅游点的道路交通建设，着力打通乡村旅游景区的"断头路"和"瓶颈路"。强化生态环境建设，加大旅游村改水改厕及周边环境垃圾和污水处理、畜禽养殖污染防治力度，大力推进旅游村镇街道绿化和亮化工作，指导乡村旅游点房屋外表改造，在游览步道及景点交叉口、出入口设置各种旅游标牌、标识、交通指示牌。加强乡村旅游配套设施建设，加快建设重点镇乡村旅游游客服务中心和重点村服务点，推进旅游村停车场、厕所、垃圾箱等设施建设，建设自助游、自驾露营、户外运动和养老养生服务配套设施。建设乡村旅游公共信息服务体系，建设网上预订系统，推进线上乡村旅游信息发布与客户预订。强化乡村旅游安全保障服务体系建设，严格防范乡村旅游安全风险，提高乡村旅游安全应急处置能力。

培育乡村旅游特色品牌。立足各村的资源优势，科学引导乡村旅游有序开发、合理布局、差异化发展，突出产品特色。推进乡村旅游扶贫示范村的创建，着力培育 10～20 个旅游资源特、生态环境优、产业优势大、发展势头好、示范带动能力强的乡村旅游扶贫示范村。开展乡村旅游精品景点线路推介，根据季节特点和节假日时点安排，有步骤、有重点、分时段向社会推出乡村旅游精品景点线路。充分发挥多种媒体的作用，形成报纸、网络、广播多层次、多渠道的宣传推介格局；加强旅游区域合作，加强与知名旅行商、旅游网站的对接，将乡村旅游纳入张家界旅游景区（点）旅游精品线路，打造县域区域旅游品牌；针对乡村旅游特色村，结合特色餐饮、特色农产品与手工艺品，积极开展各类主题活动，扩大乡村旅游市场影响力；加大线上营销力度，充分发挥旅游景区、旅行社、旅游饭店招徕客源的主渠道作用。

3. 积极推进电商扶贫

推进农村电商服务平台建设。加快建设全县电商物流综合服务平台，支持建设各乡镇物流体系配送站点，大力发展直接到村、到户的电商销售网络和物流服务体系，推进物流快递服务业多形式、多渠道、多类型发展，采取物流补贴和其他有效措施，扶持物流企业在各乡镇和行政村建立电子商务服务站点，倡导集中收购、集中配送。加强交通、物流、供销、邮政等部门及大型电商、快递企业信息网络共享衔接，鼓励多站合一、服务同网，提高货网配送效率、降低货运成本、拓展销售渠道。实施改善贫困村流通基础设施的工程，对田间临储设施、集配中心、保鲜、烘干、冷链等设施建设给予大力扶持。

加快培育农村电商市场主体。鼓励新型农业经营主体和产业大户开展网上交易，推动"网货下乡"和"农产品进城"双向流动，真正解决农村买难、卖难问题。鼓励贫困户开办网店，采取教育培训、政策支持等方式，帮助贫困户开办网店、销售农产品。通过大户等帮扶，帮助贫困户建立网店，提高网店运营效益。鼓励在乡镇服务站内开设扶贫网店，代销农特产品。加强与知名电商企业合作，推广"互联网＋特色农产品"电商模式，开辟贫困村农产品网上销售平台，与合作社、种养大户建立直采直供关系。

健全农村电商服务体系。加强农村电商人才支撑，积极开展农村电商人才培训，对于贫困户通过电商平台创业就业的，联合电商企业免费提供技术培训、网店设计、运用策划和经营管理培训，并给予网络资费补助。加强金融支撑，对电商进行扶贫小额信贷支持，对开办网店、从事网货生产销售的贫困户和带动贫困户生产销售的企业和网店，给予按基准利率全额贴息的小额信贷支持；鼓励金融机构在贫困乡村设立服务网点，开展互联网扶贫便捷服务，改善农村网点支付、结算等金融服务条件，促进贫困村商业网点线上、线下全覆盖。对全县优质特色农产品开展调查摸底统计，确定主导品牌进行电商销售扶持，着力打造网络品牌。

4. 稳步探索资产收益扶贫

探索建立资产收益扶贫机制。加快推进农民权利的清晰化，明确农村承包土地经营权、农村宅基地使用权、建设用地使用权、集体林权等的权利边界。鼓励贫困户将已确权登记的土地承包经营权、个人财产和集体拥有的土地、林地、草地、荒山荒坡、滩涂、水面、建筑物、机械设备等资源资产股份量化评估入股企业、合作社、专业大户等新型经营主体和产业基地，通过委托经营、合作经营等方式，与新型经营主体形成利益共同体，获得资产收益。对财政专项扶贫资金、涉农资金和社会帮扶资金通过特许经营、投资补助、政府购买服务等多种方式，投入设施农业、养殖、光伏、水电、乡村旅游、商业铺面等项目形成的资产，贫困村、贫困户以租赁、经营收费或入股经营主体等方式获取收益。鼓励龙头企业、农村合作经济组织、生产大户等共同利用财政专项扶贫资金和其他涉农资金成立经济实体，吸纳贫困劳动力就业，通过引导贫困户参与生产，增加收益。探索资源开发占用农村集体土地的补偿补助方式创新，因项目建设占用或影响导致土地被征收、征用的农村集体经济组织，可以集体土地及土地上的附属资产等折股量化，形成集体股权，使贫困村集体和贫困人口分享资源开发收益。

建立健全收益分配监管机制。根据项目类别，按照归口管理原则，乡镇政府制定资产收益方案。对实施主体进行严格的资格审查，加强对贫困村集体和贫困户资产运营、收益分配和风险防控的监管，建立资产投入风险评估机制和退出机制，确保资产安全与资产收益保底、按股分红、及时兑现。将村社股权量化收益纳入村级财务，按照民主理财、民主管理、民主监督的原则，统一资金管理、银行账户、报账程序、财务公开、档案管理，由县级主管部门和乡镇人民政府监督。

（二）引导转移就业脱贫

大力推进贫困人口转移就业，加强转移就业技能培训与服务，提高稳定就业能力，到2019年，完成3.6万贫困户劳动力就业创业、技能技术培训任务，贫困户"两后生"技能技术培训比例达到100%，实现新输出农村剩余劳动力就业1.56万人。

1. 加强就业创业培训

加强就业技能培训。结合"春潮行动"等培训计划，整合培训资源，加大贫困家庭劳动力职业技能培训力度，开展培训周期短、易学易会、脱贫增收见效快的"短平快"职业技能培训，提高培训的针对性和有效性。加大对贫困家庭子女接受职业教育的资助力度，支持用人单位在桑植县建立劳务培训基地，开展定向、订单培训。

加大创业培训支持力度。着力打造众创众筹平台，为创业人员提供系统的创业服务，实现创新与创业、线上与线下、孵化与投资"三结合"。积极开展创业致富带头人培训，鼓励创业致富带头人创办企业、发展新型农业经营主体，带动贫困人口进入创业队伍，参与创业培训和技能培训。加大返乡农民工创业扶持政策力度，鼓励返乡农民工创业发展，为贫困人口提供更多就业岗位。

2.加强转移就业服务

建设劳务输出基地。加强乡镇劳动就业和社会保障服务平台建设，健全就业支持服务体系。选择与省内外经济发达地区优质大型企业合作，开展定向培训输出。组建劳务输出工作队，搭建劳务对接平台，建立劳务对接机制，打造上海、广东、浙江等沿海发达地区劳务输出基地。

强化岗位信息采集应用。建立桑植县岗位信息数据库和信息发布平台，通过网络按月定期发布县内外招聘信息、各类政策服务信息以及劳动力信息，在乡镇、街道及贫困村设立招聘信息发布窗口，通过定点窗口按月定期发布县内外就业岗位信息和劳动力信息，实现劳务合作信息共享，促进贫困家庭劳动力外出就业。

落实转移就业激励措施。每年安排多项资金，加强对转移就业贫困人口的职业培训，对安排贫困劳动力就业的企业给予一定补贴；加大创业担保贴息贷款力度，对有创业愿望并具备一定创业条件的贫困人口给予创业担保贷款扶持，对安排贫困劳动力就业的企业给予贷款贴息奖励。落实社会保障有关政策，鼓励支持输入地政府对已稳定就业的贫困人口给予住房、居住证、人口落户等方面的政策优惠，完善随迁子女在城市接受义务教育和参加中高考相关政策。

（三）实施易地搬迁脱贫

对达到搬迁标准的贫困户，坚持"政府主导、群众自愿、量力而行、就近方便安置"的原则实施易地扶贫搬迁工程，确保搬迁群众搬得出、稳得住、有事做、能致富。

1.精准组织实施易地搬迁安置

精准识别搬迁对象。以农村建档立卡贫困人口为主要对象，精准确定易地扶贫搬迁人口规模和搬迁任务。"十三五"期间，全县需易地搬迁的贫困户为5739户，贫困人口18063人。合理确定"十三五"期间各年度搬迁任务，精心编制全县易地扶贫搬迁实施方案，统筹整合各方面资源，加大资金保障力度，加强对贫困群众的宣传引导和组织动员，最大限度地保障符合条件的搬迁群众全部搬迁。

因地制宜选择搬迁安置方式。用足危房改造、生态移民、避险安置等政策，采取整体搬迁、集中安置为主的方式组织实施易地扶贫搬迁。结合村庄整治，将贫困人口从山上搬迁到山下；结合城镇建设，将贫困人口从农村搬迁到集镇；结合园区发展，将贫困人口从农村搬迁到县城，实现贫困人口梯度转移。实行差异化补助政策，在尊重搬迁户意愿的基础上，到户到人确定安置方式以及相应的支持政策和资金补助标准。

加强安置区基础设施建设和公共服务配套。按照"保障基本、安全适用"的原则，加强安置区的基础设施建设，严格执行人均住房建设面积不超过25平方米的标准，配套建设安置区水、电、路、网以及污水、垃圾处理等基础设施，扩大公共服务，优化社区建设，完善安置区的商业网点、便民超市、集贸市场等生活服务设施，确保安置区搬迁户能便利享有基本的教育、卫生、文化、体育等公共服务设施。

2.精准保障搬迁群众稳定脱贫

促进搬迁户就业增收。将易地扶贫搬迁与其他扶贫措施有机结合起来，大力发展安置区特色优势产业，支持搬迁对象通过发展特色产业、务工就业等渠道增收致富；全面落实支持创业、创新的相关税收优惠、贷款贴息等政策，鼓励搬迁户参与"大众创业、万众创新"；鼓励安置区的建设项目优先使用本地搬迁群众务工，本地企业优先吸纳搬迁群众就业；加强对搬迁群众的技能培训，确保有意愿的搬迁群众至少掌握一项就业技能；支持安置区发展物业经济，将商铺、厂房、停车场等营利性物业产权量化到搬迁户，增加搬迁户财产性收入。对无劳动能力的搬迁户，实行政策兜底直接脱贫。

保障搬迁群众安居乐业。把易地搬迁与新型城镇化、"美丽乡村"建设有机结合起来，促进搬迁到县城、乡镇集镇的贫困人口市民化，保障其享有城镇居民同等的合法权益；通过安置区土地整治、农业产业园区或基地建设，保障搬迁到农村的贫困人口有基本的生产资料，享有与安置地居民同等的合法权益。加强迁出区和安置区生态建设与保护，合理开发生态文化旅游资源，实现可持续发展。推进安置区社区建设，注重社区组织建设，加强社区管理与服务，不断完善劳动就业、卫生计生、科教文化、综治平安等公共服务体系，帮助搬迁群众融入当地生活，确保搬迁群众安居乐业。

（四）拓展教育脱贫

加快提高教育办学水平，大力实施"阳光助学"工程，实现贫困家庭子女的教育公平，从源头上阻断贫困代际传递。

1.提高基础教育办学水平

改善办学条件。加快发展学前教育，逐步建成以公办幼儿园为主体的农村学前教育服务网络，每个乡镇建成1所公办中心幼儿园，在建档立卡贫困村实施"一村一幼"计划，引导和支持民办幼儿园提供帮扶性服务，保障所有建档立卡贫困家庭适龄儿童接受学前教育。全面改善农村义务教育办学条件，完善中小学布局，加快完成9个乡镇合格学校、布局调整保留学校扩建，以及170余所村小、教学点合格学校建设，逐步实现所有义务教育学校办学条件标准化，县域内义务教育基本均衡。加快普通高中学校提质升级改造。加快教育信息化建设，到2020年完成所有高中、初中、小学、村级教学点"校校通、班班通、人人通"建设，建立教育管理和教育资源公共服务两个平台，教育信息化水平达到全省平均水平。

加强教师队伍建设。创新教师管理机制，出台城乡教师交流制度，促进教师均衡配备，缩小城乡师资质量差距。加大贫困地区教师补充、培训培养力度，特岗计划、国培计划向贫困乡镇中学、村小教师倾斜，切实解决好贫困地区教师缺乏问题。执行贫困地区乡村教师生活补助政策，实施乡村教师荣誉制度，对长期在贫困乡村学校任教的优秀教师给予物质奖励。

2.加大对贫困家庭学生就学的资助救助力度

推进"阳光助学"工程。发展壮大贺龙教育基金，整合各部门及社会各方面的救助力量，切实加大对贫困家庭学生就学的资助救助力度，着力健全贫困家庭学生免费、补助、资助"三重教育保障"体系，不让一个学生因贫失学，不让一户脱贫户因学返贫。逐步统一城乡义务教育"两免一补"政策，将贫困家庭学生优先纳入家庭经济困难寄宿生生活费补助范围；继续落实好农村义务教育阶段学生营养改善计划和中等职业教育免除学杂费政策。完善贫困家庭学生救助办法，建档立卡贫困家庭子女义务教育和高中教育阶段费用由国家助学项目优先补贴，不足部分由县财政给予适当补助。加大对贫困家庭子女接受中等职业教育的资助力度，逐步提高资助标准。鼓励金融机构对贫困家庭大学生提供信用助学贷款支持；采取"一对一"就业推荐服务、就业托底援助等举措，帮扶家庭贫困大学毕业生及时充分就业。到 2019 年，通过"阳光助学"帮扶 1.69 万贫困家庭学生。到 2020 年，确保年小学适龄儿童辍学率控制在 0.2% 以下，初中适龄人口辍学率控制在 1.5% 以下。

3. 加快发展现代职业教育

加强对职业教育的支持，完成县中等职业学校扩建和职教中心建设工程，建成 1~2 个省级重点实训基地，将县中等职业学校建成省级示范性职校。强化初中毕业生分流引导，促进普高和职校学生规模基本均衡，深入推进教学改革，着力提升中职学生技能水平和文化素养。引导职业学校在重点扶贫产业如旅游服务、财经商贸、现代农业、农产品加工等方面建好 3~5 个特色专业，促进职业教育与产业扶贫对接。鼓励职业学校与企业共同培养人才，促使职业教育与就业衔接得更加紧密。实施贫困户教育培训工程，依托县职教中心广泛开展贫困劳动力转移培训、实用技术培训、继续教育和再就业培训，对所有贫困家庭初中未升入高中、高中毕业未升入大学的毕业生，实施"雨露计划"全覆盖，确保100%的贫困家庭学生接受职业教育。

（五）推进健康扶贫脱贫

改善医疗卫生机构条件，提升服务能力与疾病防控能力，用基本医疗保障、大病保险、医疗救助等"三重医疗"保障贫困人口不会因病致贫返贫。

1. 提高医疗卫生服务能力

健全城乡医疗卫生服务体系。加快县级医院、乡镇卫生院、村卫生室标准化建设，完成 388 所村卫生室建设，确保每个乡镇有 1 所标准卫生院，每个行政村有 1 个卫生室。完成县精神病医院、县妇幼保健院标准化建设，加快完善疾病预防控制和保健服务体系，健全专业公共卫生服务网络。加强远程医疗能力建设，将县级医院的远程医疗服务中心纳入张家界市远程医疗服务体系，与省对口医院建立远程医疗业务合作联系，推进县级医院与县域内各级各类医疗卫生服务机构互联互通。提升中医药服务水平，加强中医药适宜技术推广。

深化医药卫生体制改革。深化县级公立医院综合改革，统筹做好县级医院与基层医疗卫生机构的药品供应配送管理工作，探索县乡村一体化药品配送，进一步提高乡村医生的养老待遇。推进建立分级诊疗制度，探索按病种制定本县的诊疗流程和转诊标准，建立相应转诊机制，组建县级医疗联合体，推进县域医疗机构一体化管理。

加强医疗卫生人才队伍建设。制定符合实际的医疗卫生人才招聘引进办法，加大急需紧缺和高级以上职称技术骨干人才引进力度。完善收入分配机制，发挥绩效导向作用，实行收入向优秀人才和关键岗位倾斜的政策。加强民族医药医师和基层专业技术人员的培养和培训。通过进修、在职学历教育、专题培训等方式，不断提升乡村医生人才队伍综合素质，2017 年前，分期分批完成对乡村医生的轮训。到 2020 年，基本实现每千人口卫生技术人员 4.6 人的配置目标，其中每千常住人口执业（助理）医师达到 2.5 人和注册护士达到 3.14 人。

2. 提高医疗保障水平

降低贫困人口就医实际支出。推进"阳光医疗"工程。稳定新型农村合作医疗参合率，完善门诊统筹和乡镇卫生院住院基本医疗费用"全报销"政策。确保贫困人口在本市、县、乡三级定点医院住院免收起付费，在县以上（不含县）定点医疗机构住院基本医疗费用报销比例提高 10%；将贫困人口全部纳入大病医疗保险和重特大疾病救助体系，将贫困人口和民政部门认定的低保困难群众大病保险起付线降低 50%；加大农村贫困残疾人康复服务和医疗救助力度，增加纳入基本医疗保险范围的残疾人医疗康复项目。到 2019 年，通过"阳光医疗"救助 0.83 万贫困人口。

加强对贫困人口的医疗救治服务。为贫困人口建立健康档案和健康卡，基层医疗卫生机构提供基本医疗、公共卫生和健康管理等签约服务，对患重大疾病、长期慢性病和残疾的贫困人口实行系统化管理，制定有针对性的分类救助政策。实行贫困人口住院先诊疗后付费。对建档立卡贫困患者在本县内定点医疗机构住院实行先诊疗后付费，定点医疗机构设立综合服务窗口，实现基本医疗保险、大病保险、疾病应急救助、医疗救助"一站式"信息交换和即时结算，贫困患者只需在出院时支付自负医疗费用。

3. 加强疾病预防控制和公共卫生

推进疾控机构能力标准化建设，完善县乡村三级预防保健网络。着力加大传染病、地方病、慢性病防控力度，按照不同疾病防治要求，在重点地区、重点场所、重点人群积极开展防治工作，稳步降低发病率和死亡率。推进疫苗全程管理，对疫苗流通（进出库）实行全程电子监管码监控，使疫苗接种信息实时可查。全面实施贫困地区免费儿童营养改善、新生儿疾病免费筛查、适龄妇女"两癌"免费筛查、孕前优生健康免费检查、0~6岁贫困残疾儿童康复救助等重大公共卫生项目。深入开展爱国卫生运动，持续深入开展城乡环境卫生整洁行动，加强健康促进和健康教育工作，广泛宣传居民健康素养基本知识和技能，使其形成良好卫生习惯和健康生活方式。及时处理各类突发性公共卫生事件，力争把事态控制在可控范围，营造医患和谐氛围。

（六）结合生态保护脱贫

加强资源保护和生态治理修复，加大对贫困地区和贫困人口生态补偿的力度，落实生态公益岗位制度。到2019年，通过生态补偿政策带动4.33万贫困人口稳定脱贫。

1. 加大生态保护修复力度

加强八大公山国家级自然保护区、峰峦溪国家森林公园、南滩草场、四门岩林场等生态敏感区生态保护，大力推进退耕还林、天然林保护、退牧还草、石漠化治理和矿山生态修复、坡耕地综合整治等生态工程，推进澧水上游湿地公园、柳杨溪国家湿地公园和地质公园规划建设，加大对澧水流域和溇水流域水生生物资源保护和水域生态修复力度，加强双泉水库等水源涵养区生态保护；着力加大污染治理力度，严禁工、农业污染物向水体未达标排放，严格控制采矿、采伐等破坏生态安全的活动。推进耕地质量保护与提升，全面推广测土配方施肥技术和水肥一体化技术，合理增施有机肥，鼓励秸秆还田利用，种植肥田作物；合理布局畜禽水产禁养区和集约化畜禽养殖区，加强重要农产品产地土壤污染防控监测，保护好重点农产品产地的土壤环境。组织动员贫困人口参与生态保护建设工程，提高贫困人口受益水平，引导贫困群众调整产业结构，科学开发利用生态资源，大力发展经济效益好的生态林业产业、生态农业、生态旅游、森林康养产业等，增加贫困群众收入。

2. 探索多元化生态补偿方式

生态保护补偿资金、重大生态工程项目和资金按照精准扶贫、精准脱贫的要求向贫困地区倾斜，向建档立卡贫困人口倾斜。充分利用国家、省、市生态补偿资金，加大县财政生态补偿财政投入，设立生态补偿财政专项基金，提高生态公益林、水源生态保护等项目的补偿标准，加大对限制发展机会与丧失发展权的贫困人口生态补偿的力度，使贫困户通过发展生态产业脱贫致富。探索公益林赎买机制，财政每年统筹一定比例的森林生态效益补偿资金，用于开展集体和个人所有公益林赎买试点。对开发水电、矿产资源占用集体土地的，试行给原住居民集体股权方式进行补偿。完善流域水资源有偿使用制度，探索森林碳汇等生态品的市场化交易，健全"污染者付费、治污者受益"机制。加强县内外生态受益地区与保护生态地区、流域下游与上游的合作，探索通过资金补偿、对口协作、产业转移、人才培训、共建园区等多种方式建立横向补偿关系。

3. 创新生态建设和补偿资金使用方式

利用生态补偿和生态保护工程资金，通过购买服务或设立生态公益岗位的方式，以森林管护为重点，让贫困户中有劳动能力的人员参加生态管护工作，就地转化为公益林护林员。同时，充实完善各类生态保护区的管护岗位，安排建档立卡贫困人口从事生态保护区森林管护、防火、接待服务，增加劳务收入。

（七）强化社会保障脱贫

实施"基本生活保障工程"，完善农村社会救助体系，促进扶贫开发与社会保障有效衔接，健全农村"三留守"和残疾人关爱服务体系，实现社会保障兜底脱贫。

1. 加大社会救助力度

完善农村最低生活保障制度。完善社会救助家庭经济状况核对机制，优化农村低保审核审批程序，精准认定低保对象，确保将失去劳动能力、无法依靠产业扶持和就业帮助脱贫的贫困户，全部纳入农村低保范围，做到应保尽保，实行政策性保障兜底。科学制定最低生活保障线，建立低保标准与物价上涨挂钩的联动机制，统筹协调农村低保标准和扶贫标准，逐步实现低保标准与扶贫标准"两线合一"，逐年提高低保对象低保金补助标准，确保低保贫困户 2019 年全部脱贫。

健全特困人员救助供养制度。推动建立城乡统筹、政策衔接、运行规范、与经济社会发展水平相适应的特困人员救助供养制度。完善特困人员认定机制，根据国家有关规定科学测算基本生活标准和照料护理标准。强化政府托底保障职责，为特困人员提供基本生活、照料服务、疾病治疗和殡葬服务等方面保障，做到应救尽救、应养尽养。加强特困人员供养服务机构建设，优先保障完全或部分丧失生活自理能力的特困人员。依据国家相关政策，统筹做好特困人员救助供养制度与其他社会保障制度的有效衔接。

加强临时救助工作。规范临时救助对象认定，科学制定救助标准和程序，提升托底救助能力，增强救助时效性，及时为遭遇突发性、紧迫性、临时性基本生活困难的家庭和个人提供临时救助。健全主动发现机制，引导和支持社会组织、企事业单位和爱心人士开展慈善救助，搭建救助资源与救助需求相对接的信息平台，构建分工负责、相互衔接、协调实施、政府救助和社会力量参与相结合的社会救助制度体系，确保困难群众求助有门、受助及时、急难可救。加强临时救助和医疗救助、慈善救助、医疗保险制度之间的衔接。

2.提升养老保障水平

建立统一的城乡居民基本养老保险制度，对新型农村社会养老保险个人缴费有困难的贫困群众，实行财政代为缴纳保费的方式，帮助其参保，实现所有贫困人口享有养老保险。巩固和拓宽个人缴费、集体补助、政府补贴相结合的资金筹集渠道，完善基础养老金和个人账户养老金相结合的待遇支付政策。充分考虑贫困人口的实际缴费能力，对建档立卡贫困人口保留现行100元的最低缴费档次。加快农村养老机构和服务设施建设，建立健全政府主导、社会参与、家庭支撑的养老服务体系，支持社会力量发展养老服务机构，促进家庭养老与社会养老相互补充、相互促进。

3.健全"三留守"人员和残疾人关爱保护体系

完善"三留守"人员关爱服务体系。开展对农村留守儿童、留守妇女、留守老人的摸底排查，逐步建立翔实完备、动态更新的信息系统。建立家庭、学校、基层组织、政府和社会力量相衔接的留守儿童关爱服务网络，深入推进"春蕾计划"等关爱行动，确保留守儿童安全、健康、受教育等权益得到有效保障。推进农村社区老年人日间照料中心建设，提升乡镇敬老院服务保障能力，完善基本养老服务补贴制度，不断扩大覆盖面和补贴对象范围，到2020年，全县基本养老服务补贴覆盖率达100%。充分发挥妇联和社会组织的作用，加强对留守妇女就业创业、心理疏导、卫生保健、文化生活的服务，帮助其解决生产、生活、维权等方面的难题，推进关爱农村留守妇女服务中心和服务站建设。

完善贫困残疾人关爱服务体系。加强对残疾人信息的采集，建立健全基础数据库，将残疾人普遍纳入社会保障体系，并予以重点保障和特殊扶持。加快发展残疾人康复、托养、特殊教育，深入推进"扶残助残"活动，逐步建立完善残疾人康复救助制度，落实并完善专项社会保障政策措施。完善困难残疾人生活补贴和重度残疾人护理补贴制度，适时提高护理补贴标准。加大贫困残疾人特殊教育、技能培训、医疗保健、心理疏导、托养服务实施力度，优先扶持贫困残疾人家庭发展生产，支持引导残疾人就业创业。

（八）破除基础设施瓶颈

加强重大基础设施项目建设，实施"基础设施建设工程"，全面改善贫困村生产生活条件，提升发展能力，为解决区域性整体贫困问题提供有力支撑。

1. 推进重大基础设施建设

加快构建外通内联的交通运输通道。按照"对内通达、对外通畅"的要求，全力推进交通建设提速，彻底结束桑植县无铁路、无高速、无国道的"三无"历史，构建起外通内联的交通运输通道。全力配合完成黔张常铁路建设，做好安张衡铁路项目各项工作，力争在桑植县设站；配合建成张桑高速，建好桑龙高速，力争神张高速调整进入国家"十三五"规划网；加快干线公路建设，构建"一环两带十二通道"的干线公路骨架网络。全面改造县到乡镇公路，拉通和改善乡与乡（镇）之间的网络联通线和水陆联通线、重点出境通道、民生产业通道、小型旅游区观光通道。做好通用航空机场建设各项工作。推进澧水、溇水等重点流域的航道整治和综合码头建设，提高航运能力。

着力提升重大水利设施保障能力。完成澧水中源、北源流域规划的修编，推进凉水口水库项目建设，完成牛洞口水库工程建设，提高县城及沿澧水干流集镇的防洪标准。实施澧水干流重要河段治理续建工程，提高城市河道防洪标准。推进病险水库除险加固，积极争取国家投入，确保英雄湖、朱木墩等19座小 II 型水库达到安全标准。新建大溪口水库、大峪湾水库、大溪沟水库、木峡水库等4处灌溉骨干水源工程，继续实施大中型灌排泵站更新改造工程，完成八斗溪水轮泵站、潭口泵站、庙嘴河泵站、岳虎滩泵站更新改造。加大水源地保护力度，推进牛洞口、双泉、八斗溪、小溪沟水源地保护与开发利用，完善水源地水质及环境的监测设施，确保供水安全。

大力推进能源开发建设。结合全县"十三五"能源需求，加快电网改造，大力推进新能源和可再生能源开发，促进能源资源优势转化为经济优势。着力完善电力设施，重点加快中心变电站110千伏扩改工程、瑞塔铺

110千伏变电站扩建、排岔口110千伏变电站新建、中心变电站至瑞塔铺110千伏线路新建等骨架电网建设。充分发挥资源优势，加快风能、气能、生物质能等新能源开发利用，开工建设澧水中源电站群，完成淋溪河水电站建设，加快南滩、八大公山等风能发电厂建设；加大页岩气开发力度，积极勘探开发页岩气资源；稳步推进户用沼气建设，适度扩大大、中型和联户沼气工程的建设规模；建设能源林基地，发展燃料乙醇、生物柴油、生物材料，促进生物质能替代石油；推广使用生物质气化炉，加快建设生物质能源发电厂。

2. 改善贫困村生产生活条件

推进村级道路建设。加快实施建制村通畅工程，优先安排建档立卡贫困村通村道路硬化，推进断头路、瓶颈路、中小危桥改造和通组路（连通25户以上的自然村）建设工程，因地制宜推进村内主干道路硬化；加强村级道路安全防护设施建设，建立健全村级道路维护机制；不断提高农村客运班车通达率，保障群众安全便捷出行。"十三五"期间，新（改扩）建农村通村公路695公里、村组公路1200公里，确保建制村客运班线通达率达到100%。

解决贫困村安全饮水问题。实施农村饮水安全巩固提升工程，采取差别式扶持政策，对水源保障率和水质不达标工程全面实行提质增效改造；实施集镇和县城一体化供水工程，开展净水设施改造和消毒设备配套工程、水源保护和信息化建设；"十三五"期间全县建设农村饮水安全工程7945处，其中集中式供水工程536处、分散式供水工程7409处、重点乡镇引水工程3处，有效提升贫困村自来水普及率、供水保证率、水质达标率，确保到2020年全面解决贫困人口饮水安全问题。

保障贫困村生活用能。加快实施新一轮农村电网改造升级工程，逐步实现城乡同网同价，2018年前完成88个贫困村农网改造，彻底解决"低电压""卡脖子"现象，保障所有贫困村用上稳定可靠的电能，电能占贫困户能源消费比重大幅提高。大力发展农村清洁能源，支持推广应用太阳能热水器、太阳灶、太阳房、省柴节煤炉灶炕、小风电、微水电等农村小型能源设施，支持发展沼气，推进农林废弃物、养殖场废弃物等可再生能源开发利用，提升贫困村清洁能源替代率。

加强贫困村信息和物流设施建设。加快推进信息网络建设，新建农村手机信号接收基站350个，消除农村宽带网络空白村，实现光纤网络和4G网络有效覆盖所有贫困村，推动公路沿线、集镇、行政村、旅游景区4G网络基本覆盖。加强贫困村邮站等邮政基础设施建设，全面实现"乡乡设所、村村通邮"，有效解决农村邮政服务"最后一公里"问题。加快推进"快递下乡"工程，推进贫困村快递揽收配送网点建设，利用村级公共服务平台开展农村快递服务，实现"村村通快递"。

加快推进农村危房改造。实施"阳光安居"工程，完善农村特困家庭住房建设、配套设施、政策兜底"三重住房保障体系"，按照"一户一套、集中建、免费住"的模式，加快建设农村特困家庭"阳光院"，到2018年，完成960套"阳光院"建设任务。将农村危房改造与整村推进、新农村建设、传统村落保护发展、美丽乡村建设结合起来，优先帮扶建档立卡贫困户，开发推广造价低、节能环保、结构紧凑的安全住房，鼓励有条件的村集中建房，到2020年，完成5200户农村贫困家庭危房改造，确保所有贫困家庭有房子居住。

加强贫困村环境整治。推进农村环境综合整治，扎实开展以垃圾处理、污水处理、畜禽养殖污染治理、农业面源污染治理、卫生厕所建设等为重点的贫困村环境治理，普遍建立村庄保洁制度，设立保洁员岗位并优先聘用贫困人口，到2020年实现所有贫困村及相关集镇的农村生活垃圾治理达到"五有标准"（有设施设备、有成熟技术、有保洁队伍、有监管制度、有资金保障）；因地制宜推进贫困村庄绿化、亮化和历史遗迹、古树名木等人文自然景观的保护工作，创建干净整洁、生态秀美的人居环境。

提升贫困村公共服务能力。加强农村基层公共服务设施建设，整合利用现有设施和场地，加快贫困村村级公共服务平台建设并拓展其功能，提高贫困村社区管理信息化水平，增强农村社区综合服务能力。加强农村公共文化服务体系建设，采取政府购买服务等方式，加大对贫困村的公共文化产品和服务供给力度。推进乡镇综合文化站和村文化室建设，为贫困村文化活动室配备必要的文化器材，加快 23 个村综合文化服务中心示范点建设，"十三五"期间，建成 17 个乡镇综合文化站、182 个村文化活动中心、40 个农村农民体育建设工程，实现农村广播村村响、广播电视直播卫星户户通。

改善贫困村生产条件。坚持最严格的耕地保护制度，推进以贫困村为重点的农田水利、土地整治、中低产田改造，抓好全县 7450 公顷高标准基本农田建设，加快以贫困村为重点的小型农田水利工程、"五小水利"工程建设，完成 20 个主要干旱乡镇的抗旱应急（备用）水源工程，加强酉水流域及澧水南源、北源流域等主要产粮区的水利灌溉设施建设。结合产业发展，改造建设一批资源路、旅游路、产业园区路，新建改造一批生产便道，推进"交通＋特色产业"扶贫。进一步加大以工代赈投入力度，重点支持农业农村中小型基础设施建设、小流域综合治理和山水田林路综合开发，着力解决农村生产设施"最后一公里"问题。

三 保障措施

（一）创新体制机制

根据全县脱贫攻坚的具体任务与目标，以机制创新为内生动力，采取超常规举措，汇集脱贫攻坚合力，提高脱贫攻坚成效。

1. 创新精准扶贫脱贫机制

精准识别制定帮扶措施。按照规模控制、分级负责、精准识别、动态管理的原则，对每个贫困村、贫困户建档立卡，实行信息化精准化管理。帮扶干部深入贫困户家庭，深入分析其致贫原因，落实帮扶责任，制定差异化的扶持政策，帮助贫困村、贫困户编制脱贫计划和产业发展规划，探索直接帮扶、委托帮扶和股份合作等有效帮扶方式，切实做到真扶贫、扶真贫，确保贫困人口和贫困村在规定时间内实现稳定脱贫目标。

精准调度强化动态管理。通过脱贫率、返贫率、动态标准，识别扶贫对象、锁定扶贫目标，确保扶贫对象有进有出，确保扶贫目标动态可控。围绕因病因灾因学致贫返贫、贫困人口动态变化、扶贫标准按对应价提高等问题，研究应对措施和具体政策。建立和完善"月报、季调度、半年总结、年终考核验收"的工作调度制度，每季度进行工作督查，召开推进会，实现精准扶贫管理的动态化。

强化推行军令状管理。由县委、县政府组织实施，县扶贫开发工作领导小组具体承办，对全县扶贫开发乡镇和重点村的驻村干部及村支两委干部实行军令状考核制度，各乡镇和贫困村要与县委、县政府就年度脱贫攻坚订立军令状，科学制定贫困村出列、贫困人口脱贫的时间表、路线图、措施方法和责任体系。强化督查、督导、督办、问责职能，就各贫困村执行军令状情况开展经常性巡查督办工作。

2.创新扶贫力量动员机制

充分发挥党的政治动员优势。全县党政机关、企事业单位的党委和党组，要充分发挥自身所在单位的优势，发动本单位和相关单位积极参与脱贫攻坚，积极完成本单位的脱贫攻坚任务。充分发挥党领导群团组织的重要作用，发动和支持各民主党派、工商联、无党派人士及各类企业、社会组织和个人创新形式参与脱贫攻坚。

搭建社会扶贫公益平台。畅通社会各阶层交流交融、互帮互助的渠道，完善扶贫公益平台，建立社会扶贫"直通车"信息网络，引导广大社会成员和港澳同胞、台湾同胞、华侨海外人士，通过爱心捐赠、志愿服务、包村进户等多种平台参与扶贫。支持发展具有扶贫济困功能的各类慈善组织，有计划、有重点地培育和发展一批枢纽型社会扶贫组织，着力打造扶贫公益平台。

落实社会扶贫优惠政策。全面落实公益扶贫捐赠所得税税前扣除政策，探索发展公益众筹扶贫，鼓励支持有条件的企业和社会组织设立扶贫公益基金。落实各类市场主体到贫困地区投资兴业相关支持政策，动员国有和民营企业到贫困地区投资兴业。鼓励企业吸引农村贫困人口就业，有贡献的企业按规定享受税收优惠、职业培训补贴等支持政策。认真落实专项扶贫、"一事一议"、以工代赈等扶贫惠民政策，激发各类扶贫主体的参与积极性。

3. 创新贫困群众参与机制

加强扶贫宣传与引导。通过电视、广播、报刊、互联网等媒介，以"扶贫宣传月""扶贫主题日"等形式，弘扬中华民族扶贫济困传统美德，以扶贫表彰、评选宣传"最美扶贫人物""最佳扶贫组织"等形式，宣传推广扶贫先进典型和成功经验，引导和鼓励贫困群众参与扶贫事业。发动群众积极参与村脱贫规划编制、项目选择和实施、资金使用管理等过程，提高项目的群众参与度，充分调动群众的积极性和主动性。

激发贫困群众主体积极性。坚持扶贫与扶志相结合，广泛教育群众增强脱贫信心，克服"等靠要"的思想，正确引导群众的政策预期，政府要避免大包大揽，要引导贫困群众从"要我富"变为"我要富"，充分调动和发挥贫困群众脱贫致富的内驱力和主观能动性，做到"人穷志不穷""穷且志更坚"，使扶贫与扶智、扶志相互结合、内因与外因相互激动、"输血"与"造血"相得益彰，充分调动贫困群众的积极性和创造性。

拓展贫困群众参与渠道。健全贫困群众参与机制，构建贫困群众参与的便捷通道。加强对贫困群众的培训与引导，开展扶贫参与的信息服务、业务指导和规范管理，开展政府购买服务试点，鼓励贫困群众组团承接政府扶贫项目，建立互助帮扶组织。完善扶贫项目招标采购、社会组织征信、第三方评估、审计等相关制度，拓展贫困群众参与自主脱贫致富的渠道。

4. 创新区域协同扶贫机制

加强区域扶贫协作。利用桑植县的周边地理优势和湘西地区贫困片区优势，加快与相邻县域建立扶贫协作机制，将对口帮扶工作纳入经济社会发展规划和政府工作目标考核内容；重点完善与长株潭发达地区扶贫协作精准对接机制，吸引长株潭发达地区帮扶资源进入桑植县贫困村、贫困户。探索建立乡镇之间、行政村之间的扶贫协作机制。建立协作双方联席会议制度，推动县乡层层结对、行业部门对口帮扶；推动东西部资源、产业、要素的优化配置，实现优势互补、互利共赢。

创新扶贫协作路径。注重发挥市场机制作用，结合供给侧结构性改革和桑植县特色优势资源，通过与县外单位共建产业园区等，推动县域外人才、资金、技术向桑植县流动。鼓励桑植县办学机构与发达地区共建职业培训基地、开展合作办学等形式，对桑植县有转移就业意愿的贫困家庭劳动力进行职业技能培训，并提供用工信息等就业咨询服务。加强与发达地区党政干部的挂职交流，支持发达地区医院等与桑植县建立对口帮扶关系，推进专业技术人员双向交流。

完善跨部门工作体系。推进桑植县贫困地区跨部门协调，设立专门协调委员会，协调各地区和部门的扶贫资源，促进部门扶贫有机对接，推进各行业和部门的扶贫资源统筹发挥作用，发挥比较优势，实现资源共享。

（二）完善政策支撑体系

以完善政策支撑为重点，倾力打造脱贫攻坚工作自动运转体系，确保脱贫攻坚任务如期完成。

1.加强财政资金管理

持续加大财政投入。较大幅度增加县本级财政专项扶贫资金，为脱贫攻坚提供充分保障。县财政每年再拿出一定数额的专项扶贫资金，重点用于农村贫困地区基础设施建设奖励扶持、产业发展引导等，使资金投入符合脱贫攻坚的需要。鼓励部门投入，建立部门扶贫投入资金考核制度，对于水利、农业、交通、卫生、体育、能源等部门资金联合使用，做好综合评估，形成可以各计其功的评价体系。

加强各类资金整合。统筹制定部门"十三五"行业扶贫专项规划，加快脱贫政策落地，充分发挥政策资源的集聚、辐射效应。整合项目资金，搭建"产业发展、教育培训、易地搬迁、基础设施建设、生态扶贫"五大资金整合平台，按照"渠道不变、投向不乱、集中使用、各记其功"的原则，把专项扶贫资金、相关涉农资金、社会帮扶资金集中捆绑使用，切实提高资金使用效率。

创新资金分配方式。坚持"资金跟着贫困人口走"，将全县专项扶贫资金的50%以上安排到乡镇，并实行"与贫困村贫困人口数相挂钩、与脱贫成效相挂钩"的办法合理分配扶贫专项资金。按照贫困因素，设立乡镇扶贫基本分配资金，用于乡镇落实对贫困村、贫困人口的帮扶措施；设立乡镇扶贫奖励分配资金，对创新扶贫模式、脱贫成效突出的乡镇给予重点倾斜。

2.加大金融扶贫引导力度

发挥政策性金融的导向作用。加强县域金融扶贫担保平台建设，建立健全融资风险分担和补偿机制，设立扶贫贷款风险补偿基金和担保基金，对建档立卡贫困户贷款以及带动贫困人口就业的各类扶贫经济组织贷款进行风险补偿支持。积极稳妥推进"两权"抵押贷款试点，探索创新农村集体建设用地抵押、农村承包土地经营权抵押、农民住房财产权抵押等综合农村产权抵质押方式。

完善金融评级授信制度。以建档立卡贫困户资料为依据，由县扶贫办、乡镇政府配合县、乡农信社（农商行）开展评级授信，2016年全县建档立卡贫困户评级授信面达到100%。坚持产业扶持原则、贫困户信用有限原则，在试点基础上全面铺开，推动全县全面开展扶贫小额信贷工作。

创新金融扶贫信贷产品。为有需求的贫困户提供免抵押、免担保、基础利率、全额贴息的扶贫小额信贷。支持创业担保贷款、"两民"贴息贷款、妇女小额贷款、康复扶贫贷款，推广涉农信用保证保险贷款等多种小额信贷产品，鼓励和引导金融机构结合贫困地区实际，创新特色产业、基础设施、易地扶贫搬迁、公共服务建设信贷产品和融资方式，有针对性地满足贫困地区各类经营主体的资金需求。

探索现代金融扶贫新途径。支持桑植县新设村镇银行、小额贷款公司等新型金融组织，支持农民专业合作社成立农村资金互助组织，开展农民合作社信用合作试点。支持符合条件的企业开展融资创新，通过主板、创业板、全国中小企业股份转让系统、区域股权交易市场等进行融资，突破现有融资瓶颈；有条件的企业可以通过发行企业债券、公司债券、短期融资券、中期票据、项目收益票据、区域集优债券等进行债务融资，拓展融资渠道。

3.深化土地管理改革

深化土地产权改革。建立健全以农村土地使用产权证为核心的农村土地使用产权制度改革，推进农村土地使用产权财产化，完善财产权能，有效突破土地权利贫困瓶颈。建设农村土地流转交易平台，完善土地流转服务网络和信息体系，为土地流转做好规划、汇集信息、沟通供求、价格评估、产权和流转交易等各项服务。

引导土地资源优化配置。发挥土地资源优势，引导贫困户发展特色优势产业，盘活土地资源。推进农户的土地承包经营权转为股权试点，确保农村土地承包权和经营权有效增值。鼓励贫困户在自愿的基础上入股合作社，鼓励合作社安排入股贫困社员劳务工作，让贫困户在分红之外还能获取工资收入。

创新土地融资机制。加快化解贫困群众"担保难、贷款难、贷款贵"等融资问题，鼓励有条件的贫困村建立村级精准扶贫担保基金，为贫困户规模经营扫清资金障碍。积极探索利用扶贫资金建立担保金试点，通过8担保撬动金融资金和其他社会资金进入，推进农村宅基地使用权、住房等抵押贷款业务；完善土地融资担保机制，建立贫困村土地融资担保合作社，确保土地成为贫困人口的脱贫致富资本。

4. 完善干部人才政策

加强与精准扶贫工作要求相适应的扶贫开发工作队伍建设，各乡镇要设立扶贫工作站，配齐乡镇扶贫专干，各级党委、政府要为扶贫工作队伍提供必要的工作条件和经费保障，给予扶贫工作人员更多的激励与支持。强化教育培训，将扶贫工作干部培训纳入党政干部培训规划，加强扶贫观念和扶贫管理培训，全面提升扶贫系统干部政策理论和业务素质，强化扶贫干部责任担当，加强思想、作风、廉政和效能建设，锻造一支真正懂扶贫、通民情、接地气、善实干的扶贫工作队伍，提高规划执行力和实施效果。

（三）健全组织保障

强化组织保障，确保项目落地，完善监督评估机制，推进规划实施落地。

1. 明确工作责任

明确三级责任主体。县委、县政府对全县脱贫攻坚工作负总责，县委书记和县长是第一责任人，负责统筹协调、责任压实、资金保障、项目安排、人力调配、督促检查等工作。乡镇党委和政府承担主体责任，乡镇党委书记和乡镇长是第一责任人，负责组织实施、政策承接、项目落地、资金使用、精准减贫等具体工作。村支"两委"承担直接责任，村（居）支部书记和村（居）委主任为第一责任人，负责精准识别、精准帮扶、精准退出、矛盾化解等具体工作。县直各单位承担帮扶责任，一把手是直接责任人，承担脱贫攻坚部门职责和驻村帮扶工作任务。推行脱贫攻坚一把手负责制和责任状制度。县直各部门一把手每年向县委、县政府报告扶贫任务进展情况。建立负责到底的长效责任制度，脱贫攻坚期间保持乡镇领导班子稳定，实行"一套班子，一抓到底"。

完善工作推进体系。县委、县政府成立以县委书记和县长为双组长的脱贫攻坚领导小组，领导小组下设推进组和办公室，由县委专职副书记任推进组组长，县扶贫办主任任办公室主任。推进组负责政策制定、组织实施、资源整合、督促检查、日常考核等具体工作。领导小组办公室和"五基办"合署办公，负责综合协调、政策研究、宣传推介、组织考核、队伍建设等日常工作。各乡镇要成立由党委书记任组长的脱贫攻坚领导小组，设立乡镇扶贫办（脱贫攻坚办），配备主任1名、工作人员2名，具体负责落实脱贫攻坚各项任务。村（居）配备1名扶贫专干，具体负责落实脱贫攻坚各项任务。县直单位安排1名副职分管脱贫攻坚工作，具体负责落实工作任务。

强化扶贫机构职能。县扶贫开发领导小组要统筹各方资源，强化决策部署、统筹协调、督促落实、检查考核等职能，定期召开领导小组会议，研究制定政策措施，调度脱贫攻坚规划实施进度，协调解决规划实施中的问题。县扶贫开发领导小组办公室承担规划组织实施的职能，做好任务分解、部门协调、规划评估、督促考核等具体工作，参与资金整合和年度计划制定，配合行业部门抓好政策、项目落实。各有关部门要不断完善行业部门脱贫攻坚政策，加大项目审批权限下放力度，支持贫困县涉农资金整合，集中解决突出问题，督促县、乡抓好规划实施和政策落实。

优化基层组织支撑体系。实施"基层组织建设工程"，选优配强村"两委"班子，充分发挥"两委"班子的带头作用。加大农村经济领域党组织组建力度，做到应建尽建。加大软弱涣散党组织整顿力度。普遍建立村民议事会和村务监督委员会，推进村民议事和村务监督工作经常化。开展党员岗位承诺、村干部值班和周例会、四议两公开等活动。推进"四培四带"工程，每个村把2名致富能手培养成党员、把2名党员培养成致富能手，加快发展集体经济，增强村级组织为群众办事的能力。

2. 确保项目落地

严格项目进度监管。围绕规划项目，切实做好前期工作，加快推进。对照还未开工的项目，要逐个倒排进度计划，不能全面开工的力争局部开工，确保万无一失。对结转续建的项目和陆续开工的项目，坚持能快则快原则，加快项目建设进度，层层分解任务，逐级传递压力，明确具体责任人，明确阶段目标进度，及时分析、排除影响工程进度的因素。

强化项目督查服务。全县各部门要立足本部门和自身的岗位实际，强化时间节点倒逼，强化重点工作推进，强化薄弱环节突破。从项目招引目标、推进工作开展、年度投资完成率、年度进度完成率等方面，实行分类考核、定期督查，健全扶贫项目资金使用公告公示制度和扶贫资金违规使用责任追究制度，财政、审计等部门加强监督检查、审计和稽查工作，强化社会监督，保障资金在阳光下运行。切实做到有功必奖、有过必惩、奖惩分明，充分调动全县上下加快重大项目招引和重点项目推进工作的积极性。进一步优化服务质量、提升服务水平，全力帮助项目、企业及时协调解决实际困难，力促优质企业加大投入，持续做大做强。

加强项目技术指导。县相关部门要根据本部门的扶贫职责与行业要求，利用本部门和行业的专业优势与资源优势，对规划项目实施中的相关技术问题提供咨询指导，对重大规划项目要进行跟踪指导、定期检查，对项目建设和运行管护等进行技术监督，为规划项目的实施提供技术保障，确保项目按照计划实施到位。

3.加强监督评估

强化督查评估考核。以贫困人口数量的减少、贫困人口生活水平的提高为核心指标，把扶贫工作纳入各级党委政府和相关部门绩效考核的重要内容，完善考核标准，建立考评机制，增强对考评结果的运用。以贫困人口数量的减少、贫困人口生活水平的提高为核心指标，县委、县政府每年开展一次扶贫攻坚工作述职，由乡镇党委书记、乡镇长向县委、县政府作扶贫攻坚工作述职，让群众参与、评价、监督。

严格追究主体责任。把扶贫主体责任作为真正带高压电的"高压线"，把扶贫工作的业绩、成效与领导干部的政绩考核和职务晋升深度挂钩，切实落实脱贫责任。同时，要建立贫困地区党政一把手任职稳定制度，乡镇党政主要领导干部离任时要进行扶贫工作专项考核，并将考核结果作为能否离任的重要依据。对那些玩假数字、搞政绩工程、留下"烂摊子"的领导干部，即使离任了，也要严肃追究责任。

创新考核问责机制。按照"月考核、季发奖、年终重奖"的办法，对完成年度减贫任务，季度考核和年度考核排名靠前的乡镇，县委、县政府分别给予表彰奖励。对率先脱贫的乡镇、贫困村，脱贫不脱政策，扶持其继续巩固脱贫效果。严格考核结果运用，对脱贫攻坚成效突出、群众公认的乡镇党政主要负责人、扶贫干部，优先提拔重用、评先评优；连续两年未能完成年度脱贫攻坚减贫任务的乡镇，对其党政主要负责人按组织程序予以免职。凡年度脱贫攻坚主要目标任务未完成的县直单位，其主要负责人年终考评时不能评先评优，不得提拔重用。推行干部经济待遇与精准扶贫工作成效挂钩制度，建立年度脱贫攻坚工作督查制度，对扶贫对象不精准、帮扶措施不落实、脱贫台账不真实的现象，要及时通报并严格追究相关人员责任。

B.5
"十三五"新邵县脱贫攻坚研究报告

摘　要：　"十二五"以来，新邵县持续加大扶贫开发工作力度，促进贫困人口增收脱贫，取得了显著成效。成功实现稳定脱贫8.6万人；全县农村贫困人口由2010年的17.2万人减少到2015年的8.5332万人，贫困发生率由22.87%下降到11.25%。"造血"功能快速增强，立足资源禀赋和产业基础，一批特色产业发展迅速，基本形成紧紧依靠产业扶贫、产业造血带动贫困人口全面精准脱贫的局面。新邵县"十三五"脱贫攻坚的主要任务是：发展产业，推进转移就业、易地搬迁、教育脱贫、健康扶贫脱贫、生态保护脱贫、社会保障脱贫、社会帮扶脱贫，提升贫困地区区域发展能力脱贫等。其保障措施是创新体制机制、加大政策支持、强化组织实施。

关键词：　新邵县　"十三五"　脱贫攻坚

"十二五"以来，新邵县全面贯彻落实中央、省、市扶贫开发的决策部署，在推进经济社会发展的同时，持续加大扶贫开发工作力度，促进贫困人口增收脱贫，取得了显著成效。本报告研究新邵县在新历史时期实现全面脱贫致富的任务、举措，以期为新邵县脱贫攻坚提供理论支撑。

一　新邵县脱贫攻坚的现实基础

精准扶贫全面启动，成功实现稳定脱贫8.6万人；全县农村贫困人口由

2010 年的 17.2 万人减少到 2015 年的 8.5332 万人，贫困发生率由 22.87%
下降到 11.25%。"造血"功能快速增强，立足资源禀赋和产业基础，一批
特色产业发展迅速，基本形成紧紧依靠产业扶贫、产业造血带动贫困人口全
面精准脱贫的局面。基础设施有效改善，贫困村基础设施条件明显改善，
水、电、路、教育文化与卫生设施建设取得长足发展。帮扶体系逐步健全，
产业扶贫、旅游开发扶贫、异地搬迁扶贫、兜底保障扶贫、教育科技扶贫及
生态扶贫因地制宜，精准施策；"五类保险"覆盖范围不断扩大，社会救助
日渐规范，五保户集中供养，城乡低保应保尽保，保障性安居工程稳步
推进。

"十二五"时期，尽管新邵扶贫开发工作成效明显，但要在"十三五"
期间确保如期完成脱贫任务，时间紧迫，任务艰巨。贫困人口的基数较大，
目前仍有 145 个贫困村和 8 万多贫困人口需要帮扶，不仅数量大，而且贫困
程度较深，致贫原因复杂，脱贫难度较大。返贫现象比较突出，由于洪涝、
干旱、冰雪等灾害连年不断，因灾返贫现象严重。扶贫资金缺口较大，扶贫
资金供需矛盾凸显。产业带动能力较弱，没有形成具有核心竞争力的产业或
产业集群，特色产业规模偏小，产业链条不完整；没有区域特色大企业、大
集团支撑，对区域发展与扶贫攻坚的拉动能力太弱。

虽然面临困难，但要看到"十三五"时期是全面建成小康社会的关键
期、全面深化改革的攻坚期，精准扶贫力度更大、针对性更强，县域经济社
会发展环境开始发生深刻变化，新邵脱贫攻坚面临难得的历史机遇。一是精
准扶贫战略强力实施。国家和湖南都将精准扶贫作为扶贫工作的主要方式，
随着国家西部大开发、武陵山片区区域发展和扶贫攻坚、中部崛起战略纵深
推进，新邵将获取更多资金和项目支持，贫困群众脱贫致富进程将大大加
快。二是交通区位条件持续改善。沪昆高铁建成通车，新邵正式进入"高
铁时代"，境内、周边高速公路纵横交错，对外交通状况极大改善，对外开
放环境进一步优化，对外开放水平将得到显著提升。三是沿海产业加速梯度
转移。随着东部地区经济发展步入升级换代阶段，东部地区产业加速向中西
部地区转移，新邵有区位优势、资源优势、产业基础和丰富的劳动力，将成

为不少企业的首选之地。四是消费方式实现提质升级。随着城乡居民收入的快速提高，消费结构将实现加速升级，娱乐型、休闲型消费将成为消费热点，这将有利于促进新邵生态农业、生态工业、生态旅游业等产业快速发展。

二 新邵县脱贫攻坚的主要任务

（一）发展产业脱贫一批

把产业发展作为脱贫之本、富民之基。紧紧围绕新邵的生态资源、自然资源和产业基础，因地制宜加大产业开发力度，在贫困地区大力发展一批覆盖面广、带动力强、参与度高的特色产业、龙头企业和原材料生产基地。力争走出一条小规模、大群体、低投入、快见效、广覆盖、可持续的扶贫之路。

1.特色产业脱贫

做精做深特色富硒农业。充分利用新邵的自然资源、生态资源和产业基础优势，充分发挥"湖南四个富硒县之一"的特色品牌优势，因地制宜支持贫困群众发展水稻、果蔬、中药材、油茶等一批市场需求大、可参与程度高、经济效益好的种植项目，做好"富硒"农业文章。

——富硒水稻。加大对土地流转工作的支持力度，培养、扶持一批种粮大户和家庭农场。加快对 5.1 万亩高标准优质稻农田改造的进度，在陈家坊镇富阳、朱家村等 15 个村，雀塘镇草塘村、黄泥新村等 8 个村，巨口铺镇白云村、和谐村等 8 个村，小塘镇石脚村、翠英村等 7 个村，寸石镇蔡家村、青山村等 10 个村大力发展高档优质富硒水稻，着力打造一批优质稻生产"基地镇""基地村""基地户"。充分发挥"全国商品粮生产基地县"的品牌效应，引导富硒水稻种植向大米深加工、黄酒酿造、饲料加工等下游产业链延伸，培育、扶持一批富硒水稻深加工企业。加强与大米深加工、黄酒、饲料等龙头企业的合作，探索实施"公司＋合作社＋农户＋基地"的富硒水稻种植扶贫模式。注册"新邵富硒"水稻地域品牌和进行产品认证，提升富硒水稻品牌附加值。

——富硒果蔬。强化"富硒"内涵，大力发展辣椒、紫玉淮山、茄子、香菇、猕猴桃、柑橘、石榴、樱桃等富硒果蔬产业。重点支持寸石镇杨家坳村、花桥村、美菱湖村等18个村，潭府乡陂丁村、文江村、石板村等村共2.5万亩的辣椒基地建设；太芝庙乡扶锡村、童家村、指云村等村的100亩香菇种植基地建设；小塘镇石脚村、翠英村等村的500亩茄子基地建设；严塘镇、新田铺、龙溪铺等镇的紫玉淮山推广种植和潭府乡中潭村周边8个行政村的1万亩猕猴桃种植基地建设。加强与农产品交易市场、大型超市、电商平台、微商平台的合作，大力发展果蔬冷链物流，探索实施"公司+合作社+农户+基地"的富硒果蔬种植扶贫模式。培育、扶持一批富硒果蔬深加工企业，引导深加工企业向辣椒酱、精品紫玉淮山、香菇（干货）、即食蔬菜罐头、水果饮料（罐头）等下游产业链延伸，打造"贸工农一体化、产加销一体化"的产业化经营体系。注册"新邵富硒辣椒""新邵富硒紫玉淮山""新邵富硒茄子""新邵富硒香菇""新邵富硒猕猴桃"等地域品牌和进行产品认证，提升富硒果蔬的品牌附加值。

——富硒中药材。大力发展鸡血藤、常春藤、钩藤、岗梅、龙牙百合、玉竹、厚朴、黄蜀葵等富硒中药材，打造一批符合生产质量管理规范（GAP）的中药材基地。重点推进潭溪镇岳坪峰村等13个村的2万亩鸡血藤种植基地建设；龙溪铺镇梅岭村、下源村等11个村，迎光乡上沙溪村等3个村，潭府乡下潭村，陈家坊镇陈家坊村、富阳村，严塘镇小源村、邮亭村、白水洞村，寸石镇田心村、青山村等村的1.5万亩常春藤种植基地建设；坪上镇坪上社区居民委员会、清水村等15个村的1万亩灌木类中药材种植基地建设；潭府乡下潭村，陈家坊镇陈家坊村、富阳村，严塘镇小源村、邮亭村、白水洞村，寸石镇田心村、青山村等村的5000亩黄蜀葵基地建设；潭溪镇淘金桥村、船塘坳村等5个村的4000亩钩藤种植基地建设；潭溪镇长铺村等4个村的3000亩岗梅种植基地建设；潭溪镇孙家桥社区居民委员会及长铺村、兴旺村和新农村等村的3000亩玉竹种植基地建设；太芝庙镇黄梨村、牛头冲村、龙山村和李枣园村等村的 2000 亩厚朴种植基地建设；寸石镇梅山村、寸石村等村的 340 亩玉竹种植基地，严塘镇汪家村的 200 亩龙牙百合种植基地建设。围绕中药材进行深度开发，引进、扶持一批进行中药提取、中药饮片、中药制剂的中药材深加工企业，延伸中药材产业链。大力支持中药材专业合作社的发展，积极推广"基地示范，订单生产""公司＋农户""科研机构＋公司＋农户"等多种适宜的产业化经营模式。

——富硒花卉。大力发展玫瑰花、油用牡丹等多品种、多类别的花卉种植。着力打造大新镇、潭府乡等玫瑰种植、加工基地。重点推进大新镇大东社区居民委员会、栗滩社区居民委员会、三门滩村、烟竹新村等 6 个委员会/村 4500 亩玫瑰种植基地和加工基地建设和潭府乡下潭村、水口村等 9 个村 5500 亩玫瑰种植基地和加工基地建设。充分利用"南方最大的玫瑰花基地"的品牌效应，围绕玫瑰花、油用牡丹的种植、开发，引进、培育一批精深加工企业，支持企业加强与科研院所的产学研合作，推动茶、酱、露、精油、香水、面膜和细胞液等下游精深加工产品的开发。支持戴安娜玫瑰生物科技生产合作社、筱溪库区玫瑰花农民专业合作社等专业合作社的发展，推广实行公司、基地、农民一体化经营，生产、加工、销售一条龙发展的产业化经营模式。

做大做强特色养殖业。充分发挥新邵饲草资源丰富、水资源充沛、气候温和等自然条件优势，以贫困农户增产增收为目的，大力推广高产高效的畜牧养殖、禽类养殖及水产养殖，做大做强特色养殖业，促进养殖业持续快速发展。

——畜牧养殖。大力发展生猪、肉牛、山羊等畜牧养殖业。重点支持坪上、雀塘、寸石、严塘、酿溪的富阳富硒生猪和大新、迎光、太芝庙、龙溪铺、巨口铺、潭府、潭溪等乡镇的黔邵花猪发展。重点支持草山资源丰富的龙溪铺、巨口铺、迎光、大新、太芝庙、潭府、陈家坊、潭溪、寸石、坪上等乡镇大力发展肉牛养殖和山羊养殖。重点推进严塘镇 9 个村、陈家坊镇 5 个村、雀塘镇 4 个村、坪上镇 3 个村、寸石镇 2 个村、巨口铺镇 2 个村、新田铺镇 1 个村等 6 万平方米新增生猪养殖栏舍建设和 2.8 万平方米栏舍改造。加强与农产品交易市场、超市的合作，在严塘石黄村新建冷库、屠宰场，探索实行"公司+合作社+基地"的产业化运营体系。引进、培育一批肉食产品精深加工企业，引导企业向熟食产品等下游产业链延伸。注册"新邵富硒猪"等地域品牌和进行产品认证。

——禽类养殖。大力发展鸡、麻鸭、鸽子等禽类养殖业。在新田铺、寸石、潭溪、太芝庙等乡镇重点发展肉鸡养殖和蛋鸡养殖；在小塘镇、新田铺镇、巨口铺镇等乡镇重点发展麻鸭养殖；在寸石镇、酿溪镇等乡镇重点发展鸽子养殖。着力推进小塘镇兰江桥村、金塘湾村 3500 平方米，巨口铺镇白羊塘村、皂银村、仁山村 1000 平方米，寸石镇武桥村、太上村 1100 平方米鸭舍的改、扩建项目。着力推进严塘镇石黄村、新塘村等 6 个村 14 万平方米蛋鸡养殖厂房新建项目。加强与农产品交易市场、超市的合作，在酿溪镇新邵经济开发区新建麻鸭屠宰和加工厂，探索实行"公司+合作社+基地"的产业化运营体系。引进、培育一批禽类产品精深加工企业，引导企业向熟食产品、羽绒加工、皮蛋、咸鸭蛋等下游产业链延伸。注册"新邵麻鸭"等地域品牌并进行产品认证。

——水产养殖。大力发展鱼、蛙、泥鳅等养殖业。充分利用冷水资源，大力推广虹鳟、鲟鱼、大鲵等特种水产养殖。重点推进 1 万亩原有池塘升级改造工程。重点支持陈家坊、坪上、严塘、小塘实施稻田生态综合养鱼 2 万亩基地建设项目。重点支持迎光乡迎光村、水口村、长兴村 3000 亩蛙池扩建工程。

改造提升特色林业。充分发挥新邵四季分明、热量丰富、光照充足、雨量充沛、无霜期长、适合林木生长的自然条件优势，将造林绿化、资源保护和林业经济发展作为实现贫困农户脱贫致富的重要途径，重点发展油茶、楠竹、苗木等林业经济作物，打造新邵特色林业。

——油茶。通过宜林地造林、采伐更新和低效林改造，打造以龙溪铺、雀塘、小塘、新田铺、巨口铺、陈家坊、严塘等乡镇为主的 10 万亩油茶生产基地。重点推进小塘 1 万亩，新田铺 0.5 万亩，龙溪铺 0.5 万亩，坪上 1

万亩，太芝庙 0.3 万亩，雀塘 0.3 万亩，陈家坊 0.5 万亩，酿溪 0.2 万亩，寸石 0.2 万亩，大新 0.5 万亩的新造油茶基地项目。重点支持巨口铺 0.3 万亩，新田铺 0.05 万亩，小塘 0.1 万亩，陈家坊 0.05 万亩的低产林改造项目。着重发展油茶加工业，利用专业合作社、公司＋农户的油茶生产和经营加工的优势，带动新邵油茶产业发展。

——楠竹。依托丰富的楠竹资源，结合楠竹产业发展，通过人工造林和低效林改造，打造以潭府、潭溪、太芝庙等乡镇为主的楠竹基地。重点推进大新新种楠竹 0.2 万亩、低改 0.5 万亩，龙溪铺新种楠竹 0.2 万亩、低改 0.5 万亩，巨口铺新种楠竹 0.2 万亩、低改 0.5 万亩，潭府低改 1.5 万亩，龙山林场低改 1 万亩，坪上新种楠竹 0.3 万亩、低改 1 万亩，太芝庙新种楠竹 0.05 万亩、低改 1 万亩，潭溪新种楠竹 0.05 万亩、低改 1.5 万亩等项目。引进、培育一批楠竹深加工企业，实现楠竹产业规模化、深度化发展，从而实现林农收益最大化。

——苗木。加强林木种苗和林木良种基地建设，保证林木质量安全和种苗优良，提升新邵林木良种、苗木品位。重点推进新邵苗圃苗木花卉基地，龙溪铺珍贵树种苗木培育基地，雀塘造林苗木培育基地，酿溪、严塘的绿化苗木培育基地等苗木基地的建设。

2. 乡村旅游扶贫

大力发展乡村休闲旅游。抢抓大湘西地区精品旅游路线建设的有利契机，充分发挥新邵丰富的旅游资源优势、生态资源优势和区位地理优势，推动旅游业与现代农业、生态林业等融合发展，支持贫困村和贫困群众通过发展乡村旅游创业就业，全面参与并分享旅游发展红利。

——打造乡村旅游精品路线。依托白水村、白云铺村、大东村、曾家村、水口村、杨柳村、洞口村、龙山村等 8 个国家乡村旅游扶贫重点村和杨柳村、白水村、曾家村、大东村、水口村等 5 个大湘西地区文化生态旅游融合发展精品线路村的建设，支持符合条件的重点村创建 3A 级旅游景区、生态旅游示范区、休闲农业与乡村旅游示范点、特色景观旅游名镇（村）、旅游示范村等。推进国家白水洞风景名胜区、岳坪峰国家森林公园、筱溪国家湿地公园、美丽乡村四大旅游板块建设。依托景区景点、生态农业、温泉等优势资源，精心开发一批景观依托型、农事参与型、文化体验型、民俗展演型和休闲度假型等乡村旅游产品，打造一批景区乡村旅游圈、花卉苗木乡村旅游圈、现代农业产业乡村旅游圈、生态民俗乡村旅游圈、休闲娱乐乡村旅游圈等乡村旅游精品路线。

——推动乡村旅游与生态农业的融合。依托玫瑰花基地、猕猴桃基地、紫玉淮山产业基地、草莓采摘基地、苗圃种植基地、优质柑橘生产基地、香满塘荷花园等种植基地，推动生态农业与乡村旅游业的深度融合，大力发展集休闲、观光、餐饮、体验、住宿、娱乐于一体的农家乐、休闲农庄、休闲农业园、民俗村及观光果园等新型休闲度假产品。重点支持酿溪、严塘、雀塘、新田铺、小塘等乡镇发展休闲农家乐，支持坪上、潭府、大新、巨口铺、太芝庙等乡镇发展田园观光农业，支持大同福地、辉耀农庄、夏家棠溪、湖城绿水、雀塘柳山、潭府水口等生态休闲科技农庄发展壮大。深度开发农业资源潜力，推动农副土特产品的旅游化和品牌化包装，增加贫困农户的收入。

加强乡村旅游基础设施建设。加大重点村乡村旅游基础设施建设投入，提升旅游接待能力和接待条件。按4A标准打造旅游步道、公共厕所、游客接待中心、棠溪河两岸景观等工程，启动3A景区创建。建立健全重点村公共服务和商贸物流体系，支持有条件的重点村建设综合性游客服务中心。与美丽乡村建设结合，加强重点村村容村貌整治，改善供电、供水、通信、消防、环境卫生等基础条件。深入推进"厕所革命"，发布并实施乡村旅游厕所管理与服务地方标准，每个重点村至少建成一座旅游厕所。

加大对乡村旅游的宣传及人才培养力度。制定全县重点村旅游宣传推广方案，加强与旅行社的密切合作，在途牛、去哪儿等在线旅游平台设置乡村旅游扶贫专栏，支持重点村通过网站、微信、微博、手机App等，提高在线营销能力。因地制宜支持和培育乡村旅游节庆活动，以周边城市游客为重点，推广乡村旅游线路，打造特色旅游品牌。加大贫困地区市县领导干部和旅游行政管理人员培训力度，对乡村旅游企业和个体经营户（贫困户）开展针对性技能培训。

3.电商扶贫

积极推动电子商务平台建设。充分利用村级便民服务中心、农村超市等现有资源，大力实施"电子商务进村工程"，积极推广"一村一店"模式。积极推动乡村与阿里巴巴农村淘宝、京东乡村、邮乐购等大型电子商务平台的合作，通过开设"新邵"馆、"富硒"馆等方式，形成与新邵特色农产品的对接，鼓励企业、专业合作社、个人研发改良产品，打造适宜网络销售的特色产品。依托阿里巴巴农村淘宝、京东乡村、邮乐购等电子商务平台，为贫困户开设网店提供策划、培训、客服、代运营等专业服务。对不具备开办网店条件的贫困户，支持驻村干部、大学生村官及致富能人开设扶贫网店，帮助代销农特产品。

完善农产品市场流通体系。积极推进"快递下乡"，多形式、多渠道、多类型发展快递服务业，通过物流补贴、税费减免等方式鼓励或扶持快递企业在乡镇、村建立符合电商发展需要的物流配送门店，解决贫困地区买难、卖难问题，实现"网货下乡"和"农产品进城"的双向流通功能。在优势农产品产区建设一批国家级、区域级产地批发市场和田头市场，推动公益性农产品市场建设。实施农产品产区预冷工程，建设农产品产地运输通道、冷链物流配送中心和配送站。打造农产品营销公共服务平台，推广农社、农企等形式的产销对接，支持城市社区设立鲜活农产品直销网点，推进商贸流通、供销、邮政等系统物流服务网络和设施为农服务。建设完善新邵鲜果冷链物流、雀塘物流中心、塘口物流中心、坪上物流园，努力打造湖南中西部物流服务基地。全方位做好贫困户自产农特产品的网销服务，开展农产品防伪溯源安全体系建设，推进农产品二维码防伪溯源进程，争取实现特色农产品一品一码，对农产品生产、流通等环节进行全程监测，确保农产品质量安全。

加强农村网络信息基础设施建设。建设高速大容量光通信传输系统，持续提升骨干传输网络容量。优化互联网骨干网络结构，大幅增加网间互联带宽，全面提升互联网流量承载和转接能力。推进"宽带乡村"建设，完善电信普遍服务补偿机制，加快推进农村宽带和光纤进入贫困村，扩大 4G 网络农村覆盖范围，有线宽带和无线网络建设共同推进，确保行政村宽带通达率 100%，农户宽带普及率 40% 以上。

培训电子商务人才。加强与电子商务专业培训机构合作，贫困户、"两后生"、残疾人等帮扶对象，如果有意愿从事电子商务，支持其参与电子商务应用和实训操作培训。组建电商扶贫人才培训和实践基地，对贫困人口进行示范带动，培养一批熟悉电商的贫困人口，帮助他们有效脱贫致富。

4. 资产收益扶贫

探索建立资产收益扶贫机制。鼓励和推动农民以土地、资金、技术等多种方式入股企业、合作社、家庭农场等，从而变为股民，促进贫困农户与经营主体"联产联业""联股联心"。针对不具备脱贫条件的"两无"人员，通过"八个优先"让他们成为有资产收益的股民。探索资源开发占用农村集体土地的补偿补助方式创新，因项目建设占用或影响导致土地被征收、征用的农村集体经济组织，可以将集体土地及土地上的附属资产等折股量化，形成集体股权，使贫困村集体和贫困人口分享资源开发收益。

建立健全收益分配监管机制。根据项目类别，按照归口管理原则，乡镇政府制定资产收益方案。加强对实施主体进行资格审查，加强对贫困村集体和贫困户资产运营、收益分配和风险的防控监管，建立资产投入风险评估机制和退出机制，确保资产安全与资产收益保底、按股分红、及时兑现。将村社股权量化收益纳入村级财务，按照民主理财、民主管理、民主监督的原则，统一资金管理、银行账户、报账程序、财务公开、档案管理，由县级主管部门和乡镇人民政府监督。

（二）转移就业脱贫一批

大力推进贫困人口转移就业，加强职业技能培训与服务，多渠道促进转移就业。到 2020 年实现新增农村劳动力转移就业 3 万人，加快推进转移就业贫困人口市民化进程。

1. 大力开展职业技能培训

全面开展就业职业技能培训。统筹使用各类培训资源,将贫困家庭劳动力纳入转移就业培训对象范畴,依托县中等职业技术学校以及其他培训机构,对有劳动能力、就业要求和培训愿望的建档立卡贫困户全面开展就业技能培训。结合培训、劳务输出与脱贫,加大劳务输出职业技能培训投入,根据职业(工种)类别的不同,给予参加就业前技能培训的贫困劳动力每人850~2100元的培训补贴以及10元/人·天的生活补贴,给予参加岗位技能提升培训的贫困劳动力340~840元的补贴。鼓励贫困人口参加职业技能鉴定,给予参加半年以上职业技能培训获得初、中级职业资格证书的每人1500元资助,确保缺技术贫困户劳动力掌握1~2门致富技能。积极与外地企业对接,支持用人单位在新邵县建立劳务培训基地,根据用人单位的需求与生产特征开展订单培训、定向培训、顶岗培训,提高培训的针对性和有效性。到2020年实现农村劳动力转移就业技能培训0.4万人。

大力推进农业实用技术培训。支持各级科研机构、大专院校和企事业单位深入农村,通过"农家课堂"、专家现场授课等方式,围绕富硒产业、养殖业、中药材产业、特色果蔬产业以及乡村旅游等产业发展开展周期短、易学易会、脱贫增收见效快的"短平快"实用技术培训,给予参加培训的贫困劳动力100元/人·天的补助,扶持贫困人口参与当地特色产业发展,推进新邵县实用技术培训项目建设,到2020年实用技术培训1万人,每个贫困家庭有1~2人接受培训,并掌握1~2门有一定科技含量的农业生产技术,实现培训一人、脱贫一户的目的。

深入实施"雨露计划"。提高"雨露计划"信息化水平和职业技能培训补贴标准,加大对贫困家庭子女接受职业技术教育的资助力度,对接受中、高等职业教育的农村建档立卡贫困家庭子女,在享受国家规定的职业教育"免""补"政策基础上,按照"应补尽补"原则,按每人每学年不低于2000元的标准给予资助,到2020年,贫困户"两后生"职业技术培训比例达到100%,确保每个贫困家庭劳动力至少掌握1门就业技能。

持续强化致富带头人培训。以提高产业生产和营销能力为核心,以贫困户技能带头人为主要对象，采取理论知识培训、实际操作训练、实地观摩等形式，开展种植养殖业、建筑类及餐饮服务类的创业培训和技能培训，通过培养贫困村产业带头人引领当地特色产业发展，带领贫困人口参与当地产业发展，到2020年致富带头人培训250人，实现"培育一人、致富一家、带动一片"的综合效应。

积极促进创业培训。加强创业支持，通过创业项目指导和企业经营管理培训，提升贫困农户的创业能力，对参加创业培训的贫困人口按照SYB培训800元/人，IYB培训1200元/人的标准给予补贴。鼓励创业致富带头人创办企业、发展新型农业经营主体，带动贫困人口进入创业队伍，参与创业培训和技能培训，给予创业致富带头人2000元/人的补助。加大返乡农民工创业扶持政策力度，鼓励返乡农民工创业发展，为贫困人口提供更多就业岗位。促进贫困青年创业就业平台建设，打造新邵县青年创业园，吸纳贫困大学生、青年创业就业，打造县级贫困青年创业和就业平台，带动贫困青年增收致富。加强创业培训与小额担保贷款、税费减免等扶持政策的衔接，组建专家服务团队为创业培训合格人员提供项目推荐、开业指导和后续咨询等服务。推进新邵县农村创业致富带头人培训项目建设，到2020年创业培训达0.3万人。

2.多渠道促进转移就业

打造转移就业服务平台。建立劳务输出基地。依托异地商会、劳务公司以及用工企业组建就业扶贫工作基地，强化与劳务输入地的对接合作，加大劳务输出脱贫力度，建设上海、广东、浙江等劳务输出基地。依托进出口企业和国际工程承包，建立境外劳务输出基地，到2020年境外劳务输出人数达2500人以上。搭建劳务协作信息平台。建立新邵县岗位信息数据库和信息发布平台，通过平台定期发布县内外招聘信息、劳动力信息以及各类政策服务信息，在乡镇以及贫困村设立招聘信息发布窗口，为输入地政府发布就业岗位信息和输出地政府发布劳动力信息等服务。

实施转移就业精准帮扶工程。建立贫困人口就业服务体系，针对不同贫困群体特点开展就业服务。建立劳务输出奖励制度和贫困人口就业交通费补助制度，对贫困家庭离校未就业的高校毕业生提供就业支持。建立定向培训就业机制，积极开展校企合作、订单培训，力争培训 1 人、就业 1 人。

拓宽转移就业渠道。立足本地开发就业岗位，鼓励县内企业优先招收贫困劳动力就业，引导加工企业在有条件的乡镇（村）创建就业扶贫加工点，由乡镇政府组织当地贫困劳动力进车间务工，促进贫困劳动力在家门口就业。引导贫困劳动力转移到家庭服务业就业，组织贫困劳动力就近参加家庭服务培训，掌握家庭服务业上岗基本技能。支持自主创业、自谋职业，以创业带就业。

落实转移就业激励措施。支持贫困人口创业就业，对有创业愿望并具备一定创业条件的贫困人口，给予创业担保贷款扶持；鼓励企业、能人带领就业，对安排贫困劳动力就业的企业给予一定的补贴、贴息贷款以及其他优惠政策等奖励，对组织带领贫困人口跨地区转移就业的劳务经纪人以及带领贫困人口就业的能人，县政府给予一定奖励；支持输入地政府吸纳就业。制定增加财政转移支付、土地指标与安置贫困人口就业落户挂钩等特殊政策，支持贫困人口在输入地的转移就业和落户。完善就业制度，帮助就业困难人员和零就业家庭成员实现就业。针对不同就业群体特点开展就业服务。为劳动者提供法律援助，依法保障劳动者合法权益。加强人力资源市场建设，完善公共就业服务平台。

（三）易地搬迁脱贫一批

坚持群众自愿、因地制宜、积极稳妥的方针，对居住在"一方水土养不起一方人"地方的建档立卡贫困人口实施易地搬迁，加大投入力度，创新资金运作模式和组织方式，完善扶持政策，确保搬迁对象搬得出、稳得住、有事做、能致富。

1. 精准识别搬迁贫困户

对居住在深山、石山、高寒、荒漠化、地方病多发、无水源、生产资料缺乏等生态环境差、不具备基本发展条件，以及生态环境脆弱、限制或禁止开发地区、2015 年人均纯收入 2800 元以下的农村建档立卡贫困人口实行易地搬迁，优先安排受泥石流、滑坡等地质灾害威胁的建档立卡贫困人口搬迁。"十三五"期间，全县支持2557户实现易地扶贫搬迁。合理确定"十三五"期间各年度搬迁任务，精心编制全县易地扶贫搬迁实施方案，统筹整合各方面资源，加大资金保障力度，加强对贫困群众的宣传引导和组织动员，最大限度地保障符合条件的搬迁群众全部搬迁。

2. 积极稳妥实施搬迁安置

采取集中与分散相结合的安置方式。坚持就近安置的原则，统筹考虑水土资源条件、新型城镇化及搬迁对象意愿，采取集中与分散相结合的安置方式。集中安置的规模在10户以上，集中安置区（点）的设置由乡镇人民政府提出申请，县易地扶贫搬迁联席会议审定。集中安置坚持从实际出发，以小集中为主，可以依托县城建设、小城镇或工业园区建设、乡村旅游区建设，也可以规划移民新村集中建设。集中安置包括县级集中安置、乡镇集中安置、村内集中安置等三种方式。分散安置主要包括插花安置、投亲靠友安置等。无论采取何种安置方式，易地搬迁贫困农户的原有住房由农户自行拆除，其宅基地由有关单位组织复垦，并依法依规处置。

完善易地搬迁安置区的综合配套设施。在城镇、村庄进行规划编制或调整时优先考虑易地搬迁，配套建设安置区水、电、路、网以及污水、垃圾处理等基础设施，完善安置区商业网点、便民超市、集贸市场等生活服务设施，确保安置区搬迁户能便利享有基本的教育、卫生、文化、体育等公共服务设施。综合考虑市场需求、产业优势、就业渠道等，引导易地搬迁群众转变生产经营方式，积极发展致富产业，拓宽增收渠道。保证搬迁户能住能商，为搬迁农户创造良好的生活环境。

3. 促进搬迁群众稳定脱贫

发展特色产业，促进搬迁户增收。围绕搬迁农户家庭增收，帮助发展特色产业，发展中药材、富硒产业、猕猴桃、玫瑰花、小塘麻鸭等特色产业，打造特色品牌。鼓励有条件的农户发展"农家乐"或参股农民经济合作组织发展乡村旅游，通过从事旅游服务业而实现脱贫。

加强就业创业扶持。将易地扶贫搬迁和扶贫小额信贷、"雨露计划"、开发搬迁地公益性岗位有机结合起来，鼓励搬迁对象通过务工就业等渠道增收致富。加强创业技能培训，鼓励搬迁贫困人口积极参与"大众创业、万众创新"活动，享受国家税收优惠政策、贷款贴息等就业支持。

（四）教育支持脱贫一批

紧紧围绕建设"教育强县""人才强县"战略目标，加快提高贫困地区教育办学水平，着力实施教育扶贫工程，让所有贫困家庭子女都能接受公平有质量的教育，从源头上阻断贫困代际传递。

1. 不断提升基础教育水平

大力改善贫困地区办学条件。完善农村中小学布局，加强农村寄宿制学校建设，改造农村义务教育薄弱学校，完善贫困地区村小、教学点的软硬件设施，实现所有义务教育学校办学条件标准化。积极发展学前教育，逐步建成以公办幼儿园为主体的农村学前教育服务网络，在所有建档立卡贫困村实施"一村一幼"计划，引导和支持民办幼儿园提供帮扶性服务，保障所有建档立卡贫困家庭适龄儿童"有园上、上好园"。加快贫困地区多媒体教学教室建设进程，到 2020 年，配齐贫困地区学校计算机办公平台，完成所有村小学、教学点接入宽带。项目：龙溪铺镇等 12 个乡镇 33 个村新建、扩建幼儿园；严塘镇等 11 个乡镇 45 个村村小、教学点改扩建；龙溪铺镇等 15 个镇 12 所中学改扩建；县一、二、三、四、五、六中 6 所学校的改扩建。

大力加强贫困地区师资队伍建设。加大贫困地区教师补充、培训培养力度，特岗计划、国培计划向贫困乡镇中学、村小教师校长倾斜。继续实施乡村教师支持计划、特岗教师计划，探索从本乡本土初中毕业生中定向公费培养村小（教学点）教师，到 2020 年，基本完成县域内教师队伍专业学科结构调整，着力解决贫困地区教师缺乏问题。全面落实贫困地区乡村教师生活补助政策并逐步提高标准，加快实施乡村教师周转宿舍建设工程。实施好乡村教师荣誉制度，对在贫困乡村学校从教 20 年以上的教师优先颁发荣誉证书，对长期在贫困乡村学校任教的优秀教师给予物质奖励。

2. 降低贫困家庭学生就业负担

构建贫困家庭学生数据库。建立与民政部门和扶贫部门联动的学生资助监管体系，进一步完善以"奖、贷、助、补、减"为主要内容的贫困家庭学生助学补助和助学奖励制度，加大对贫困家庭学生就学的资助救助力度，健全贫困家庭学生免费、补助、资助"三重教育保障"体系，实现"精准识别、动态跟踪、全程资助"。

健全贫困家庭学生资助救助制度。大力实施"阳光助学"工程，为家庭经济困难幼儿、孤儿和残疾幼儿入园提供保育费和生活费资助，帮助贫困家庭幼儿接受学前教育。完善贫困家庭学生救助办法，建档立卡贫困家庭子女义务教育和高中教育阶段费用由国家助学项目优先补贴，不足部分由县财政给予适当补助。将"雨露计划"职业教育扶贫助学补助政策落实到位，覆盖全部农村建档立卡贫困家庭，努力实现应学尽学、应补尽补。鼓励金融机构对贫困家庭大学生提供信用助学贷款支持；采取"一对一"就业推荐服务、就业托底援助等举措，帮扶家庭贫困大学毕业生及时充分就业。

积极调动社会扶贫力量。发展壮大教育基金会，在全县各基层教育单位建立22个教育基金分会，鼓励企业、个人、社会团体捐资，到2020年，每个分会捐募基金不少于100万元，通过教育基金会整合各部门及社会各方面的救助力量，支持贫困地区尤其是村小和教学点的发展。鼓励和支持社会组织和个人来新邵办学，大力扶持社会力量举办学前教育、普通高中教育和职业教育，形成以政府办学为主体，社会各界共同参与，公、民办相互促进、共同发展的多元办学新格局。

3. 加快发展现代职业教育

做大做强县职业学校。强化初中毕业生分流引导，加快职业高中教育的发展，确保区域内高中阶段教育普职学校所数、招生数、在校生数大体相当。稳步扩大办学规模，2020年底前，将1~2所普高改制为职业学校，全县职业教育每年招生人数达到3500人左右，在校职中学生容量扩大到8500人左右，中职在校生巩固率达到90%以上。支持县职业中专改善办学条件，到2020年底前，建成1~2个生产性实训基地，面向贫困家庭开展多种形式的继续教育和培训，并力争把县职业中专创建成国家示范中等职业学校。项目：新邵县职业中专学校改扩建、实训基地建设。

拓展职业教育扶贫渠道。深入推进教学改革，着力提升中职学生技能水平和文化素养，提高对产业扶贫的支撑度。引导职业学校建设对接区域优势产业的特色专业体系，在重点扶贫产业如农林牧渔、加工制造等方面建好3~5个特色专业，促进职业教育与产业扶贫对接。引导与鼓励职业学校与企业共同制定和实施人才培养方案，促使职业教育与就业衔接得更加紧密。

完善成人教育和培训网络。建立和完善遍布城乡、灵活开放的成人教育和培训网络，每个乡镇建成一所一定规模的农（居）民文化技术学校。各乡镇依托中小学校、农（居）民文化技术学校及其他培训机构，普遍开展农村实用技术培训，确保贫困人口每人至少参与一次相关培训。到2020年，全县15岁以上人口平均受教育年限达到12年，新增劳动力平均受教育年限达13年。职业教育与成人教育培养能力基本适应区域和行业技能型人才需求。

（五）健康扶贫脱贫一批

改善医疗卫生机构条件，提升服务能力与疾病防控能力，对贫困人口提供基本医疗保障、大病保险、医疗救助"三重医疗保障"，有效解决因病致贫返贫问题。

1.提升基层医疗服务体系

健全城乡医疗卫生服务体系。加快县级医院、乡镇卫生院、村卫生室标准化建设，确保每个建制镇有1所标准卫生院，每个行政村有1个卫生室，全面推进基层卫生服务机构的规范化建设，到2020年以乡镇为单位的"规范化医疗卫生单位"达标率90%以上。与省对口医院建立远程医疗业务合作联系，推进县级医院与县域内各级各类医疗卫生服务机构互联互通。2020年，卫生强县建设水平进一步提高，医疗卫生资源配置更趋合理，基本建立覆盖乡镇居民的基本医疗卫生制度，逐步实现人人享有基本医疗卫生服务。项目：15个乡镇卫生院改扩建；413个县村级卫生室建设。

转变基层医疗卫生机构运行机制。探索研究分级诊疗标准，合理限制县级以上城市医院普通门诊开设规模，引导一般诊疗服务下沉基层，建立基层医疗机构与上级医院双向转诊制度。提高乡镇居民门诊就诊比例，完善首诊在乡镇、大病到医院、康复回乡镇的医疗服务格局，2020年，实现乡镇居民社区门诊就诊比例达到60%。建立健全财政对乡镇卫生院的有效投入保障机制和绩效考核机制，完善医院经营与维护体系。

完善基层医疗卫生机构管理服务机制。按照服务人口和机构职能，明确乡镇卫生院性质和人员编制标准，完善"万名医师支援农村卫生工程"和"城市医院牵手乡村活动"的长效机制，政府举办的二级以上医疗机构执业医师，必须到农村基层卫生机构服务半年至一年；二级甲等以上医院与乡镇卫生院结对，定期选派医疗专家蹲点及下乡巡诊；实行乡镇医疗资源共享，城市医院与乡镇卫生院签订大型医疗仪器设备检查定期服务协议等。

2.提高医疗保障水平

加大医疗保险对贫困人口的保障力度。调整医保报销政策，将符合要求的乡镇卫生院纳入基本医疗保险定点机构，实时报销医疗保险费用。稳定新型农村合作医疗参合率，对贫困人口个人缴费部分由财政给予补贴，完善门诊统筹和乡镇卫生院住院基本医疗费用"全报销"政策。对贫困人口实行新型农村合作医疗和大病保险倾斜，贫困人口在本市、县、乡三级定点医院住院免收起付费，在县以上（不含县）定点医疗机构住院基本医疗费用报销比例提高10%；将贫困人口全部纳入大病医疗保险和重特大疾病救助体系，将贫困人口和民政部门认定的低保困难群众大病保险起付线降低50%；对经基本医疗保险、城乡居民大病保险及各类补充医疗保险、商业保险报销后的个人负担费用，在年度救助限额内按不低于70%的比例给予救助；扩大纳入基本医疗保险范围的残疾人医疗康复项目。

加大对贫困人口的医疗救助力度。为贫困人口建立健康档案和健康卡，基层医疗卫生机构提供基本医疗、公共卫生和健康管理等签约服务，对患重大疾病、长期慢性病和残疾的贫困人口实行系统化管理，制定有针对性的分类救助政策。以"资助参合参保、基本诊疗费用减免、特殊门诊定额救助、住院医疗救助、重病慈善救助"五位一体作为大病医疗救助方式，对建档立卡贫困患者在本县内定点医疗机构住院实行先诊疗后付费，实现基本医疗保险、大病保险、疾病应急救助、医疗救助"一站式"信息交换和即时结算，贫困患者只需在出院时支付自负医疗费用。加大临时救助、慈善救助等帮扶力度，建设医疗救助对象信息需求和慈善资源对接的信息平台，支持引导社会慈善力量参与医疗救助。

3. 加强疾病预防控制和公共卫生服务

加强疾病预防控制机构和能力建设。继续做好重点传染病的防控工作，进一步加大对人感染高致病性禽流感、霍乱、艾滋病、结核病、血吸虫病等重大传染病、地方病的防控力度，建立起政府领导、部门合作、社会参与、职责明确、协同配合的重大传染病、地方病综合防治机制。推进疫苗全程管理，对疫苗流通（进出库）实行全程电子监管码监控，疫苗接种信息实时可查。推进疾控机构能力标准化建设，完善县乡村三级预防保健网络，完善县疾病预防控制中心基本装备配置，扩大与重点工作相关的专用装备建设。加强贫困人口慢性非传染性疾病防治。加强急救机构建设，完成县级急救中心（站和分站）配套建设任务，并与市急救中心联网，2020年前，实现全县急救点服务半径在8公里以内，回车率低于2%。

建立健全公共卫生服务网络。建立全县贫困人口疾病预防控制、精神卫生、妇幼保健、采供血、应急救治、卫生监督等专业公共卫生服务网络，到2020年，建立联结省、市，覆盖乡（镇）和社区（村）的公共卫生信息网络，网上疫情直报率达到98%以上。建立多渠道的贫困人口卫生服务经费投入机制，完善以基层医疗卫生服务网络为基础的公共卫生服务功能，建立分工明确、信息互通、资源共享、协调互动的公共卫生服务体系，提高对突发公共卫生事件的应急处置能力。

广泛深入开展乡镇爱国卫生运动。全面贯彻实施《邵阳市爱国卫生工作管理办法》，积极推进卫生城市（城镇）和健康城市（城镇）创建和长效机制建设。建立健全农村环境卫生保障体系，扎实做好贫困地区改水改厕技术指导，加快推进贫困地区饮用水及农村改水改厕、垃圾和生活污水处理等各项卫生环境治理工作，到 2020 年，基本完成全县所有行政村的环境整治，改善贫困地区居民饮水条件，农村饮用安全自来水的比例达到 99% 以上，农村卫生厕所普及率达到 75%。

（六）生态保护脱贫一批

推进生态补偿机制创新，并在项目资金的安排和使用上进一步向贫困地区倾斜，提高贫困人口参与度和受益水平。

1. 加大贫困地区生态保护修复力度

加快生态文明示范区建设。抓住武陵山片区生态文明先行示范区建设的机遇，以白水洞国家级风景名胜区为核心，建设岳坪峰国家森林公园和筱溪国家湿地公园，努力创建生态文明县，确保绿水青山的生态环境。

加强生态保护与修复。加快实施山水林田湖生态保护和修复工程，全面提升森林、河湖、湿地等自然生态系统的稳定性和生态服务功能。推进资江流域保护，打造资江流域重要生态安全屏障。实施重大生态修复工程，加强保护山区生物多样性与水土保持生态功能，努力保护和修复自然生态系统，增加野生动植物种群数量，保护境内珍稀濒危野生动植物。严格封山育林，深入推进生态公益林、长江防护林、退耕还林等工程建设，继续开展"四边五年"造林绿化行动，构建森林、城镇、村庄、湿地有机结合，布局合理、功能完备、城乡一体的森林生态体系，增强森林涵养水源、保持水土、碳汇等生态功能。到 2020 年，全县林地面积稳定在 157 万亩以上，森林覆盖率达到 60% 以上。

2. 建立健全生态补偿机制

完善森林、湿地、水流补偿机制。建立地方公益林补偿机制，全面完成国有林场改革，完善以购买服务为主的公益林管护机制，将补助到期的生态区位特别重要的退耕还林纳入公益林补偿范围，全面停止天然林商业性采伐。启动退耕还湿工作，开展重要河流治理。按照国家部署，在江河源头区、集中式饮用水水源地、重要河流敏感河段、水生态修复治理区、水产种质资源保护区、水土流失重点预防区和重点治理区，全面开展生态保护补偿，适当提高补偿标准。加大水土保持生态效益补偿资金筹集力度。

完善耕地保护补偿制度。落实国家以绿色生态为导向的农业生态治理补贴制度，对在地下水漏斗区、重金属污染区、生态严重退化地区实施耕地轮作休耕的农民给予资金补助。启动新一轮退耕还林，逐步将25度以上坡耕地、15～25度重要水源地梯田及严重沙化耕地退出基本农田，争取纳入国家退耕还林补助范围。落实国家鼓励引导农民施用有机肥料和低毒生物农药的补助政策。

强化重点生态区域补偿。在重点生态功能区及其他环境敏感区、脆弱区划定生态保护红线，强化自然保护区、文化自然遗产、风景名胜区、湿地公园、森林公园、地质公园、蓄滞（行）洪区等各类禁止开发区域的生态保护，积极争取国家补偿政策支持。

推进横向生态保护补偿。有序建立地区间横向生态保护补偿机制。鼓励受益地区与保护生态地区、流域下游与上游通过资金补偿、对口协作、产业转移、人才培训、共建园区等方式建立横向生态保护补偿关系。鼓励在具有重要生态功能、水资源供需矛盾突出、受各种污染危害或威胁严重的地区探索开展横向生态保护补偿试点。

3. 创新生态资金使用方式

推进生态补偿方式多元化。建立政府统筹、社会参与、以公民为主体的生态资金使用方式。充分发挥政府与市场的双重作用，积极探索生态资金分配的市场机制，综合应用经济手段和法律手段，探索多元化生态补偿方式。积极探索资源使（取）用权、排污权交易等市场化的生态补偿模式。

创新生态资金使用方式。按照国家部署，开展贫困地区生态综合补偿试点，创新资金使用方式，利用生态保护补偿和生态保护工程资金将当地有劳动能力的部分贫困人口转为生态保护人员。对在贫困地区开发水电、矿产资源占用集体土地的，试行给原住居民集体股权进行补偿。

（七）社会保障脱贫一批

实施"基本生活保障工程"，完善农村社会救助体系，促进扶贫开发与社会保障有效衔接，健全农村"三留守"和残疾人关爱服务体系，实现社会保障兜底脱贫。

1. 提高社会救助水平

完善农村最低生活保障制度。全面贯彻国务院《关于进一步加强和改进最低生活保障工作的意见》和省、市有关实施意见，努力构建标准科学、对象准确、待遇公正、进出有序的最低生活保障工作格局。推进农村最低生活保障制度与扶贫开发政策有效衔接，把无法通过产业扶持和就业帮助实现脱贫的贫困户全部纳入农村低保范围，实行政策性兜底保障。建立低保标准与物价上涨挂钩的联动机制，合理提高补助标准和补助水平，推进农村低保标准与扶贫标准"两线合一"，确保2020年农村低保标准达到或高于国家扶贫标准。

健全特困人员救助供养制度。将符合条件的特困人员全部纳入救助供养范围，切实为城乡特困人员提供基础生活、照料服务、疾病治疗和殡葬服务等方面的托底供养保障，做到应救尽救、应养尽养。坚持分散供养和集中供养相结合的原则，对患有精神病、传染病等疾病不宜集中供养的特困人员，按规定妥善安排其供养和医疗服务。改善孤老优抚对象供养环境，不断提高救助供养标准，推进特困人员救助供养制度与其他社会保障制度有效衔接。项目：新邵县社区日间照料中心建设，建设面积28000平方米；新邵县光荣院建设，建设面积3000平方米。

全面高效开展其他社会救助工作。全面建立新邵县临时救助制度，科学制定救助标准和程序，提升托底救助能力，加强临时救助与医疗救助之间的衔接，增强救助时效性，及时为遭遇突发性、紧迫性、临时性基本生活困难的家庭和个人提供临时救助。加大对农村孤儿和无人抚养儿童的保障力度，加强县乡村三级基层儿童福利服务体系建设。搭建政府部门救助资源、社会组织救助项目与贫困农户救助需求相对接的信息平台，优先发展具有扶贫济困功能的各类慈善组织，鼓励、引导、支持社会组织、企事业单位和爱心人士开展慈善救助，建立健全乡镇、社区、志愿者联动的救助网络系统。项目：县儿童福利中心建设，建设面积3000平方米，新增床位200张；县流浪救助保护中心建设，建设面积3600平方米；县救灾应急中心建设，建设面积 5000 平方米；县救灾物资储备库建设。

2. 逐步提高农村基本养老保障水平

统筹推进城乡养老保障体系建设。全面落实统一的城乡居民基本养老保险制度，推进制度名称、政策标准、管理服务、信息系统"四统一"。对新型农村社会养老保险个人缴费有困难的贫困户，由财政为其代缴部分或全部最低标准的养老保险费，帮助其参保，到 2019 年，全县基本实现所有贫困人口享有养老保险。不断提升基本公共服务的供给能力，全面落实老年贫困人口各项优惠政策，加快城乡养老服务示范点和农村幸福院建设，到 2020 年，完成 200 所农村幸福院建设。支持贫困村建立村民自治型养老机构，鼓励社会力量发展农村养老服务机构，积极采取公建民营、民办公助、政府补贴等多种方式兴办养老服务机构，促进农村家庭养老与社会养老相互补充、相互促进，到 2020 年，引进和支持民营养老机构 20 所。项目：县老年公寓建设，建设面积 8100 平方米，新增床位 200 张；县老年康复中心建设，建设面积 4200 平方米，新增床位 200 张；全县 15 所乡镇农村敬老院改扩建，新增床位 600 张；建设慈心安养老院、白云岩养老院、花之俏老年乐园等。

全面提高城乡居民养老保险待遇。巩固和拓宽个人缴费、集体补助、政府补贴相结合的资金筹集渠道，强化长缴多得、多缴多得等制度的激励机制，建立基础养老金最低标准正常调整机制。对建档立卡贫困人口保留现行 100 元的最低缴费档次，根据社会形势与经济状况适当提高基础养老金标准。到"十三五"末，实现全县城乡居民养老保险养老金水平比"十二五"末翻一番。

3. 健全"三留守"人员和残疾人关爱服务体系

加强对留守儿童的关爱服务。对全县农村留守儿童进行全面摸底排查，建立翔实完备、动态更新的信息管理系统和大数据共享平台，分类施策进行保障。建立家庭、学校、基层组织、政府和社会力量相衔接的留守儿童关爱服务网络，建立完善监护、管理教育、结对帮扶、沟通交流等制度。深入推进"春蕾计划""恒爱行动"等关爱行动，加大对农村留守儿童的关爱力度。探索农村留守儿童的有偿代管机制。

提升对留守老人的服务保障能力。推进农村社区日间照料中心建设，提升乡镇敬老院服务保障能力，推动形成区域性养老服务中心。支持农村社区养老服务设施建设和运营，加强农村老年人协会建设，推动贫困地区基本养老服务补贴覆盖率达 70% 以上，农村社区（行政村）老年协会建会率达 90% 以上。开展留守老年人关爱行动，倡导农村家庭互助关爱，积极发动社会组织、社工参与关爱农村留守老人工作。

开展对留守妇女的关爱服务。充分发挥妇联和社会组织的作用，积极创造条件开展关爱服务活动，通过志愿结对服务、留守妇女互助服务、帮助权益维护、扶持创业就业、实施健康促进计划及综合素质提升计划等，着重解决留守妇女在生产、生活、维权等方面的难题，为留守妇女建立学习提高、互帮互助、表达诉求、情感交流的温馨家园，提高留守妇女安全防范意识和能力。

健全贫困残疾人关爱服务体系。将残疾人普遍纳入社会保障体系，并予以重点保障和特殊扶持。支持发展残疾人康复、托养、特殊教育，逐步建立完善残疾人康复救助制度，全面建立困难残疾人生活补贴和重度残疾人护理补贴制度，落实相关政策，对符合条件的残疾人每月发放 50 元补贴。加强贫困残疾人特殊教育、技能培训、托养服务，优先扶持贫困残疾人家庭发展生产，支持引导残疾人就业创业。对残疾儿童康复治疗进行扶持，逐步实现视力、听力、言语、智力、肢体残疾儿童和孤独症儿童免费得到手术、辅助器具配置和康复训练等。

三 积极开展社会帮扶脱贫

整合社会扶贫资源，在积极推进对口帮扶的同时，调动一切社会扶贫力量参与扶贫，形成社会扶贫合力。

（一）开展对口帮扶与扶贫协作

加强对口帮扶。积极争取上级部门对新邵县继续开展定点扶贫，力争在产业发展、人才交流、人员培训和劳动力转移就业等方面获得更大支持。制定全县定点帮扶计划，组织县直部门、医院、社会团体等对乡镇和特困人员开展对口帮扶。建立健全驻村工作队和干部职工精准扶贫到户到人责任制，切实做到不脱贫不脱钩。争取省市领导、选派优秀干部开展驻村扶贫。

推进扶贫协作。进一步加强与本县友好地区以及对应部门的扶贫协作，加强产业、教育、文化、卫生、科技、人才、劳务输出等各个领域内的协作，构建开放、发展、交流、合作的多元协作扶贫体系。强化信息交流，与协作单位做到扶贫信息资料精准对接、共享共用，形成双赢可持续的扶贫协作局面。

（二）驻村帮扶

建立驻村扶贫机制。实行驻村扶贫全县行政村全覆盖，按照"单位包村、干部驻村、帮扶到户"的工作方法，坚持"农户不脱贫，干部不脱钩"的工作原则，每个村安排一个扶贫工作队，具体负责实施安排到村的所有扶贫开发项目，根据各村发展需要，帮扶衔接行业部门项目。每个乡镇安排一个驻村工作指导组，负责统计所联系乡镇扶贫工作成效，督查工作进度，统筹解决和衔接扶贫开发工作中遇到的困难和问题。

加强驻村帮扶管理。强化驻村扶贫工作队和驻村干部的跟踪管理，建立驻村工作队督查、考核、激励、问责机制，对帮扶成绩突出的优秀驻村干部优先提拔使用；对工作不力、帮扶成效差的单位和驻村干部进行通报批评和约谈问责。建立健全驻村工作队和干部职工精准扶贫到户到人责任制，切实做到不脱贫不脱钩。

（三）企业帮扶

推广企业精准扶贫模式。支持对贫困地区产业带动性强的农产品加工企业或对资源环境保护有重要贡献的企业参与精准扶贫。推广"公司＋基地＋农户"模式、"公司＋合作社＋农户＋标准化"模式、"订单农业"模式以及土地、资金、原料、生产资料等入股分红模式。引导帮扶企业借鉴现有的企业扶贫模式，以贫困户包盈不包亏为原则，有针对性地对贫困村开展帮扶。引导企业在贫困地区设立产业投资基金，鼓励有条件的企业设立扶贫公益基金、开展扶贫慈善信托。

促进企业帮扶农民就业创业。鼓励帮扶企业对帮扶村劳动力开展就业培训，结合基地建设安排农民就近用工或根据企业需求组织劳务输出，吸纳农民劳动力到帮扶企业就业，增加贫困村农民工资性收入。鼓励帮扶企业帮助贫困户发展家庭手工业、服务业，全力支持贫困农民创业。结合民生工程、生活救助、扶贫项目等，引导帮扶企业积极参与光彩事业及扶贫济困活动。

完善企业扶贫激励政策。对积极参与精准扶贫的企业，项目管理部门要在政策范围内给予大力支持。对帮扶企业实行优先安排扶持项目、农业产业化项目、财政贴息项目和土地使用计划等优惠政策。凡是到贫困村发展产业、建设基地、带动贫困户达到一定规模的企业，扶贫部门要给予一定数量的扶贫贴息贷款。对在精准扶贫工作中做出突出贡献的企业和企业家在各类评优活动中优先予以推荐。

（四）社会力量帮扶

支持各类社会组织及个人参与扶贫。广泛动员社会组织和个人通过多种方式参与扶贫开发。社会组织登记部门和业务主管部门要积极引导动员社会团体、基金会、民办非企业单位等社会组织发挥各自优势，积极参与扶贫产业开发和助医、助教、助学、助残等扶贫济困活动。建立扶贫志愿者组织，构建扶贫志愿者服务网络，鼓励和支持青年学生、专业技术人才、退休人员和其他社会各界人士参与扶贫志愿者行动。积极支持港澳同胞、台湾同胞、华侨及海外人士，通过爱心捐赠、志愿服务、结对帮扶等多种形式帮扶贫困村、贫困户。积极引导公益品牌资源聚焦贫困县、贫困村和贫困人口。动员社会各方面力量参与"雨露计划"、扶贫小额信贷和扶贫移民搬迁等扶贫开发项目，对贫困地区留守儿童、老人、妇女、残疾人等特殊群体一对一结对、手拉手帮扶。

落实社会力量参与脱贫攻坚的各项优惠政策。全面落实公益扶贫捐赠所得税税前扣除政策，探索发展公益众筹扶贫，鼓励支持有条件的社会组织设立扶贫公益基金。鼓励社团组织吸引农村贫困人口就业，对有贡献的社团组织，通过政府购买服务进行补偿，保障社团组织按规定享受税收优惠、职业培训补贴等就业支持政策。

四 提升贫困地区区域发展能力

加快推进基础设施建设，不断改善农民的生产生活条件，提高贫困人口的生活质量，增强区域发展能力，解决区域性整体贫困问题，促进经济、社会的协调发展和全面进步。

（一）改善基础设施

构建便捷高效的综合交通体系。加快推进铁路、公路、内河航运及综合交通枢纽建设，构建以高速公路、铁路为主骨架，国省干道为主干线，农村公路为支线的现代交通体系，将新邵打造成为湖南省重要交通枢纽。建设邵冷铁路，规划建设邵阳东部城市群轻轨。加快建设火车站场周边配套设施，开发站场新城，提升高铁辐射效益。推进邵金高速公路建设。全面实施省道改造提质工程，加快塘口—白水洞旅游专线公路建设，完成干线公路改造110.5公里。加快推进国防公路和县乡道改造，完成国防公路改造76公里。实施农村通畅工程，行政村通畅率达到100%。加快客运站场、桥梁建设，完成县、乡道中所有危桥的改造，实施"渡改桥""农村公路新建桥梁"项目工程。推进资江新邵段高等级航道建设，实施市区至新邵筱溪段110公里Ⅺ级航道升级改造工程，建设晒谷滩电站、筱溪电站100吨级升船机，完善资江港口码头泊位等基础设施建设。

建立多元化的安全清洁能源保障体系。推进城乡一体化电网建设，全面提高电网通达水平、输送能力、电能储备与供电可靠性，提高电网抵御自然灾害能力，保障城乡安全高效用电。加快城乡高压电网建设，新建110kV

变电工程 3 座、扩建 1 座；实施农村电网改造工程和农网升级工程，确保农村居民户通电率达 100%，网改率达 100%，切实提升电力保障水平。推进"气化新邵"建设，完善天然气基础设施建设，推进县城老城区天然气管网建设，提高天然气管网覆盖率；加快雀塘天然气直供管网建设和坪上高铁新城天然气管网建设。统筹加油站和加气站建设，逐步实现加气、加油同步共享。深入推动煤改气、油改气工程。科学开发利用水能、太阳能、风能、生物质能等清洁能源，进一步优化城乡能源结构。全面推广农村沼气技术的应用和普及，提高城镇污水净化沼气池建设率。

建设现代化水利保障体系。加强水利基础设施建设，进一步增强防洪抗旱减灾能力、农业灌溉生产能力、农村饮水安全保障能力和水资源配置能力，初步建成现代化的水利综合保障体系。重点实施资江县城沿岸防洪堤工程，保障企业生产和居民生活安全。以西洋江、石马江、涟水和孙水等大流域江河为重点，加快实施中小河流治理工程，加快对中型枫树坑水库、石马江流域等 8 座水闸病险进行除险加固改造。实施水土保持工程，开展山洪地质灾害防治和治涝工程。围绕推进国家高标准示范农田建设，完善农田灌排体系，兴建一批蓄水工程和引调水工程，改善农田灌溉条件。创新农田水利工程管理体制，完善农田水利建设财政投入机制，提高农田水利设施的覆盖率。"十三五"时期，新建改造灌溉渠道 5000 公里，混凝土防渗止漏 2500 公里，改善灌溉面积 20 万亩。加强优质水源地保护，努力解决城乡居民饮水问题，加快实施县城—枫树坑水库饮水工程，实施农村饮水安全工程。

推进高速、融合、共享、安全的新一代信息基础设施建设。建设高速大容量光通信传输系统，持续提升骨干传输网络容量。优化互联网骨干网络结构，大幅增加网间互联带宽，全面提升互联网流量承载和联结能力。继续推进电话村村通、有线电视村村通、广播村村响工程。推进"宽带乡村"建设，统筹城乡区域信息网，实现城市光纤到楼入户，加快宽带网络从乡镇向行政村、自然村延伸，推进农村宽带进乡入村。以新邵县被纳入"宽带乡村"示范工程建设县为契机，加快实施"宽带乡村"工程，到 2020 年，全县固定宽带家庭普及率达到 75% 以上，无线宽带网络覆盖率达到 80% 以上。

推动"互联网+"平台建设。积极打造电子政务平台，完善网上行政审批功能，基本形成政府业务协同办理和网上服务格局。加快推进互联网+商务工程，发挥互联网对工业、农业、制造业、旅游业等行业的创新促进作用，实现重点领域与互联网融合发展。统筹网络安全和信息化发展，强化重要信息系统和数据资源保护，提高网络治理能力，保障信息安全。

（二）改善贫困村生活条件

加快贫困村道路建设。加快实施建制村通畅工程，优先安排建档立卡贫困村通村道路硬化，推进断头路、瓶颈路、中小危桥改造和通组路（连通25户以上的自然村）建设工程。不断完善路网结构，提高技术等级，保障群众安全便捷出行。积极推进乡村公路向较大村民小组和居民点延伸，大力改善人行便道和田间耕作便道。加强安全防护设施和中小危桥改造，提高农村公路服务水平和防灾抗灾能力。到2020年实现所有适宜通公路的建制村通公路，所有具备条件的建制村通水泥（沥青）路，建制村客运班线通达率达到80%以上。"十三五"期间，实现贫困村改造硬化通村公路702公里，贫困村新建或维修村组道路523公里，贫困村窄路加宽500公里，危桥改造90座，建设乡村公路安保工程600公里。

解决贫困村安全饮水问题。合理开发、充分利用当地水源，加大建设资金投入，按照水质、水量、用水方便程度等指标衡量，详细规划和统一部署安全饮水到户工程，优先安排贫困地区农村饮水安全工程建设，确保贫困群众有可靠、安全、方便、达标的饮用水，基本解决贫困村中尚存的饮水困难和饮水不安全问题。"十三五"期间，解决贫困村39859人的安全饮水问题，解决贫困村学校4045人的安全饮水问题。

保障贫困村生活用能。全面实施农网改造升级项目，加强贫困村用电保障。2017年，实施60个村的农网改造升级项目；到2018年末，所有贫困村全部实施农网改造升级项目。到2020年末，完成695千米的电网改造工程，100%行政村、98%以上自然村生产生活用电得到保障。推广应用沼气、节能灶等生态能源项目建设，适当发展太阳能、风能等可再生能源，促进清洁能源广泛使用。"十三五"期间，建设沼气池 1000 口、太阳能路灯 6000 盏、太阳能热水器 2000 台，在 145 个贫困村全面实施光伏发电项目。

加强贫困村信息和流通体系建设。确保每个村至少有一名懂信息、能服务的信息员。推进贫困村接通国家标准互联网，推进有线电视、直播卫星、地面数字等广播电视全覆盖。到 2020 年，全面实施广播电视户户通。到 2018 末，已通电的贫困村基本实现通宽带；到 2020 年末，完成网络建设 210 千米，实现 117 个村的手机信号全覆盖，完成 60 个贫困村的基站建设。加强乡镇流通体系建设，"十三五"期间，共建设 145 个电商服务站。开展农产品批发市场及乡镇农贸市场标准化建设，到 2020 年末，完成酿溪镇等 4 个乡镇的农贸市场标准化改造。

完善贫困村公共服务文化体系建设。积极推进贫困村文化基础设施建设，以县级图书馆、文化馆和乡镇综合文化站为主干建设贫困地区的公共文化设施网络。采取购置、捐赠和争取上级文化建设项目等多种形式，不断补充文化站、文化活动室和农家书屋的图书资料，解决农村藏书陈旧、新书数量少、群众看书难等问题。到 2020 年末，实现行政村文化活动室和农家书屋全覆盖。充分利用村级组织活动场所等现有设施，整理地方特色文化资源，积极开展群众性文化活动。

建立健全贫困村住房保障体系。改善农村困难群众的住房条件，解决住房安全问题，实现住房保障到户。解决无房贫困户基本住房问题，实施农村危房改造重点帮扶与一般帮扶同步推进。对基本无投劳能力和自筹能力的危房特困农户进行重点帮扶，分类解决贫困群众的住房问题。解决 D 级危房贫困户住房安全问题，分年度对 D 级危房贫困户住房进行全面改造，切实保障农户住房安全。实施"百村示范、千村联动、万户安居"工程，重点解决好整村推进村贫困农户的安居问题。

推进贫困村综合环境整治。加大农村环境综合整治力度，加快新农村建设步伐，制定农村环境连片整治实施方案，对农村垃圾、粪便、工业污染源及乱搭乱建进行清理和整治。在全县全面推行"村收集、镇转运、县（镇）处置"的城乡生活垃圾集中收集处理模式，建立了村庄保洁、农村公路养护和绿化植树的长效管理机制。按照国家环境保护部要求，编制小城镇环境规划，加快建设乡镇生活污水处理厂，开展"生态乡镇""生态村"创建活动。高度重视农业源减排工作，对规模化畜禽养殖场实施污染治理和废物综合利用。到2020年，全县80%以上规模化畜禽养殖企业环境污染得到有效治理，畜禽养殖造成的面源污染得到有效控制，农村环境质量持续改善。规划农药化肥禁施、限施区，控制农村面源污染。利用并完善土壤普查成果，强化被污染农田的环境监管，开展受损土壤修复试点工作。

（三）解决区域性整体贫困问题

实现扶贫开发与区域发展的联动。树立扶贫开发与区域发展齐头并进的新观念。在扎扎实实地开展扶贫工作的同时，大力推动区域发展，通过二者的有机结合实现攻坚克难的目标。把扶贫开发与区域发展紧密联系起来，建立完善以工促农、以城带乡的发展机制，推进贫困地区与发达地区的协调发展，实现区域内重大基础设施建设和民生工程建设联动推进，加速在全市区域内的均衡发展。

推进扶贫开发与新型城镇化协同发展。根据乡镇基础和特色，构建以县城为中心、高铁新城为次中心、中心镇为重点、乡镇集镇为基础的城乡空间格局，形成"县城—高铁新城—中心镇——般建制镇—村庄"层次分明、组合有序的城乡发展体系。重点打造新田铺、严塘、雀塘、陈家坊、寸石等中心镇，根据各中心镇自身资源禀赋优势，发展特色产业，提高城镇综合承载力，把中心镇建设成为连接城乡、辐射周边的重要节点。完善乡镇集镇道路、饮水、垃圾处理等基础设施和教育、卫生、文化等公共服务，建设农村商贸综合体。深入推进城乡户籍制度改革，剥离户籍制度上的城市特权，建立城乡自由流动的户籍制度。完善城乡公共服务和社会保障的均等化，为农民工进城落户清除障碍。

推进区域合作与对外开放。加快融入国家和省市区域发展战略，实现向外借力发展。加强与武陵山片区各县市的区域协作，围绕脱贫攻坚、经济协作、园区共建、人才交流等重点领域，加强对外交流合作，促进边界贫困地区文化、旅游产业发展和基础实施共建共享。建立与邻县县域间区域发展与脱贫攻坚联席会议工作机制，定期召开会议研究协作发展重大事项。鼓励县域内乡镇间和村社之间加强合作，实现贫困乡镇、村与非贫困乡镇、村（社区）之间的手牵手发展。

五　保障措施

根据全县脱贫攻坚的具体任务与目标，把扶贫开发作为重大政治任务，采取超常规举措，创新体制机制，汇集脱贫攻坚合力，打好政策组合拳，强化组织实施，为脱贫攻坚提供强有力保障。

（一）创新体制机制

一是创新精准扶贫脱贫机制。

——精准识别，制定帮扶措施。按照规模控制、分级负责、精准识别、动态管理的原则，对每个贫困村、贫困户建档立卡，实行信息化精准化管理。帮扶干部深入贫困户家庭，深入农户具体分析其致贫原因，落实帮扶责任，协商编制脱贫计划和产业发展规划，探索直接帮扶、委托帮扶和股份合作等有效帮扶方式，切实做到真扶贫、扶真贫，确保贫困人口和贫困村在规定时间内实现稳定脱贫目标。

——精准调度，强化动态管理。通过脱贫率、返贫率等动态标准，识别扶贫对象、锁定扶贫目标，确保扶贫对象有进有出，确保扶贫目标动态可控。围绕因病因灾因学致贫返贫、贫困人口动态变化、扶贫标准按对应价提高等问题，研究应对措施和具体政策。建立和完善"月报、季调度、半年总结、年终考核验收"的工作调度制度，每季度进行工作督查，召开推进会，实现精准扶贫管理的动态化。

——强化实施，推行军令状管理。由县委、县政府组织实施，县扶贫开发工作领导小组具体承办，对全县扶贫开发乡镇和重点村的驻村干部及村支两委干部实行军令状考核制度，各乡镇和贫困村要与县委、县政府就年度脱贫攻坚订立军令状,科学制定贫困村出列、贫困人口脱贫的时间表、路线图、措施方法和责任体系。强化督查、督导、督办、问责职能,就各贫困村执行军令状情况开展经常性巡查督办工作。

二是创新贫困群众参与机制。

——加大扶贫宣传与引导力度。通过电视、广播、报刊、互联网等媒介,以"扶贫宣传月""扶贫主题日"等形式,弘扬中华民族扶贫济困传统美德,以扶贫表彰、评选宣传"最美扶贫人物""最佳扶贫组织"等形式,宣传推广扶贫先进典型和成功经验,引导和鼓励贫困群众参与扶贫事业。发动群众积极参与村脱贫规划编制、项目选择和实施、资金使用管理等过程,提高项目的群众参与度,充分调动群众的积极性和主动性。

——激发贫困群众主体积极性。结合扶贫与扶志,加强贫困群众教育,引导贫困地区人民群众克服"等靠要"的思想,正确认识国家精准扶贫的政策预期。从"要我富"变为"我要富",充分调动和发挥贫困群众脱贫致富的内驱力和主观能动性,做到"人穷志不穷""穷且志更坚",使扶贫与扶智、扶志相互结合,内因与外因相互激励,"输血"与"造血"相得益彰,充分调动贫困群众的积极性和创造性。

——拓展贫困群众参与渠道。健全贫困群众参与机制,构建贫困群众参与的便捷通道。加强对贫困群众的培训与引导,开展扶贫参与的信息服务、业务指导和规范管理,开展政府购买服务试点,鼓励贫困群众组团承接政府扶贫项目,建立互助帮扶组织。完善扶贫项目招标采购、社会组织征信、第三方评估、审计等相关制度,拓展贫困群众参与自主脱贫致富的渠道。

三是创新金融信贷机制。

——发挥政策性金融的导向作用。加强县域金融扶贫担保平台建设,建立健全融资风险分担和补偿机制,设立扶贫贷款风险补偿基金和担保基金,对建档立卡贫困户的贷款以及带动贫困人口就业的各类扶贫经济组织的贷款进行专项风险补偿。积极稳妥推进"两权"抵押贷款试点,探索创新农村集体建设用地抵押、农村承包土地经营权抵押、农民住房财产权抵押等综合农村产权抵质押方式。

——完善金融评级授信。以建档立卡贫困户资料为依据，由县扶贫办、乡镇政府配合县、乡农信社（农商行）开展评级授信。坚持产业扶持原则、贫困户信用有限原则，在试点基础上全面铺开，推动全县全面开展扶贫小额信贷工作。

——创新金融扶贫信贷产品。为有需求的贫困户提供免抵押、免担保、基础利率、全额贴息的扶贫小额信贷。支持创业担保贷款、"两民"贴息贷款、妇女小额贷款、康复扶贫贷款，推广涉农信用保证保险贷款等多种小额信贷产品，鼓励和引导金融机构结合贫困地区实际，创新特色产业、基础设施、易地扶贫搬迁、公共服务建设信贷产品和融资方式，有针对性地满足贫困地区各类经营主体的资金需求。

——探索现代金融扶贫新途径。支持新设村镇银行、小额贷款公司等新型金融组织，支持农民专业合作社成立农村资金互助组织，开展农民合作社信用合作试点。支持符合条件的企业创新融资手段，通过主板、创业板、全国中小企业股份转让系统、区域股权交易市场等进行融资，对于有实力的企业，鼓励其通过企业债券、公司债券、短期融资券、中期票据、项目收益票据、区域集优债券等债务融资工具融资。

（二）加大政策支持力度

一是加大财政政策支持力度。

——持续加大财政投入。较大幅度增加县本级财政专项扶贫资金，为脱贫攻坚提供充分保障。县财政每年再拿出一定数额的专项扶贫资金，重点用于农村贫困地区基础设施建设奖励扶持、产业发展引导等，使资金投入符合脱贫攻坚的需要。鼓励部门投入，建立部门扶贫投入资金考核制度，对于水利、农业、交通、卫生、体育、能源等部门资金联合使用，做好综合评估，形成可以各计其工的评价体系。

——整合各类资金。统筹制定部门"十三五"行业扶贫专项规划，加快脱贫政策落地，充分发挥政策资源的集聚、辐射效应。整合项目资金，搭建"产业发展、教育培训、易地搬迁、基础设施建设、生态扶贫"五大资金整合平台，按照"渠道不变、投向不乱、集中使用、各记其功"的原则，把专项扶贫资金、相关涉农资金、社会帮扶资金集中捆绑使用，切实提高资金使用效率。

——创新资金分配方式。坚持"资金跟着贫困人口走"的原则，将全县50%以上专项扶贫资金安排到乡镇，并以"与贫困村贫困人口数相挂钩、与脱贫成效相挂钩"的办法合理分配扶贫专项资金。按照贫困因素，设立乡镇扶贫基本分配资金，用于乡镇落实对贫困村、贫困人口的帮扶措施；设立乡镇扶贫奖励分配资金，对创新扶贫模式、脱贫成效突出的乡镇给予重点倾斜。

二是完善土地使用政策。

——深化土地产权改革。建立健全以农村土地使用产权证为核心的农村土地使用产权制度改革，强化农村土地产权的财产权能，规范农村土地流转交易平台，构建土地流转服务网络和信息系统，做好土地流转交易的社会化服务。

——引导土地资源优化配置。发挥土地资源优势，引导贫困户发展特色优势产业，盘活土地资源。试点推进农户的土地承包经营权转为股权，成立土地股份合作社，从事大棚果蔬种植、标准化养殖和山羊规模化养殖等高山生态农业，保障入社的每户群众特别是贫困户都能受益。鼓励贫困户在自愿的基础上入股合作社，鼓励合作社安排入股贫困社员劳务工作，让贫困户在分红之外还能获取工资收入。

——创新土地融资机制。加快化解贫困群众"担保难、贷款难、贷款贵"等融资问题，鼓励有条件的贫困村建立村级精准扶贫担保基金，为贫困户规模经营扫清资金障碍。积极探索扶贫资金担保金试点，推进农民土地承包经营权、宅基地使用权、住房等抵押贷款业务；创新土地融资担保机制，建立贫困村土地融资担保合作社，确保土地成为贫困人口的脱贫致富资本。

三是优化干部人才政策。

加强与精准扶贫工作要求相适应的扶贫开发工作队伍建设，各乡镇要设立扶贫工作站，配齐乡镇扶贫专干，各级党委、政府要为扶贫工作队伍提供必要的工作条件和经费保障，给予扶贫工作人员更多的激励与支持。强化教育培训，将扶贫工作干部培训纳入党政干部培训规划，依托省、市、县三级党校平台进行轮训，全面提升扶贫系统干部政策理论和业务素质，强化扶贫干部责任担当，加强思想、作风、廉政和效能建设，锻造一支真正懂扶贫、通民情、接地气、善实干的扶贫工作队伍，提高规划执行力和实施效果。

（三）强化组织实施

一是明确工作责任。

——明确三级责任主体。县委、县政府对全县脱贫攻坚工作负总责，县委书记和县长是第一责任人，负责统筹协调、责任压实、资金保障、项目安排、人力调配、督促检查等工作。乡镇党委和政府承担主体责任，乡镇党委书记和乡镇长是第一责任人，负责组织实施、政策承接、项目落地、资金使用、精准减贫等具体工作。村支"两委"承担直接责任，村（居）支部书记和村（居）委主任为第一责任人，负责精准识别、精准帮扶、精准退出、矛盾化解等具体工作。县直各单位承担帮扶责任，一把手是直接责任人，承担脱贫攻坚部门职责和驻村帮扶工作任务。严格执行脱贫攻坚一把手负责制，县乡村三级层层签订脱贫攻坚责任书，并每年专题报告脱贫攻坚工作进展情况。县直各部门一把手每年向县委、县政府报告扶贫任务进展情况。建立负责到底的长效责任制度，脱贫攻坚期间保持乡镇领导班子稳定，实行"一套班子，一抓到底"。

——完善工作推进体系。县委、县政府成立由县委书记和县长为双组长的脱贫攻坚领导小组，下设推进办公室，由县委专职副书记任推进组组长，县扶贫办主任任办公室主任。推进组负责政策制定、组织实施、资源整合、督促检查、日常考核等具体工作。领导小组办公室和"五基办"合署办公，负责综合协调、政策研究、宣传推介、组织考核、队伍建设等日常工作。各乡镇要成立由党委书记任组长的脱贫攻坚领导小组，设立乡镇扶贫办（脱贫攻坚办），配备主任1名、工作人员2名，具体负责落实脱贫攻坚各项任务。村（居）配备1名扶贫专干，具体负责落实脱贫攻坚各项任务。县直单位安排1名副职分管脱贫攻坚工作，具体负责落实工作任务。

——强化扶贫机构职能。县级扶贫机构要明确其统筹各方资源、强化决策部署、协调矛盾、督促落实、检查考核等职能，定期召开领导小组会议，研究制定政策措施，调度脱贫攻坚规划实施进度，协调解决规划实施中的问题。县扶贫开发领导小组办公室承担规划组织实施的职能，做好任务分解、部门协调、规划评估、督促考核等具体工作，参与资金整合和年度计划制定，配合行业部门抓好政策、项目落实。各有关部门要不断完善行业部门脱贫攻坚政策，加大项目审批权限下放力度，支持贫困县涉农资金整合，集中解决突出问题，督促县、乡抓好规划实施和政策落实。

——优化基层组织支撑体系。实施"基层组织建设工程"，选优配强村"两委"班子，"两委"成员不能出现空缺，也不能长期外出缺岗。加大农村经济领域党组织组建力度，做到应建尽建。加大软弱涣散党组织整顿力度。普遍建立村民议事会和村务监督委员会，推进村民议事和村务监督工作经常化。落实岗位承诺、村干部值班和周例会、为民服务全程代理、党员管理积分、四议两公开和零接待制度。深入开展"四培四带"活动，每个村把2名致富能手培养成党员、把2名党员培养成致富能手。加快发展集体经济，增强村级组织为群众办事的能力。

二是确保项目落地。

——严格项目进度监管。围绕规划项目，切实做好前期工作，加快推进。对照还未开工的项目，要逐个倒排进度计划，不能全面开工的力争局部开工，确保万无一失。对结转续建的项目和陆续开工的项目，坚持能快则快原则，加快项目建设进度，层层分解任务，逐级传递压力，明确具体责任人，明确阶段目标进度，及时分析、排除影响工程进度的因素。

——强化项目督查服务。全县各部门要立足本部门和自身的岗位实际，强化时间节点倒逼，强化重点工作推进，强化薄弱环节突破。从项目招引目标、推进工作开展、年度投资完成率、年度进度完成率等方面，实行分类考核、定期督查，健全扶贫项目资金使用公告公示制度和扶贫资金违规使用责任追究制度，财政、审计等部门加强监督检查，确保资金在阳光下运行。切实做到有功必奖、有过必惩、奖惩分明，充分调动全县上下加快重大项目招引和重点项目推进工作的积极性。进一步优化服务质量，提升服务水平，全力帮助项目、企业及时协调解决实际困难，力促优质企业加大投入，持续做大做强。

——加强项目技术指导。县相关部门要根据本部门的扶贫职责与行业要求，利用本部门和行业的专业优势与资源优势，对规划项目实施中的相关技术问题提供咨询指导，对重大规划项目要进行跟踪指导、定期检查，对项目建设和运行管护等进行技术监督，为规划项目的实施提供技术保障，确保项目按照计划实施到位。

三是加强监督评估。

——强化督查评估考核。以贫困人口数量的减少、贫困人口生活水平的提高为核心指标，把扶贫工作作为各级党委、政府和相关部门中心工作，把其绩效考核作为其政绩的重要依据。党委、政府主要领导和相关部门主要负责人要进行年度扶贫攻坚工作述职，以贫困人口数量的减少、贫困人口生活水平的提高为核心指标，严格督查考核。县委、县政府每年开展一次扶贫攻坚工作述职，由乡镇党委书记、乡镇长向县委、县政府做扶贫攻坚工作述职，让群众参与、评价、监督。

——严格追究主体责任。把扶贫主体责任作为真正带"高压电"的"高压线"，把扶贫工作的业绩、成效与领导干部的职级、待遇全方位、深度挂钩。同时，要建立与减贫脱贫任务挂钩的干部任期制度，乡镇党政主要领导干部离任时要进行扶贫工作专项考察，并将结果作为能否离任的重要依据。对那些玩假数字、搞政绩工程、留下"烂摊子"的领导干部，即使离任了，也要严肃追究责任。

——创新考核问责机制。按照"月考核、季发奖、年终重奖"的办法，对完成年度减贫任务，季度考核和年度考核排名靠前的乡镇，县委、县政府分别给予表彰奖励。坚决推行脱贫不脱政策、脱贫不脱扶持的政策，对率先脱贫的村和单位给予相应的奖励，鼓励贫困群众放心脱贫致富。严格考核结果运用，对脱贫攻坚成效突出、群众公认的乡镇党政主要负责人、扶贫干部，优先提拔重用、评先评优；连续两年未能完成年度脱贫攻坚、减贫任务的乡镇，对其党政主要负责人按组织程序予以免职。凡年度脱贫攻坚主要目标任务未完成的县直单位，其主要负责人年终考评不能评先评优，不得提拔重用。推行干部经济待遇与精准扶贫工作成效挂钩制度，建立年度脱贫攻坚工作督查制度，对扶贫对象不精准、帮扶措施不落实、脱贫台账不真实的现象，要及时通报并严格追究相关人员责任。

B.6
"十三五"中方县脱贫攻坚研究报告

摘　要： "十二五"期间，中方县高举扶贫攻坚大旗，国民经济和社
会发展持续进步，取得了显著成效，为"十三五"脱贫攻坚
奠定了坚实基础。这表现在：综合实力显著增强、贫困人口
快速减少、特色产业快速发展、农村基础设施建设扎实推进、
民生保障与公共服务持续加强、贫困帮扶责任体系日渐健全、
农村基层党建工作不断创新等。"十三五"中方县脱贫攻坚
的主要任务是：推进产业发展、转移就业、易地搬迁、教育
支持、健康扶贫、生态保护、社会保障、社会帮扶等。保障
措施是强化规划引领、加强党的建设、创新体制机制、加强
政策支持。

关键词： 中方县　 "十三五"　 脱贫攻坚

　　坚决限时打赢脱贫攻坚战、实现贫困人口如期脱贫，是党和政府的重要
使命和郑重承诺，是全面建成小康社会的首要任务。中方县是武陵山片区区
域发展与扶贫攻坚重点县，贫困面大、贫困人口多、贫困程度深是最基本的
县情。"十三五"时期，中方县必须全面贯彻落实中央、省、市脱贫攻坚的
精神要求和决策部署，推进实施"两极一圈"和"旺市融城、强工促农、
兴旅活商、生态立县"战略，确保在既定的时间节点实现"三个率先"脱
贫攻坚目标。

一　脱贫攻坚的现实基础

　　"十二五"期间，全县上下认真贯彻落实中央、省委、市委和县委关于

实施精准扶贫、加快推进扶贫开发工作的决策部署，高举扶贫攻坚大旗，攻坚克难，锐意进取，实干当先，脱贫攻坚、全面小康工作全面推进，国民经济和社会发展持续进步，取得了显著成效，为"十三五"脱贫攻坚奠定了坚实基础。

（一）成效

1. 综合实力显著增强

"十二五"时期，全县经济保持平稳较快增长，生产总值由 2010 年的 48.85 亿元增长到 2015 年的 93.8 亿元，年均增速为 13.9%；人均国民生产总值由 2010 年的 2465 美元增长到 2015 年的 5862 美元；一般公共预算收入由 2010 年的 2.79 亿元增长到 2015 年的 5.31 亿元，年均增速为 13.7%；地方财政收入由 2010 年的 1.9 亿元增长到 2015 年的 3.19 亿元，年均增速为 10.9%；全社会固定资产投资由 2010 年的 32.05 亿元增长到 2015 年的 375 亿元，年均增速为 63.5%；社会消费品零售总额由 2010 年的 7.85 亿元增长到 2015 年的 15.15 亿元，年均增速为 14.1%。农村居民人均可支配收入由 2010 年的 4234 元提高到 2015 年的 8372 元，年均增速为 14.6%。

2. 贫困人口快速减少

全县上下坚持认清形势，准确领会精准扶贫的要求，不断健全责任体系，不断推出精准帮扶措施，不断拓宽投入渠道。"十二五"时期共获批扶贫项目 338 个，落实扶贫开发资金 5122 万元，全县贫困人口减少到 2015 年的 26269 人，贫困发率下降到 2015 年的 9.56%。

3. 特色产业加快发展

主要体现在：一是特色农业品牌效应日益凸显。规划实施了优质超级稻、油茶、优质果蔬、优质畜禽、优质水产、中药材和工业原料林等七大农业特色产业，湘珍珠葡萄获得国家地理标志产品称号，成为独具特色的"中方品牌"，桐木镇大松坡村被授牌为全省社会主义新农村示范村。2015 年，全县农林牧渔业总产值达到 21.13 亿元，比"十一五"末增加 10.23 亿元。五年发展市级龙头企业 11 家，其中省级 1 家；农村专业合作组织突破

200 家，其中省级以上专业合作社 6 家。二是文化旅游、商贸物流、房地产等服务业不断壮大。成功举办三届中国·怀化（中方）刺葡萄文化旅游节，"中国南方葡萄沟"获批国家 AAA 级旅游景区，旅游总收入达到 3.6 亿元。已初步建成中龙国际建材市场、金泰再生资源大市场等一批商贸物流企业。五年累计开发房地产项目 43 个，建筑面积达 344.29 万平方米。

4.农村基础设施建设扎实推进

"十二五"期间，全县大力推进农村安全饮水、电网改造、农村公路、宽带、沼气等基础设施建设。五年累计投入 5227.62 万元，解决了 10.58 万农村人口饮水安全问题；完成 94 座水库除险加固工程；修建国省道 41.7 公里、农村公路 192 公里；新建沼气池 2250 座；完成电网升级改造 85 个村；宽带入乡镇 22 个，入村 109 个，农村面貌不断改善，新农村建设成效显著。

5.民生保障与公共服务持续加强

"十二五"期间，农村各项社会事业大力推进，新农合、新农保、最低生活保障、社会救助实现全覆盖，农村教育、卫生、文化等蓬勃发展。全县就业形势稳定，其中新增农村劳动力转移就业突破 2 万人，被评为"全国农村劳动力转移就业工作示范县"。全县各类社会保险参保人员达 17.1 万人，基本实现农村困难人员低保应保尽保，实现农村养老与城市养老同步。五年累计改造 14.5 万平方米农村危房，农村初中校舍改造、校安工程、合格学校、薄弱学校建设全面推进，职教基地加快建设，学前教育不断发展。医疗卫生服务体系不断完善，基本医疗保障制度、国家基本药物制度实现全覆盖，新农合参保率 99.99%。顺利完成政府职能转变和机构改革、乡镇行政区划调整改革，职能并入和撤销县直行政事业机构 13 个，乡镇和建制村撤并率分别达 45%、39%。深化农村综合改革，农村土地确权发证和承包经营权流转改革有序开展。

6.贫困帮扶责任体系日渐健全

"十二五"期间，县里先后形成了一个决议、一个实施纲要、六个方案（普查核实工作方案、差异扶贫方案、驻村帮扶方案、扶贫攻坚考核方案、"一进二访"方案、金融扶贫实施方案）、一个办法（驻村帮扶考核办法）。

实施了扶贫攻坚到户到人规划，建立领导干部和县直部门联系贫困村、结对帮扶贫困户制度，实行脱贫攻坚军令状管理。建立健全"县负主体责任，镇负直接责任，工作到村到户，责任考核到人"的抓落实工作机制，确保脱贫攻坚各项任务的落实。

7. 农村基层党建工作不断创新

"十二五"期间，全县以深入开展创先争优、党的群众路线教育实践活动、"三严三实"专题教育和"两学一做"学习教育为抓手，大力加强学习型党组织建设。坚持重视基层、关心基层、加强基层，按照"硬件升级、软件变硬、保障有力、群众满意"的标准，层层压实基层党建责任，加大乡镇、村级和社区运转经费保障力度，大力推进乡镇"六小一中心"工程和村级组织阵地建设，全力打造基层党建升级版。

（二）机遇

"十三五"时期，全县站在了新的历史起点上，县域经济社会发展的国内外、省内外环境都在发生深刻变化，全县脱贫攻坚面临着全新的发展机遇。

1. 脱贫政策支持强劲

为决胜"十三五"脱贫攻坚，从中央到地方实施全面脱贫战略，各部委在产业扶持、转移就业、易地搬迁、教育支持、医疗救助等方面出台了《中国农村扶贫开发纲要（2011～2020年）》《关于创新机制扎实推进农村扶贫开发的意见》《中共中央国务院关于打赢脱贫攻坚战的决定》《国家"十三五"脱贫攻坚规划》《湖南省农村扶贫开发实施纲要（2011～2020年）》《关于创新机制扎实推进农村扶贫开发工作的实施意见》《中共湖南省委关于实施精准扶贫加快推进扶贫开发工作的决议》《湖南省农村扶贫开发条例》《湖南省国民经济和社会发展第十三个五年规划纲要》等提高扶贫攻坚针对性和实效性的政策措施和规划。作为武陵山片区区域发展与扶贫攻坚的重点地区，中方县必将强有力地获得国家、省以及各部委在基础设施建设、产业发展、公共服务、社会事业、用地计划和城乡建设用地增减等方面的优惠政策，为脱贫攻坚赢得前所未有的政策利好。

2.区域地位优势凸显

省委、省政府对怀化作出了"一极两带"新定位。"十三五"期间，市委、市政府奋力实施"一极两带"和"一个中心、四个怀化"战略，致力于创建"向西开放桥头堡""五省边区生态中心城市""生态文化旅游区""绿色经济样板区""脱贫攻坚示范区"，构建鹤中洪芷核心引领区，加快推进鹤中洪芷城镇群建设，中方县作为未来怀化中心城市的重要组成部分，区位交通优势更加明显，将全面融入中心城区，由城郊向城市转型，由承担城市的局部功能向承担城市的整体功能转型，这些将为加快推进城乡一体化、补齐城镇化短板提供更为广阔的空间，在更广领域、更高层次上开放发展，为脱贫攻坚营造更加突出的区域优势。

3.创新活力持续迸发

县委县政府顺势而为，因势利导，适时提出城镇综合提质三年行动计划，强力推进城镇综合提质十大工程，建设城郊休闲农业产业示范区，推进"一权两制一司"园区管理体制改革，推进"简政放权、放管结合、优化服务"和商事制度改革，创新投融资体制机制，这些重要战略和举措，找到了中方的发展脉络，点准了中方的发展穴位，突出了中方的发展重点，取得了阶段性成果，其成效正在集中凸显，必将极大地推进全县全面深化改革向纵深发展，激发新的发展动力和全县人民对美好生活的追求，为脱贫攻坚提供强劲动力和保障。

（三）挑战

"十三五"期间，我国社会经济发展总体态势发生了重大变化，经济发展新常态下全县脱贫攻坚面临更为严峻的新挑战。2015年，为优化要素资源整合，理顺关系、转变职能，湖南深入推进了乡镇区划工作。村组合并后，中方县贫困村总数由原70个变为50个。尽管全县"十二五"扶贫开发成效明显，跻身"全省扶贫实绩综合考核前20位县第八名"和"全省精准扶贫部分考核前20位县"行列，但要在2017年实现"三个率先"战略目标，确保贫困县摘帽、所有贫困村退出、贫困人口稳定脱贫，面对当前尚有 43 个贫困村 1.9 万贫困人口的县情，和只有不到一年的时间，无疑任务非常艰巨。

1. 基础设施完善难

"十二五"期间，全面小康 5 大类考核指标中占比最大、权重最高的经济发展和人民生活 2 个大项，实现程度为 85.4% 和 84.9%，均低于全省平均水平。从单向指标来看，"贫困发生率""金融机构各项贷款增长率""城镇化率""人均储蓄存款""农村生活污水处理率"等 5 项考核指标，目前实现程度分别为 39.1%、48%、74.1%、41% 和 59.3%，均未达到指标要求。农村基础设施建设较薄弱，贫困群众的生产生活条件急需改善。

2. 产业扶贫显效难

突出表现在有的乡镇没有按照"四跟四走"的路子推动扶贫产业发展，没有因地制宜施策，导致扶贫资金使用成效欠佳；有的在产业扶贫方面举措不多、落实不力、思路不清、方向不明，迟迟确定不了主导产业；有的扶贫产业资金报账率低，项目推动不力。

3. 扶贫资金筹措难

"十三五"期间，全县脱贫攻坚规划项目所需投资 33.95 亿元。虽有中央、省、市大力支持，但县本级财政实力较弱，2015~2016 年全县计划投入财政专项扶贫资金 10786 万元，其中县本级财政配套投入为 2480 万元。加之，各类财政专项资金难整合，金融扶贫资金难撬动，社会扶贫资本难引导，部门帮扶资金十分有限，多元化扶贫投入格局尚未形成，扶贫资金量与贫困群众的需求存在很大差距。

4. 扶贫责任落地难

全县脱贫攻坚考核体系尚需进一步细化、完善，跟踪督查和责任追究欠到位，加之一些村级组织凝聚力、战斗力不够强，导致责任体系执行层面一定程度上存在"上热下冷"的现象。

高举中国特色社会主义伟大旗帜，全面贯彻党的十八大和十八届三中、四中、五中、六中全会及中央扶贫开发工作会议精神，深入贯彻落实习近平总书记关于扶贫开发工作的系列重要讲话精神,坚持"五位一体"总体布局和"四个全面"战略布局,全面贯彻创新、协调、绿色、开放、共享发展新理念,坚持以提高经济发展质量和效益为中心,以全面建成小康社会为总抓手,以市委、市政府"一极两带""一个中心、四个怀化"战略为主线,紧紧围绕率先实现脱贫摘帽、率先建成全面小康、率先建成怀化生态中心城市先导区的总体目标,深入实施"两极一圈"战略,深入推进党建引领工程,坚决打赢脱贫攻坚战,奋力谱写富饶美丽幸福中方的新篇章。

二 脱贫攻坚的主要任务

(一)推进产业发展脱贫

深入实施"一极两带""一个中心、四个怀化"和建成"全国生态文明县、武陵山片区精品生态文化旅游重要集散地、大湘西产城融合示范区"总战略,以"两极一圈"带动区域发展,把发展特色产业作为精准脱贫的主渠道,积极探索"资金跟着贫困对象走、贫困对象跟着能人走、能人和贫困对象跟着产业项目走、产业项目跟着市场走"的"四跟四走"产业扶贫新路子,采取大户带动、股份合作、委托帮扶、订单服务、滴灌造血5种方式,积极推进"一村一品、一户一策",实施整片、整乡、整村推进的扶贫规划,重点发展与扶贫关联度高、贫困人口能够广泛参与的特色种植业、农产品加工业,以特色种养为前置条件的乡村旅游业,加大推进电商扶贫和资产收益扶贫工程建设,科学引进、筹建能带动脱贫且有发展前景的企业和大项目,调动企业扶贫的积极性,以项目为抓手牵引整个贫困地区的整体脱贫。力争到2017年在43个预退出贫困村实施43个产业增收项目,从多种途径入手,力争带动全县5041户、17473名贫困人口稳定增收1851万元;到2020年,特色优势主导产业体系基本形成,每个主导产业均形成1~2个带动能力强的农业产业化龙头企业,贫困地区自我发展能力显著增强,贫困户户均从事一种稳定增收产业，产业扶贫增加贫困人口纯收入达到 1 万元以上，扶贫产业总产值 22 亿元，增长率达到 18.54%，扶贫产业总效益达到 6 亿元。

1. 发展特色种植业

蔬菜产业。在扩大乌葱、辣椒、西红柿、红茄、芹菜等传统蔬菜品种的栽培规模基础上，通过培育经济合作组织，推广设施栽培，带动农户入股或订单标准化生产反季节蔬菜，利用山区特色推广生产鱼腥草、山蕨菜、小竹笋、鸭脚板、野生黄花菜等特种蔬菜。重点规划包括 41 个贫困村在内的"桐木蔬菜设施栽培区、铜湾—铜鼎沅江两岸蔬菜设施栽培区，S223（省道）北大门带、泸阳—花桥时鲜蔬菜种植带，S312（省道）东半县带、新建—袁家—新路河—铁坡生态蔬菜种植带"的"两区两带"蔬菜产业布局，提质改造露地栽培蔬菜基地 1 万亩、建设设施栽培蔬菜基地 0.5 万亩、建设5000 吨香菇生产基地，配套建设蔬菜初加工服务点 10 个。到 2015、2020年，蔬菜种植面积分别达到 3 万亩、4.5 万亩，产量分别达到 27 万吨、40.5 万吨。通过培育和扶持专业大户组建营销经济组织，以蔬菜设施栽培为主要建设内容，走初加工鲜销的产业路线，打造中方蔬菜品牌和山野菜品牌，到 2020 年通过蔬菜产业扶贫实现 1527 户 5193 人建档立卡贫困人口脱贫。

葡萄产业。以桐木镇、铁坡镇、花桥镇为核心种植示范区，全县推广种植，提质改造位于中方镇、花桥镇、泸阳镇、新建镇、袁家镇、接龙镇、桐木镇、蒿吉坪乡的葡萄园，规划提质改造葡萄园 4 万亩、新建葡萄园 3.2 万亩。大力扶持引进湖南海联集团、怀化欧劲果业等龙头企业，立足葡萄产业优势和刺葡萄产量优势，拉长产业链条，提升葡萄产业精深加工能力，积极发展葡萄酒、葡萄汁加工，有效解决新鲜葡萄市场销售问题，力争葡萄酒加工能力达 0.4 万吨、葡萄汁加工能力达 1.2 万吨，并大力推进葡萄休闲观光旅游。通过产业整合发展，打造葡萄产业公共品牌，到 2020 年通过葡萄产业扶贫实现涉及全县 12 个乡镇 50 个贫困村的 3217 户 10943 个建档立卡贫困人员脱贫。

香菇产业。县财政进一步加大对香菇产业的专项扶贫资金扶持力度并实施产业发展优惠政策，在项目、资金、用地上给予相应支持，通过引进随县专家和技术人员定期举办香菇种植技术培训班，帮助贫困户掌握相应的种植技能，特别是对贫困户种植发展香菇产业给予扶持，解决机械设备、菇棚筹建投入问题。由县扶贫办委托惠民公司先期帮扶中方镇、桐木镇、花桥镇、铁坡镇、泸阳镇等5个乡镇9个村建设标准化香菇大棚，在锦溪村、中心村、大庄村等地建成香菇示范基地，由惠民公司按照保底收购价进行收购，贫困农户与所在村按照一定比例进行利益分配；所有的贫困农户被纳入香菇基地帮扶范围，参与的农户得到务工收入和股份分红。

优质稻产业。以铜湾镇为中心，集中连片发展沅水沿岸区域，重点覆盖花桥镇、泸阳镇、下坪乡、中方镇等乡镇，辐射带动整个怀化及大西南区域。2015年、2020年超级稻种植面积分别达到10万亩、15万亩，产量分别达到70万吨、100万吨。建设排灌分开、水利设施完备、机耕道配套、生产方便、土壤肥沃的标准化田园；建立一套由标准体系、服务体系、质量控制体系、质量认证体系、生产组织体系、监督体系组成的超级杂交稻生产操作规程。2016～2020年，继续新增优质超级稻种植面积，加强基础设施建设，打造产品品牌。

打造特色有机鲜果生产基地。充分发挥县区位和资源优势，坚持"一乡一业、一村一品"和连片"建园式"的发展模式，加快推进桐木葡萄、活水金秋梨、龙场杨梅、泸阳提子、下坪西瓜、牌楼柑橘等多个品牌产品发展，引进扶持鲜果生产龙头企业，在"新建—袁家—铜湾—铜鼎"一线规划建设专业鲜果生产基地，打造具有中方地域特色的有机鲜果品牌和生产基地，通过鲜果业的提质增效带动农户脱贫致富。

2. 发展特色畜牧产业

建立健全科学、规范的良种推广体系。抓好生猪、牛、羊、家禽等品种的改良，加强怀化新康、恒建等规模种猪场建设，做大桐木山地生态养鸡、花桥大山禽业蛋鸡生产等家禽规模养殖。引导新康牧业种猪扩繁场等养殖龙头企业强化责任意识，将良种场、农户的利益有效串联起来，形成利益共同体。进一步完善牛羊冷配站及生猪品改站建设，全面推广牛羊冷配及生猪人工授精，不断提高良种覆盖率。加大大康原种猪场的建设力度，积极引进推广大约克、杜洛克等优良生猪品种，加强枞江香猪等外来种猪品种资源的利用和开发、提纯复壮；以罗曼、尼克等优良蛋鸡品种为重点，建蛋鸡、肉鸡设施相配套的父母代种禽场制种供种体系；积极引进推广四川白鹅优良肉鹅品种，西门塔尔、利木赞等优良肉牛品种，波尔山羊、南江黄羊、努比亚等优质肉羊品种。

实施"畜禽标准化生产示范基地"创建工程。加快养殖方式、资源利用方式的转变，着力提高养殖业标准化、规模化水平。重点以蛋鸡场标准化栏舍建设、有机肥加工、蛋品加工为主要内容抓好大山农业开发有限公司蛋鸡改扩建项目，以桐木镇、铜鼎镇为主要建设点抓好林地生态养鸡项目，以新建、铁坡、铜湾、桐木等乡镇为主要建设点抓好中方县草食动物养殖基地建设项目。力争到2020年，全县规模养殖场标准化生产率达85%以上，实现"操作有规范、过程有记录、市场有监管、质量可追溯"的目标。

3. 发展特种水产养殖业

重点引进斑点叉尾鮰、工程鲤鲫、中华鲟、长吻鮠等特优水产品种。实施"水产健康养殖示范场"创建工程，进一步强化水域滩涂养殖权证的管理，推进池塘标准化鱼池升级改造，推广测水施肥、底部增氧、水质在线监测、鱼病远程诊断、水处理与循环利用等先进实用技术。重点在铜湾、铜鼎、新路河、丁家4个乡镇实施中方县铜湾库区水产综合养殖建设项目，在牌楼镇、炉亭坳乡实施中方县金樽生态渔业示范园建设项目，以铜湾库区为核心，建设较高水平、具有地域特色的现代渔业产业园区、休闲观光渔业园区，大力发展精品渔业、休闲渔业、设施渔业。

4. 发展特色林业

油茶产业。由县委、县政府出台制定油茶产业发展扶持政策，对规定规划区域内集中连片实施油茶低改垦复面积10亩及以上并连续垦复两年以上的，油茶新造集中连片5亩以上且实施标准化生产的经营组织和个人，按照不同标准给予相应补助。形成了以209国道为轴线，覆盖4个乡镇的中方片区产业带；以 S223 省道为轴线，覆盖泸阳镇片区 4 个乡（镇）的产业带；以 S312 省道为轴线，覆盖中方县东部铜湾、铁坡两大片区 14 个乡镇的产业带。到 2015 年油茶种植面积达到 35 万亩，茶油产量达到 3500 吨；2020 年油茶种植面积达到 43.5 万亩，茶油产量达 6500 吨。引进龙头企业进驻中方县进行油茶产业开发，先期帮扶铁坡乡江坪村、炉亭坳乡炉亭坳村、聂家村乡细面垅村、袁家乡野星村、活水乡王家村等贫困乡村油茶造林，鼓励广大林农参与油茶产业建设，鼓励龙头企业采取"公司＋村集体＋基地＋农户"的方式在扶贫村或移民村集中连片开发优质油茶基地。

特色中药材。重点在铁坡镇、活水乡、锦溪乡、蒿吉坪乡等三乡一镇抓好以金银花、白术、杜仲、天麻、紫珠等为主的中药材标准化基地建设，对于申办绿色食品认证的企业及基地，县财政给予专项申报资金支持。继续全力引进中药材深加工企业，延长"公司＋基地＋农户"产业链条，促进中药材产业不断良性发展。到 2020 年，中药材产业年总产值达到 2 亿元以上。

5. 培育特色农产品品牌

坚持以市场需求为导向，发挥农业资源优势，调整优化农业布局和结构，促进农林牧渔结合、种养加一体，加快推进特色农林产品基地建设，实施一批重大特色农业项目，建设一批特色农林产品标准化良种繁育基地，实现农业品牌基地化、农业基地品牌化。按照"优质、高产、高效、生态、安全"的要求，结合省"湘米工程"项目，建设高档无公害优质稻生产基地，围绕湘珍珠葡萄、龙场杨梅、山下红柑橘、花桥豆腐、中方斗笠、铜湾河鱼等六大地方特色，优质超级稻、油茶、果蔬、中药材、畜禽水产和工业原料林等主导产业，积极引导农产品加工企业向园区集聚，发展农村电子商务，加大"三品一标"认证力度，强化农产品质量监管，拓展果蔬、冷链、医药物流，扶优扶强农业产业化龙头企业。积极引导农副产品加工企业向园区聚集，重点扶持大康九鼎、双胞胎饲料、大康牧业、欧劲果业、洪源农林、和美饲料、海大饲料、安佑饲料、富源油业、金糯咪食品等龙头企业做大做强，力争将中方县打造成为中国西南地区重要的农副产品深加工基地，推动特色农产品品牌的示范与推广。到 2020 年，全县农副产品精深加工业实现工业总产值 60 亿元以上。

6. 鼓励发展农合组织

创新扶贫开发方式，支持推广"专业合作组织＋农户"和"龙头企业＋专业合作组织＋农户"等产业化经营模式，进一步完善利益分配机制，让农户分享增值收益；鼓励农民兴办专业合作和股份合作等合作社；鼓励合作社产品申请"三品一标"认证，促进合作社做大做强；鼓励农地股份合作社、劳务合作社、社区股份合作社等新型合作组织与专业合作社相互融合发展，提升资源要素配置效率。到 2020 年，全县 35% 的耕地由新型农业经营主体经营，发展家庭农场 100 家、农民合作组织 100 家，培育市级以上农业产业化龙头企业 15 家。

7. 乡村旅游扶贫

实施乡村旅游产业带建设工程。依托中方县独特的地理区位、生态环境、古村落文化、山水资源和农业产业分布情况，重点依托中方镇、泸阳镇、桐木镇、花桥镇、铜湾镇、铁坡镇、新建镇、新路河镇、接龙镇、袁家镇、铜鼎镇、蒿吉坪瑶族乡，打造涵盖全县 12 个乡镇 50 个贫困村在内的三条乡村旅游产业带。一是 S223 东北部线路（板块），重点依托原生态山地资源和奇异的地形地貌以及杨梅、葡萄、柑橘等鲜果资源，以田园风光、水果采摘体验、山地峡谷探险、养生度假、民俗民宿和餐饮服务为建设重点。二是 S312 东部线路（板块），重点依托康龙景区、黄溪景区、江坪古村、黄莲峡漂流等重点景区，以发展山区特色农产品种养与销售、山地生态休闲观光、水上运动与旅游、山区特色民宿、山地养生健身和古村落传统民间民俗文化、瑶族民俗文化、农耕文化展示为建设重点。三是 G209 南部线路（板块），重点依托桐木"中国南方葡萄沟景区"、五龙溪水库、芦回溪景区、荆坪景区、马家溪景区、房溪森林公园，以特色鲜果采摘、休闲游乐、农业观光、民宿餐饮等为建设重点。通过乡村旅游产业带建设，促进中方县一二三产业一体化融合发展，为贫困人口提供景区服务就业、发展配套农业产业、开展旅游服务等机遇，带动贫困人口脱贫致富。

实施乡村旅游功能区建设工程。围绕"一核一圈两带"区域旅游发展布局，重点抓好五个乡村旅游功能区建设。一是城郊旅游休闲体验区。主要包括县城规划区以及中方镇、桐木镇、花桥、泸阳等紧邻怀化市区的乡镇，充分利用中心城市郊区优势和交通便利条件吸引城市旅游客源，合理开发区内自然、人文旅游资源，以荆坪古村文化旅游休闲度假区开发建设、桐木葡萄沟 AAAA 级景区创建、龙泉湾温泉度假区等重大项目建设为依托，拓展城市发展空间，增强城市休闲功能。二是古村古寨文化融合区。主要包括铁坡、接龙、蒿吉坪、铜湾等历史悠久、风土人情独具一格的乡镇。以荆坪古村、江坪古村等为核心，以古村群落带为辅助，深入挖掘古村历史底蕴，融合地域特色文化，打造颇具影响力的古村古寨文化融合样板区。三是山水生态养生度假区。主要包括新建、铜湾、下坪、袁家等生态良好、生态旅游资源丰富的乡镇，定位为生态度假旅游目的地，并加快推进新建小岩、铜湾黄溪等一批美丽乡村旅游扶贫项目落地生根。四是沅江水上观光体验区。主要包括新路河、铜湾、铜鼎三个乡镇，依托沅水河畔迷人的自然山水风光，以铜湾水电站为核心景区，定位为水上观光游乐休闲目的地。五是现代农业休闲观光区。围绕打造怀化城郊休闲农业示范区目标，开发培育以农业产业化、耕种体验化区为主体的泸阳—花桥农业休闲观光区，培育打造以果蔬采摘品尝、规模农业产业园休闲观光为主体的桐木中国南方葡萄沟、华汉茶园等休闲观光农业景区，开发五龙溪水利风景区。

加强乡村旅游基础设施建设。新建、改扩建全县乡村旅游景区、旅游交通线路、旅游点、旅游集散中心、旅游餐馆、旅游娱乐购物场所、旅游步行街区的旅游厕所。按照轻重缓急、分期分步实施的原则，"数量充足、干净无味、实用免费、管理有效"的目标，到 2020 年，共新建和改扩建厕所 100 个，实现让全县乡村旅游厕所建设管理整体走在全市前列。加强乡村旅游道路设施建设，在现有路网体系的基础上，加快建设和完善旅游城市（村镇）之间、旅游城市（村镇）无缝对接 A 级以上景区以及其他景区间的交通道路体系，抓好全县乡村旅游公路建设、交通断头路和瓶颈路的分批改造。

强化乡村旅游公共服务建设。一是实施乡村旅游交通服务体系建设工程。重点推进乡村旅游交通引导标识系统、观景休闲平台、休闲驿站、驿道、自驾车（房车）营地以及生态停车场的建设，完善自驾游服务体系、公共交通中转和换乘服务体系，建立和完善全县汽车租赁服务网络。二是实施旅游咨询服务体系建设工程。重点建设以怀化市旅游咨询集散中心为核心，以各交通枢纽及重点景区为节点的旅游咨询集散网络，鼓励旅游城镇建设旅居共享的市民游客服务中心，逐步形成完善的旅游集散系统，推进咨询网点的信息化，完善旅游咨询、投诉、集散等旅游公共服务。三是实施"乡村旅游＋互联网"建设工程。建设中方旅游"三网一库"（政务网、商务网、资讯网、基础数据库）。主动融入大湘西旅游区，建立旅游城市大数据合作联盟，建设安全应急管理联动指挥平台、旅游行业管理平台、旅游市场营销管理平台，实现"在线游、在线行、在线购"以及线上线下服务集成。

培育乡村旅游特色品牌。立足各村的资源优势，科学引导乡村旅游有序开发、合理布局、差异化发展，突出产品特色，集中打造荆坪古村文化旅游休闲度假区、中国南方葡萄沟、五龙溪城郊观光休闲旅游综合体、炉亭坳山地旅游度假区、帽子坡·房溪游乐区、康龙·黄溪自然山水养生度假区、新路河·铜湾·铜鼎沅江水上观光体验区、铁坡·菁吉坪古寨民俗文化旅游区、泸阳·仙人谷花桥农业休闲观光区等景区景点。加强对乡村旅游精品景点线路的宣传推广。充分发挥报纸、网络、广播等媒体作用，形成多层次、多渠道的宣传推介格局，并通过参加节会、召开推介会、旅游咨询等方式，全面推介贫困村的乡村旅游品牌。着力开发乡村旅游产品和商品，包括古村古寨文化旅游、体验式休闲观光农业、健康养老、度假旅游、水上游乐、主题乐园、特色购物等大型乡村旅游产品，及以桐木葡萄、三湘红柑橘、龙场杨梅为主打的水果，以中方斗笠、中方酒歌、中方霸王鞭为代表的民俗产品，以铜湾河鱼、花桥豆腐、龙场狗肉、铜鼎毛狗、黑猪为代表的地方美食等乡村旅游商品。

8.推进电商扶贫

推进农村电商服务平台建设。以建设"怀化中方电商创业园"为契机，将农村电子商务的配套设施纳入新农村建设整体规划，加快建设全县农村信息化综合服务平台体系，加强电商扶贫"三有一能"建设。充分运用"互联网＋"农业技术，推进设施园艺、畜禽水产养殖、质量安全追溯等农业生产经营领域的互联网示范应用，特别是支持现代农业示范区利用移动视频监控、二维码、物联网等技术，实现农产品生产、加工、储藏、运输和销售全过程信息化。建立县乡两级农产品销售平台，推动移动互联网、大数据、云计算、物联网等新一代信息技术与农业跨界融合，大力发展基于互联网平台的现代农业新产品、新模式与新业态。建设一批农村电商综合服务中心，通过物流补贴等方式，在各镇处及特色产业（品）突出、交通便利、人口集聚的村，建设电商服务站（点），打造全县聚京东、淘宝、村邮、快递、金融等于一体的、统一的小型镇村级公共服务中心，发展多形式、多渠道、多类型的物流快递服务业。

加快培育农村电商市场主体。鼓励新型农业经营主体和产业大户通过电子商务开拓市场，促进农产品进城、工业品下乡双向流通，真正解决农村买卖难的问题。采取教育培训、资源投入、市场对接、政策支持、提供服务、资费补助等方式，鼓励帮助贫困户开办网店，销售农产品。当地电商龙头企业、网络经纪人、能人大户、专业协会通过开展贫困户网店"一对一"对接，帮助贫困户提高网店运营效益。鼓励将具备条件的村级农家乐、供销合作社基层网点、农村邮政局所、村邮站、快递网点、信息进村入户村级信息服务站等改造为农村电商扶贫代销网点，对暂不具备开办网店条件的贫困村，鼓励在服务站点内开设扶贫网店，代销农特产品。积极开展农村电商人才培训，重点开展互联网知识、网购操作、网上开店技巧和特色产品信息采集发布、创意设计、包装、营销等技能培训。

加强与知名电商企业合作。积极与阿里巴巴、京东、1号店、苏宁云商等全国知名大平台和本省知名电商平台合作，重点抓好阿里巴巴农村淘宝项目，培育本土涉农电商平台，整合上下游产业资源，完善服务功能，拓展网上农贸市场、数字农家乐、特色旅游等新领域，实现网上购物、在线支付、物流仓储、快递配送等农村电子商务的协同发展，推动建立覆盖市、县、镇、村的电子商务运营网络。

9. 资产收益扶贫

完善资产收益扶贫扶持制度。加快推进农村承包土地经营权、农村宅基地和建设用地使用权、农村集体林权确权颁证。鼓励贫困户将承包土地经营权和个人财产入股专业大户、家庭农场、农民合作社等新型经营主体和龙头企业、产业基地，获得资产收益，增加个人财产性收入。鼓励贫困村将农户和集体拥有的土地、林地、草地、荒山荒坡、滩涂、水面、房屋、建筑物、机械设备等资源资产股份量化后入股开展生产经营活动，激活农村资源要素，增加集体经济收益，使贫困户享受分红、就业、技术指导、产品回购等多种收益。鼓励财政专项扶贫资金、涉农资金和社会帮扶资金通过特许经营、投资补助、政府购买服务等多种方式，投入设施农业、养殖、光伏、水电、乡村旅游、商业铺面等项目形成的资产，贫困村、贫困户以租赁、经营收费或入股经营等方式获取收益。鼓励将财政投入到村到户的发展类资金转为村集体或贫困户持有的资本金，折股量化到村到户后，入股到龙头企业、农民合作社或种养大户等市场经营主体，通过引导贫困户参与生产，或贫困户与企业签订合作协议、贫困户按股分红，或采取委托合作的方式，贫困户将扶贫小额贷款直接委托给企业，项目收益按比例分成，增加贫困户的收益。

探索建立扶贫资源资本化投入机制。积极推行农村资源变股权、资金变股金、农民变股民的改革试点。创新资源开发占用农村集体土地的补偿补助方式，探索农村土地承包经营权、村民住房财产权、集体建设用地使用权、林权抵押试点等相关改革，因项目建设占用或影响导致土地被征收、被征用的农村集体经济组织，可以使集体土地及土地上的附属资产等折股量化，形成集体股权，使贫困村集体和贫困人口分享资源开发收益。建立公司化经营模式、公司＋农户经营模式、公司＋农户＋村支部经营模式等利益联结机制，鼓励贫困户按照量化到户、股份合作、保底分红、滚动发展的原则，抱团入股参与企业、合作社生产经营，最大限度释放贫困村贫困户的资产潜能，增加贫困户的资产收益。

建立健全收益分配监管机制。根据项目类别，按照归口管理原则，乡镇政府制定资产收益方案，具体包括分红比例、方式，以及对经营状况、财务报表、年度利润、分红额度等的认定方式、核查方法和纠纷处理办法。县级主管部门加强对实施主体的资格审查，加强对贫困村集体和贫困户资产运营、收益分配和风险的防控监管，建立资产投入风险评估机制和退出机制，确保资产安全与资产收益保底、按股分红、及时兑现。将村社股权量化收益纳入村级财务，按照民主理财、民主管理、民主监督的原则，统一资金管理、银行账户、报账程序、财务公开、档案管理，由县级主管部门和乡镇人民政府监督。加强档案管理，做好全过程文件资料的收集整理和归档工作，确保档案资料齐全完整，加强记名股权凭证的管理，建立股权台账和股权档案，实行动态管理。

（二）推进转移就业脱贫

着力推动贫困人口转移就业，加强转移就业人口技能培训与服务，逐步实现贫困人口稳定就业，不断提高贫困人口的自我发展能力。

1.大力开展职业技能培训

加强劳务输出培训。加大劳务输出培训力度，制定劳动力就业培训计划，统筹使用各类培训资源，以就业为导向，提高培训的针对性和有效性，分期分批做好贫困人口劳动力就业培训和技术技能培训，2016年贫困人口培训2200人次。

加强职业技能培训。实施"春潮行动"，抓好新生代农民职业技能提升计划。提高"雨露计划"信息化水平和技能培训补贴标准，简化补贴对象认定程序，实行应补尽补、直补到户，2016年完成200人，2017年完成240人。实施"一家一"助学就业·同心温暖工程，每年帮扶一批贫困学生完成职业教育并推荐就业，对接受中、高等职业教育的农村建档立卡贫困家庭子女，按每人每学年不低于2000元的标准给予学费资助。积极开展贫困村创业致富带头人创业培训，把能人培养放在重要位置，带产业、促就业，每个贫困村至少培养1名以上致富带头人。

开展实用技术培训。全面开展贫困家庭劳动力实用技术培训，对参加半年以上职业技能培训获得初、中级职业资格证书的每人资助1500元，确保缺技术贫困户劳动力至少掌握一门致富技能。

2.多渠道促进转移就业

突出劳务协作脱贫。实施"一户一产业工人"培养计划，全面提升贫困人口科技文化素质和就业能力，确保全县有符合培训条件和培训愿望的易地扶贫搬迁集中安置户"一户至少有一名产业工人"。建立"线上线下"综合服务平台，充分利用线上湖南公共就业服务信息管理平台、怀化市找工作网、劳务协作脱贫微信及QQ工作群及线下县人社局大厅LED电子显示屏（滚动播出企业招工信息）等，完善劳务输出服务体系。构建稳定就业增收脱贫的"绿色通道"，与长沙蓝思科技、深圳比亚迪、湖南骏泰新型材料有限公司、金升阳（怀化）科技有限公司、中程箱包有限公司5家县外大公司及怀化高新区、中方工业集中区16家骨干企业建立劳务协作关系。

积极引导转移就业。引导和推进贫困人口就地就近转移就业，抓好农村贫困人口就业开发和转移工作，开展"岗位三进"活动，即适时开展招聘岗位进家庭、进社区、进乡村活动。加快推进区域劳务协作脱贫，将有劳动能力和就业愿望的建档立卡贫困人口纳入就业援助范围，加强与沿海地区、长株潭地区的精准对接，有效输出、高效培训、稳定就业，建立和完善劳务协作信息平台。选择培训和引导一批青壮年剩余劳动力向沿海发达地区转移就业，帮助贫困村群众逐步实现增收脱贫致富奔小康目标。建立和完善输出地与输入地对接机制，建立定向培训就业机制，依托龙头企业带动就业，积极开展校企合作、订单培训，力争培训1人、就业1人。

积极落实转移就业优惠政策。摸清劳务输出需求，依托"一区两园"和县城综合提质工程，召开县内企业人士座谈会，鼓励引导企业参与脱贫攻坚，制定出台劳务输出的奖励措施。积极鼓励自主创业，对自主创业带动就业的贫困人口，优先纳入"双百资助工程"；对有创业愿望并具备一定创业条件的贫困人口，给予创业担保贷款扶持。设立促进转移就业专项资金，对招录贫困人口并签订一年以上劳务合同的企业和组织带领贫困人口跨市县或跨省转移就业的劳务经纪人，给予一定奖励；对被认定为省级示范基地的农民工返乡创业园，给予一定奖励，对安排贫困人口就业的企业给予一定补贴。鼓励贫困人口进城落户，支持贫困人口依法自愿有偿转让土地承包经营权、宅基地使用权、集体收益分配权。

（三）推进易地搬迁脱贫

按照"政府主导、科学规划、群众自愿、量力而行、精确瞄准"的基本原则，对"一方水土养不起一方人"的建档立卡贫困人口实施易地搬迁扶贫，着力完善水、电、路、气等基础设施和教育、医疗等基本公共服务。争取到2020年，确保4128名贫困人口搬得出、稳得住、能脱贫，与全县人民一同迈入全面小康。

1. 精准识别搬迁贫困户

科学制定搬迁规划。不断增强扶贫开发工作针对性，提高精准扶贫成效，按照整体搬迁的要求，对不同类型的贫困村采取分类指导原则，制定《中方县易地扶贫搬迁实施方案》。2016年完成易地搬迁312户1307人，2017年完成贫困对象搬迁安置822户2821人。到2020年，迁出地旧房拆除、宅基复垦、重新规划，迁出人口人居环境全面改善，实现充分就业，年人均纯收入达到迁入地平均水平。

合理确定搬迁对象和范围。以建档立卡贫困人口大数据平台为依据，合理确定易地搬迁贫困人口规模和任务。"十三五"期间，全县需易地搬迁的贫困户为1134户，贫困人口4128人。充分遵从贫困群众意愿，对地处高寒山区、石山区、水库淹没区、饮用水源稀缺区、地质灾害频发区等自然条件恶劣的贫困村实施移民搬迁，确保全县贫困人口生态移民、搬迁致富。

2. 积极稳妥实施搬迁安置

因地制宜选择搬迁安置方式。坚持"政府主导、群众自愿、量力而行、就近方便安置"的基本原则，采取集中安置为主、分散安置为辅的方式，紧密结合新型工业化、新型城镇化、新农村建设、农村危房改造，实施《中方县易地扶贫搬迁实施方案》。结合小城镇建设，完善基础设施配套建设，规范建房风格，做到既有新房又有新村。生存困难型贫困村，主要采取生态移民方式推进扶贫开发。对划入生态移民范围的农户，根据安置方式、搬迁成本和脱贫预期效果，实行差别化奖补。发展受限型贫困村，主要加强水、电、路、气、信息和环保等基础设施建设，着力改善人居环境。大力开展劳务技能培训，发展劳务经济，并加大低保、医保、新农保支持力度。潜力可挖型贫困村，重点实施农业基础设施建设，面向市场发展现代农业。积极扶持农民合作组织、家庭农场，带动贫困户参与产业开发。按照全面小康生活标准，加强社会、文化和生态建设，促进全面发展。

加强资源整合力度。加大政府投入，创新金融扶贫机制，用好开发性金融资金，完善搬迁后扶政策，将易地搬迁与产业扶贫、扶贫小额信贷、"雨露计划"、开发搬迁地公益性岗位等有机结合起来。生态移民项目，资金从行业部门切块统一使用，统筹安排。将易地搬迁安置与住房保障服务结合起来，加大货币安置力度，形成多渠道、多形式解决群众住房困难的住房保障体系，确保贫困人口住有所居。"十三五"期间，全县投入26352万元，解决1225户4128名易地扶贫搬迁户的住房问题，实现贫困户住者有其屋。

强化配套基础设施和公共服务。按照"保障基本、安全适用"的原则，规划建设建档立卡搬迁户安置住房，严格执行人均住房建设面积不超过25平方米的标准，严禁未稳定脱贫的搬迁群众自行举债扩大安置住房建设面积。配套建设安置区水、电、路、网，以及污水、垃圾处理等基础设施，完善安置区商业网点、便民超市、集贸市场等生活服务设施。规划建设必要的教育、卫生、文化体育等公共服务设施。

3. 促进搬迁群众稳定脱贫

提高搬迁群众自我发展能力。通过发展特色经济、参与合作社经营、开展乡村旅游、务工就业等渠道，促进搬迁群众稳定就业增收。加强对建档立卡搬迁群众的职业技能培训和就业指导服务，确保有意愿的搬迁群众至少接受一次职业培训，掌握一项就业技能，提高搬迁群众参与产业发展脱贫致富的能力和质量。在集中安置区设立卫生保洁、水暖、电力维修等公益性岗位，安排就业困难的搬迁群众就业，鼓励工矿企业、农业龙头企业优先聘用搬迁群众，鼓励安置区建设项目优先聘用搬迁群众就业。支持安置地发展物业经济，鼓励将商铺、厂房、停车场等营利性物业产权量化到搬迁户，探索开展资产收益扶贫，确保搬迁对象搬得出、稳得住、有事做、能致富。

帮助搬迁群众建设新环境。把易地搬迁安置与发展产业结合起来，促进有能力的搬迁群众早日融入安置地，促进搬迁群众的本地化和市民化。加强安置区饮水、电网、公路、宽带等基础设施建设，全面加强安置区基础设施建设。加强安置区社区建设与服务，创新安置区社区治理，不断完善社区就业、卫生计生、养老服务、综合治理等公共服务，积极为搬迁群众安居乐业营造良好环境。

（四）推进教育支持脱贫

着力实施教育精准扶贫工程，不断改善办学条件，切实提升办学水平，办好让贫困人口满意的教育，让全县所有贫困家庭子女都能接受公平而有质量的教育，确保从源头上阻止贫困的代际传递。

1.不断提升基础教育水平

全面改善办学条件。大力发展学前教育，以发展普惠性幼儿园为方向，加强统筹规划，高标准、高质量普及学前教育，确保学前教育毛入园率达到80%以上，义务教育巩固率达到97%以上，高中阶段毛入学率达到88%以上，小学辍学率控制在0.6%以下，初中阶段辍学率控制在1.8%以下。实施基础教育发展工程，每个乡镇至少建成1所公办中心幼儿园，在建档立卡贫困村实施"一村一幼"计划，引导和支持民办幼儿园提供帮扶性服务，保障所有建档立卡贫困家庭适龄儿童接受学前教育。实施贫困人口子女学前教育助学项目，确保2040户2199位贫困人口子女受益。全面实施改薄计划，全面消除义务教育学校危房，全县所有义务教育薄弱学校教室、实验室、仪器设备、桌椅、图书、运动场等教学设施满足基本教学需要，学校宿舍、床位、厕所、食堂、饮水等生活设施满足基本生活需要，宽带网络校校通、优质资源班班通、网络学习空间人人通实现全覆盖。改善普通高中办学条件，配足配齐教学功能室及其设备，全面推进信息化建设，着力打造普通高中教育品牌，增强普通高中办学实力和综合竞争力。把教育扶贫摆在教育资源配置的战略优先位置，教育经费向贫困村、贫困人口聚集的乡镇倾斜，加强县职业中专学校基础设施建设，合理布局农村中小学校，改善办学条件。积极争取省、市至少1所优质学校对县学校（教学点）进行帮扶，提高办学水平。

加强师资队伍建设。加强师德师风建设，不断提高教师队伍专业素质，实施教师全员继续教育培训计划，优化师资配置。完善乡村教师补充机制，实施《乡村教师支持计划》，特岗计划、国培计划向贫困乡镇中学、小学、村小倾斜，继续从本乡本土初中毕业生中定向培养教学点教师，实施本土教师选调计划，全面提升教师素质，切实解决贫困乡村教师缺乏问题。健全城乡教师交流援助制度，推行名优教师跨校兼课制度、帮带制度，实施县级农村教师定向扶贫计划和"名师"工程，通过城乡学校结对帮扶、师师结对帮扶、优秀教师送教下乡等形式，提高贫困地区中小学教师业务能力和专业素质。建立和实施乡村教师荣誉制度，对在乡村学校从教20年以上的教师颁发荣誉证书；适时启动农村教师周转宿舍建设工程，切实解决贫困中小学教师住房难问题。

加快中小学信息化建设。全面完成教育信息化"三通两平台"建设任务，建设县级教育城域网、教育公共服务平台，宽带网络校校通、优质资源班班通、网络学习空间人人通实现全覆盖。村小学和教学点配置数字教育资源接收和播放设备，配送优质数字教育资源。实施教师信息技术应用能力提升工程，结合新课程改革，推进信息技术与教育教学的有效融合，实现教育管理、教育方式、教学手段信息化。

2. 减轻贫困家庭学生就学负担

完善贫困家庭学生助学补助制度。完善多层次教育资助体系，逐步实现从学前教育到高等教育的家庭经济困难学生资助全覆盖。对建档立卡贫困家庭子女就学情况进行调查摸底，加大对建档立卡贫困家庭学生资助力度，将建档立卡贫困学子优先纳入各类国家助学金资助范围，防止因贫失学、辍学。对建档立卡贫困家庭学生（含非建档立卡的家庭经济困难残疾学生、农村低保家庭学生、农村特困救助供养学生）实施普通高中免除学杂费，继续落实中等职业教育免除学杂费以及建档立卡贫困家庭中义务教育、普通高中教育、高等教育阶段特别困难的学生每年扶贫助学补助2000元等政策。推进农村义务教育阶段困难家庭寄宿生生活补助，决不能让一名学生因为贫困失学或辍学。

实施特殊教育关爱计划，保障残疾青少年受教育权利。设立特殊教育学校，改善特殊教育办学条件；支持招收残疾学生较多的普通学校扩大特殊教育规模；落实特殊教育津贴，稳定特殊教育师资队伍，保障残疾儿童少年受教育权益。到2020年，全县适龄视力、听力、智力残疾儿童少年义务教育阶段入学率达到90%以上。

3. 加快发展现代职业教育

大力发展职业教育。着力推进职业教育，实现普高与职高招生人数1:1，职业教育服务县域经济的能力不断增强；实施建档立卡贫困人口子女职业教育助学项目，确保"两后生"均能接受适应就业需求的职业教育或职业培训。加快建设与县域产业体系相适应的职业教育体系，重点支持建设县职业中学，推动县职中的办学条件和水平达到省示范性中职学校标准，全力协助怀化职教基地建设，引导县职中建设重点专业群。加快县职中迁建怀化职教城的步伐，全面整合各类职教资源，依托县职中建好县职教中心，使之成为县域中职学历教育、干部培训、技术推广、扶贫开发、劳动力转移培训和社会生活教育的开放性平台。

提升职业教育质量。引导职业学校建设对接县域优势产业的特色专业体系，结合县域优势产业重点建好2~3个特色专业，促进职业教育与产业扶贫对接。鼓励职业学校与企业共同制定和实施人才培养方案，由"对接产业、服务产业"向"提升产业、引领产业"转型发展。加强县职业学校师资队伍建设，着力实施职业学校教师队伍素质提升计划，努力培养一大批"双师型"专业教师，确保职业教育"双师型"教师比例达到专业课教师的

50%以上。广泛开展职业技能培训，使未继续升学的初高中毕业生等新成长劳动力都能接受适应就业需求的职业培训，加大"雨露计划"等培训项目实施力度，对就读省内指定职业院校优秀的贫困家庭学生以公益资助的方式进行帮扶，对所有建档立卡贫困家庭初中未升入高中、高中毕业未升入大学的毕业生就读中、高等职业学校的实施"雨露计划"全覆盖，切实提升贫困人口的就业能力。

（五）推进健康扶贫脱贫

实施健康扶贫工程，着力打赢脱贫攻坚战、实现农村贫困人口快速脱贫。为贫困人口提供基本医疗保障、大病保险、医疗救助"三重医疗保障"，争取到2017年，确保全县建档立卡42424名贫困人口，实现扶贫脱贫。

1. 提升医疗卫生服务能力

完善医疗卫生服务体系，逐步改善就医环境。深化医药卫生体制改革，实行医疗、医保、医药联动，推进医药分开，实行分级诊疗，建立覆盖城乡的基本医疗卫生制度和现代医院管理制度。2017年完成23个贫困村卫生室建设，确保每个乡镇有1所标准化卫生院。对因病致贫的贫困人口，要通过实行大病救助制度、大病医疗保险等方式，实施医疗扶持扶贫，确保全县因病致贫的8194名贫困人口得到有效扶持。加强远程医疗能力建设，实现城市卫生诊疗资源和咨询服务向贫困乡村延伸。积极开展以房屋、设备、人才、管理、服务和医德医风为重点的标准化建设创建活动，不断提升基层医疗服务水平。

加强医疗人才队伍建设，实施特殊管理政策。结合县农村综合服务项目，制定符合实际的医疗卫生人才招聘引进办法，加大急需紧缺和高级以上职称技术骨干人才引进力度。实施人才特殊管理政策，实行收入向优秀人才和关键岗位倾斜、向基层贫困乡村倾斜，大力提高贫困乡村医务工作人员的福利待遇。积极引进先进医学技术，实施以全科医生为重点的基层医疗卫生队伍建设规划。到2020年，每个基层医疗卫生机构至少有1名全科医生，全县基层医疗卫生服务机构标准化建设率达100%，平均每千人拥有病床床位≥3.86张、医技人员3.35人、执业医师数1.35人、注册护士1~2人。

支持医养健康产业，助推贫困人口加快脱贫。依托县农村综合服务项目，发展以中医药基地建设为基础，以医药生产加工为重点，以中医药医疗保健、养生度假旅游等健康服务业为特色，以"医疗、养生、健康"为核心的医养健康产业体系，将中方建设成为怀化医疗卫生健康服务中心，打造全市的医药之地、养生之地、休闲之地。加快培育医养健康战略性支柱产业，主要包括养生、保健、治未病、康复、旅游以及养老等产业。加快面向社会的公共体育设施建设，推进体育中心建设，开展全民健身运动，引导学校和企事业单位体育场地向社会开放。

2. 提高医疗保障水平

降低贫困人口就医支出，加大医疗保险力度。稳定新农村合作医疗参合率，农村重点优抚、特殊贫困户和五保对象的参合率要达到100%。完善门诊统筹和乡镇卫生院住院基本医疗费用"全报销"政策，新型农村合作医疗和大病保险制度对贫困人口实行政策倾斜。从2016年开始，对贫困人口参加新型农村合作医疗个人缴费部分由财政给予补贴，贫困人口在本县、乡三级定点医院住院免收挂号费、预付费。对参加新农合的贫困人口就医费用报销比例提高10%，大病保险报销起付线降低50%。实施农村建档立卡特困居民新型合作医疗保险，年满60周岁农村贫困人口养老金发放及农村"五保"、重度残疾等困难群体养老代缴等项目。

提高医疗救助效率，制定分类救助政策。将全县贫困人口、低保对象和特困人员100%纳入重特大病医疗救助范围，资助全县建档立卡42424名贫困人口参加"扶贫特惠保"60元/人·年贫困家庭综合保障保险，着力解决因病致贫、因病返贫问题。对通过新型农村合作基金、大病保险支付和医疗救助后自付费用仍有困难的贫困人口，必须加大临时救助、慈善救助等帮扶力度，使贫困人口大病得到更有效的保障。对因患大病而无力支付医疗费用的贫困人口进行重点救治，在基本医疗保障的基础上，实行大病再次保障，并将大病保险起付线降低50%。确保1291户社会贫困救助户、2760名社会贫困救助人员顺利脱贫。

完善医疗结算机制,加强医疗机构监管。对建档立卡贫困人口患者在县内定点医疗机构住院,实行联动医疗结算机制和确定医疗报销比例,简化医疗费用结算报销程序,节省医疗住院时间。健全"一站式"结算机制,并按政策要求将贫困人口基本医疗待遇提高10个百分点,对农村贫困人口大病保险补偿起付线县域内降至3000元/人。建立农村贫困人口县域内住院先诊疗后付费制度,实现基本医疗保险、大病保险、疾病应急救助、医疗救助等"一站式"的信息对接交换和即时结算,贫困患者只需在出院时支付自付部分,推进贫困地区分级、分批、分期诊疗制度建设。大力开展职业道德和法制教育,完善医德医风投诉渠道和监督平台,建立医德医风巡查和档案制度,深化医德医风考评,强化社会评议评价,不断完善行风评议和患者就医体验满意度第三方评价机制。

3. 加强疾病预防控制和公共卫生服务

加强疾病预防控制体系建设。按照《湖南省县级疾病预防控制机构等级达标验收管理办法(试行)》的要求,全面提升县级疾控机构的防病、检测能力,建立防治联系点。推进疫苗全程管理,对疫苗流通(进出库)实行全程电子监管码监控,使疫苗接种信息实时可查。加强肿瘤随访登记及死因监测,扩大癌症筛查和早诊早治覆盖面。加强严重精神障碍患者筛查登记、救治救助和服务管理,减轻贫困患者负担。建立职业病防治工作体系和信息网络报告体系。

加大传染病、地方病、慢性病防控力度。切实完成艾滋病、结核病、地方病等重大疾病达标工作,强化艾滋病、结核病、地方病病情监测和常规筛查,狠抓目标任务落实。按照不同疾病防治要求,在重点地区、重点场所、重点人群中积极开展防治工作,稳步降低发病率和死亡率。加强对流行性狂犬病、钩体病、麻风病、肠道和呼吸道传染病等疾病在贫困地区的监测与防控工作,力争使其处于较低发病水平。以高血压、糖尿病等慢性病防治管理为突破口,全力推进慢性病综合防控工作。

提高公共卫生服务水平。深入开展爱国卫生运动，加强健康促进和健康教育工作。及时处理各类突发性公共卫生事件，力争把事态控制在可控范围，营造医患和谐环境，推进贫困地区健康服务机构信息化建设，提高公共卫生服务水平。全面实施贫困地区儿童营养改善、新生儿疾病免费筛查、适龄妇女"两癌"免费筛查、预防艾滋病、梅毒和乙肝母婴传播免费检测、农村孕产妇住院分娩基本医疗全免费、孕前优生健康免费检查和0~6岁儿童康复救助等重大公共卫生项目。到2017年，完成23所贫困村标准化村卫生室建设。

（六）推进生态保护脱贫

逐步扩大贫困地区生态补偿范围，加大生态补偿力度，创新生态补偿方式，增加生态公益岗位，实现生态保护脱贫一批。争取到2017年，确保503户1617名贫困人口全部实现生态脱贫，与全县人民一同迈入全面小康。

1. 加大贫困地区生态保护修复力度

积极推进生态保护工程，加大生态环境保护力度。落实国家在自然保护区、工业园区有关政策，加强生态林区与生态扶贫的对接，推进重大生态保护工程在项目和资金安排上向贫困地区倾斜，确保960名贫困人口通过生态保护工程实现脱贫。深入实施"绿色长廊"工程，重点建设国省道干线、舞水、沅水绿色长廊。加强舞水源头和水源涵养区保护，开展舞水流域中方段综合治理，推进污水生态化处理。切实加强沅水、舞水水质在线监测，严格把关污染废物排放标准。深入实施森林保护工程，切实抓好封山育林、生态保护区建设、林业生态系统建设、生物多样性保护和矿山生态修复五大生态工程。深入实施"三边"绿化工程。加快荒山造林、"三边"绿化、退耕还林和生态公益林等工程建设，严守耕地、森林、湿地、水体等生态保护红线。积极推进自然保护区申报工作。加大康龙省级自然保护区保护力度，加快乌溪县级自然保护区等一批国家湿地公园、省级森林公园的申报进度。

努力调整生态产业结构，加快发展生态旅游脱贫。结合国家重大生态工程建设，引导贫困群众调整产业结构，因地制宜发展具有经济效益的生态林业和旅游观光等生态产业，带动贫困地区群众脱贫致富。以荆坪古村、生态县城、康龙等为中心，打造周末休闲游、深度游、乡村生态游、山地健身游、田园观光游。重点打造 S223 东北部线路（板块）、S312 东部线路（板块）、G209 南部线路（板块）三条乡村旅游路线，因地制宜打造生态家园式的生态休闲农庄。到 2017 年底，为贫困人口提供至少 800 个以上直接就业机会，旅游扶贫涉及贫困人口年均纯收入要达到 3000 元以上。

2.建立健全生态补偿机制

建立生态补偿公共财政制度。将重大生态工程项目和资金安排向贫困地区倾斜，让生态保护补偿资金、国家重大生态工程项目和资金按照精准扶贫、精准脱贫的要求向贫困乡村大量倾斜，向建档立卡贫困人口大量倾斜。调整优化支出结构，引导生态补偿财政预算资金重点支持贫困地区生态环境保护和治理。设立生态补偿财政专项基金，提高生态公益林、水源生态保护等项目的补偿标准，加大对限制发展机会与丧失发展权的贫困人口生态补偿的力度，扶贫贫困户通过发展生态产业脱贫致富。提高专项资金使用效率，提高生态建设专项资金、环保补助专项资金、生态公益林补偿基金、水资源费、财政支农资金、工业企业技术改造财政资助、财政扶贫资金等资金的使用效率。

扩大贫困地区生态补偿范围。对于因保护生态而限制开发致贫的贫困地区人口，拓宽生态补偿及人力资源开发补偿范围，支持生态保护区内人口转移、创业、就业。对政府为确保生态环境保护与建设项目规划、科研、监测、监管等工作的实施增加的财政支出给予必要的生态补偿，将所需经费纳入市县财政专项转移支付的范围。探索公益林赎买机制，财政每年统筹一定比例的森林生态效益补偿资金，用于开展集体和个人所有公益林赎买试点。探索森林碳汇等生态品的市场化交易，健全"污染者付费、治污者受益"机制。

探索多元化生态脱贫方式。积极探索利用生态保护补偿和生态保护工程资金使当地有劳动能力的部分贫困人口脱贫的方式。通过购买生态服务，让管养分离，就是将生态服务推向市场，生态服务企业市场运作、定向委托、合同管理、依法行事，实现养护效果好、提高贫困人口收入。把发展绿色生态产业和扶贫开发结合起来，为贫困地区创造新的发展机遇。设立生态公益岗位，让贫困户中有劳动能力的人员参加生态管护工作，以此带动657名贫困人口脱贫。对在贫困地区开发水电、矿产资源占用集体土地的，试行给原住居民集体股权方式进行必要的补偿，提高贫困人口的收入，推动贫困人口尽快脱贫。为自然保护区周边贫困人口提供生态巡护和生态工艺服务的就业机会，利用生态保护补偿和生态保护工程资金使当地有劳动能力的部分贫困人口转为生态保护人员。加大对生态护林员的监管，有利于保护中方县的森林资源，提高全县的森林覆盖率，促进人居环境的改善。到2017年，与183名建档立卡贫困人口生态护林员签订管护合同，培训上岗。

3. 创新生态建设和生态资金使用方式

完善生态资金使用机制。对森林生态效益补偿基金实行专户存储、专款专用、专人管理。对森林生态效益补偿基金实行惠农"一卡通"发放管理，由项目乡镇负责提供生态资金的兑现花名册，由县林业部门负责提供全县12个乡镇的森林绿化总面积，由县财政部门负责森林生态效益补偿基金的发放。探索应用银行信贷、贷款担保、财政贴息、投资补贴、税费减免、技改扶持等一系列优惠政策，支持贫困地区群众参与有关生态产业的培训和管理。对于有意愿发展生态产业的贫困户，引导其通过银行信贷等优惠政策发展生态产业，让其脱贫致富。

（七）推进社会保障脱贫

逐步提高农村社会救助和基本养老保障水平，健全农村"三留守"和残疾人关爱服务体系，充分发挥农村低保等社会救助制度在稳定脱贫中的保障作用，到2017年，确保19109名贫困人口顺利脱贫，实现社会保障脱贫一批。

1. 提高社会救助水平

推进扶贫开发和最低生活保障制度有机结合。全面推进全县兜底脱贫工作，2017年将最低生活保障标准提高至3500元/年，实现扶贫线、低保线"两线合一"，确保519户1226名兜底脱贫对象稳定脱贫。落实1138名"三无六〇"人员救助经费，切实保障其基本生活标准不低于城乡低保标准的1.3倍。协议委托其邻里或亲戚负责日常看护，邻里看护员误工补贴按40%、20%、20%、20%比例由市、县、乡、村配套安排。实施全民参保计划，到2020年，覆盖城乡的社会保障体系更加完善，城乡基本养老、基本医疗、失业保险、生育保险、工伤保险参保率稳定在95%以上。

推进精准认定与帮扶脱贫致富有机结合。优化农村低保审核审批程序，精准认定低保对象，建立社会保障兜底脱贫对象联合核查认定机制，精准核查认定社会保障兜底脱贫对象。加强对社会保障兜底脱贫对象的入户调查、家庭经济状况核查核对，建立社会保障兜底脱贫对象电子和纸质档案，协助相关部门开展社会保障兜底脱贫对象的家庭经济状况的信息比对工作。进一步规范和完善低保对象动态管理机制，对经过扶贫开发增加收入、实现稳定脱贫并高于低保标准的，按规定退出低保范围；对没有劳动能力或暂时无法通过扶贫开发脱贫的困难家庭，全部纳入农村低保范围，做到应保尽保、应退尽退。确保到2017年底，实现对1226名最低生活保障贫困人口的兜底脱贫。

推进社会救助和慈善救助有机结合。出台城乡低保、农村特困户救助、灾民救助、城乡医疗救助与慈善救助等一系列优惠政策，形成以最低生活保障制度为基础，医疗、教育、法律援助、就业、住房等专项救助政策为辅助的救助体系。到2020年，力争全县低保标准增长率达到全省平均水平，五保集中供养率达22%以上，城乡医疗救助水平不断提升。鼓励、引导、支持社会组织、企事业单位和爱心人士开展慈善救助，着力增强社会慈善意识，加快发展慈善事业。确保到2017年底，1284个贫困户2749名社会救助贫困人口顺利脱贫，到2020年，累计筹集慈善款物达500万元以上。

2.逐步提高农村基本养老保障水平

统筹推进和完善养老保障体系建设。坚持全覆盖、保基本、有弹性、多层次、可持续方针，统筹推进城乡养老保障体系建设，逐步提高农村基本养老保障水平，对新型农村社会养老保险个人缴费有困难的贫困群众，实行财政代为缴纳保费的方式，帮助其参保。加快农村养老机构和服务设施建设，支持贫困地区建立健全养老服务体系，支持贫困村建立村民自治型养老机构。到 2018 年，确保城乡基本养老、基本医疗、失业保险、生育保险、工伤保险参保率稳定在 99% 以上，力争全县五保集中供养率在 22% 以上。

提高居民养老保险待遇。巩固和拓宽个人缴费、集体补助、政府补贴相结合的资金筹集渠道，完善基础养老金和个人账户养老金相结合的待遇支付政策，强化长缴多得、多缴多得等制度的激励机制，建立基础养老金正常调整机制。充分考虑贫困人口的实际缴费能力，对建档立卡贫困人口保留现行 100 元的最低缴费档次。支持和鼓励有条件的贫困地区提高当地基础养老金标准。在"十三五"末，城乡居民养老保险养老金水平要比"十二五"末翻一番。

3.健全"三留守"人员和残疾人关爱服务体系

健全特困人员救助供养制度。将符合条件的 876 名特困人员全部纳入救助供养范围，实行托底供养保障。

开展留守儿童关爱行动。对全县 2758 名农村留守儿童要建立翔实完备、动态更新的信息管理系统和大数据共享平台，并分类施策进行保障。深入推进"春蕾计划""恒爱行动"等关爱行动，加大对全县农村留守儿童的心理健康关爱力度。探索建立全县农村留守儿童的有偿代管机制，每年扶持建立 1~2 个贫困村青少年和农村留守儿童综合服务平台。拓展学前教育，利用现有公共服务设施开辟儿童活动场所，力争 2017 年全县 90% 以上的农村社区建设一所儿童之家。

开展留守老人关爱行动。研究制定留守老年人关爱服务体系相关政策，推动形成乡镇社区性养老服务中心。支持贫困地区农村幸福院等社区养老服务设施的建设和运营。配备医疗、文娱等设施，到 2020 年，全面解决社区服务用房问题，"幸福社区"建成率达到80%以上，社会组织总量达到120家以上，全县专业社会工作者至少达到50人。推动贫困地区基本养老服务补贴覆盖率达到99%以上，农村社区（行政村）老年协会建会率达到90%以上。到2020年，力争全县乡镇敬老院总数达到13所，全县至少建有1~2所条件好、规模较大、标准较高的中心敬老院，全县敬老院总床位数达到300张以上。

开展留守妇女关爱行动。重点关注老龄妇女、农村贫困妇女和留守妇女等弱势群体，积极开展就业帮助、法律援助、生活救助等工作，帮助她们解决生活、生产和工作中的实际困难和问题。逐步完善妇女"两癌"免费筛查制度，充分发挥妇联和社会组织的作用，针对留守妇女在生产、生活、维权等方面的难题，积极创造条件开展关爱服务活动。通过志愿结对服务、留守妇女互助服务，帮助留守妇女解决生产和生活问题。通过健康促进计划、综合素质提升计划，努力为农村留守妇女建立学习提高、互帮互助、表达诉求、情感交流的温馨家园。

完善贫困残疾人关爱服务体系。加强城乡福利院、精神病院、残疾人托养服务机构等建设，建立广泛覆盖的社会福利体系，争取2017年底，全县187名残疾特困人员实现脱贫。重点扶持"连千村帮万户"联系村——新路河镇大竹村等一批关爱帮扶项目，实施残疾人康复扶贫贷款贴息项目。积极开展扶残助学活动，为全县残疾学生及贫困残疾家庭学生发放助学金。加大贫困残疾人特殊教育、技能培训、托养服务实施力度，优先扶持贫困残疾人家庭发展生产，支持引导残疾人就业创业。完善中方县湘珍珠葡萄专业合作社、中方县桐木镇楠木铺村高猛种养殖等扶助残疾人创业就业基地。逐步建立完善残疾人康复救助制度，努力实现"人人享有康复服务"目标。

（八）推进社会帮扶脱贫

充分发挥社会力量的帮扶作用，积极整合社会扶贫资源，调动一切扶贫力量，形成社会扶贫合力。通过开展对口帮扶与扶贫协作、驻村帮扶、企业帮扶、社会力量帮扶、国际交流合作等方式积极推进社会帮扶脱贫。

1. 开展对口帮扶与扶贫协作

创新扶贫协作机制。主动对接发达地区，与发达地区县市区建立扶贫协作关系，探索贫困乡镇与周边县市区富裕乡镇建立精准对接机制。推进县域内乡镇之间、贫困村与非贫困村之间的对口帮扶和扶贫协作，确保帮扶资源主要用于贫困村、贫困户。围绕脱贫攻坚、经济协作、园区共建、人才交流等重点领域，加强区域内的对口帮扶，实现向外借力发展。整合统一战线资源参与精准扶贫，推进精准扶贫凝心聚力行动。

加强跨区域对口帮扶。注重发挥市场机制作用，结合供给侧结构性改革和全县特色优势资源，通过与县外单位共建产业园区等方式，推动县域外人才、资金、技术向中方县流动。鼓励中方县办学机构与发达地区共建职业培训基地、开展合作办学等，对中方县有转移就业意愿的贫困家庭劳动力进行职业技能培训，并提供用工信息等就业咨询服务。加强与省内发达地区党政干部的挂职交流，支持发达地区医院等与中方建立对口帮扶关系，推进专业技术人员双向交流。

加强跨部门扶贫对接。设立专门协调委员会，协调各地区和部门的扶贫资源，促进部门扶贫有机对接，推进各行业和部门的扶贫资源统筹发挥作用，发挥比较优势，实现资源共享。

2. 驻村帮扶

健全干部驻村帮扶机制。建立和完善驻村工作队制度。县委、县政府从县直单位选派干部组建驻村扶贫工作队，确保全县 50 个贫困村实现一村一支工作队。落实保障措施，建立激励机制，实现驻村帮扶长期化、制度化。在乡镇行政区划调整基础上，全县 12 个乡镇安排设立扶贫工作站，与社会保障服务中心合署办公，并安排相应工作经费做保障。加大非贫困村贫困人口脱贫帮扶力度，实现蹲点帮扶全覆盖。

落实结对帮扶到村到户。继续实施"三联一包"制度，开展百村千户帮扶行动和"一进二访""三联七到户""五个一"活动，确保每个贫困村都有县级领导联系、每个单位都有联系的贫困村、每个干部都有贫困人口联系户，做到贫困村派驻工作队、工作队长担任村第一书记全覆盖。按照

"一户一本扶贫手册、一户一个脱贫计划、一户一个帮扶责任人、一户一个扶贫工作牌"的"四个一"要求,采取"一对一、一对二、一对多"方式,组织县乡干部与贫困户结穷亲,实行"一户一策"滴灌帮扶,对有劳动能力、缺资金、缺技术、缺门路的贫困户因人施策,科学制定帮扶计划,确保实现帮扶责任人对所有贫困户的全覆盖。突出强化党员干部结对帮扶,全县县、乡(镇)4779名党员干部对12538户贫困户实行结对帮扶,确保每位党员干部都有1~5户帮扶对象,每户贫困户都有一名党员干部结对帮扶。

加强驻村帮扶管理考核。强化对驻村扶贫工作队和驻村干部的跟踪管理,建立驻村工作队督查、考核、激励、问责机制,严格按照《中方县干部驻村帮扶和结对帮扶工作考核办法》,加强驻村考核工作,进一步激发驻村干部工作的积极性和主动性,对帮扶成绩突出的优秀驻村干部优先提拔使用;对工作不力、帮扶成效差的单位和驻村干部进行通报批评和约谈问责。

3. 企业帮扶

健全企业帮扶机制。大力开展"万企联村"、村企共建、"万企帮万村"等企业精准扶贫行动,引导企业定点帮扶贫困革命老区、民族地区,帮助加快实施一批村内道路、小型农田水利等设施建设。动员能够利用贫困地区资源的企业到贫困地区投资兴业。完善企业扶贫优惠政策,加快落实企业扶贫捐赠税前扣除政策,吸引农村贫困人口就业的企业,按规定享受税收优惠、职业培训补贴等就业支持政策。

拓展企业帮扶渠道。引导企业在贫困地区设立产业投资基金,支持引导各类市场主体到贫困地区从事资源开发、产业园区建设、新型城镇化发展等;充分发挥工商联的桥梁纽带作用,引导民营企业参与扶贫开发;完善扶贫龙头企业认定制度,调动企业带动贫困户就业增收的积极性。

创新企业帮扶方式。支持对贫困地区产业带动性强的农产品加工企业或对资源环境保护有重要贡献的企业参与精准扶贫,积极探索"扶贫龙头企业 + 合作社 + 贫困户""扶贫龙头企业 + 产业协会 + 贫困户""扶贫龙头企业 + 村集体 + 贫困户""扶贫龙头企业 + 社会组织 + 贫困户"等企业扶贫模式。引导企业在贫困地区设立产业投资基金，鼓励有条件的企业设立扶贫公益基金、开展扶贫慈善信托。

4. 社会力量帮扶

完善社会扶贫公益平台。畅通社会各阶层交流交融、互帮互助的渠道，建立中方县扶贫"直通车"信息网络，及时动态发布扶贫对象的贫困状况和扶贫需求，包括贫困人口基本信息、致贫原因、生计发展意愿等相关信息，引导广大社会成员和港澳同胞、台湾同胞、华侨海外人士，通过爱心捐赠、志愿服务、包村进户等多种平台参与扶贫。支持发展具有扶贫济困功能的各类慈善组织，有计划、有重点地培育和发展一批枢纽型社会扶贫组织，着力打造扶贫公益平台。

落实社会扶贫优惠政策。全面落实公益扶贫捐赠所得税税前扣除政策，探索发展公益众筹扶贫，鼓励支持有条件的社会组织设立扶贫公益基金。完善社会组织参与扶贫的政策和法律法规，为社会组织参与扶贫营造良好的制度环境，加大政府购买服务的力度，向各种社会组织购买相关的社会服务，确保贫困人口享受社会组织的全方位帮扶。加大社会组织人才培养和社会服务类人才的培训颁证，建立一支强有力的扶贫社会队伍。

激发社会力量帮扶活力。充分发挥工青妇等群团组织的重要作用，鼓励引导、积极支持各民主党派、工商联、无党派人士及各类企业、社会组织和个人以多种形式参与扶贫开发。正确引导群众预期，避免因政府大包大揽出现"一头热，一头冷"现象；发动群众积极参与村脱贫规划编制、项目选择和实施、资金使用管理等过程，提高项目的群众参与度，充分调动群众的积极性和主动性。

5. 国际交流合作

借鉴国际减贫经验，着力引进国际资金、信息、技术、智力、理念，充分利用国际扶贫资源，积极申请各种国际扶贫组织的医疗卫生援助、科技扶贫援助等项目，支持中方县脱贫攻坚事业。主动参与减贫国际交流和减贫经验分享活动，加强减贫国际交流和减贫知识分享，加大以减贫交流合作为重要内容的国际合作力度，拓展全县精准扶贫的途径和空间。

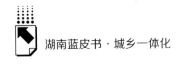
三 着力提升贫困地区区域发展能力

加快贫困地区基础设施和公共服务建设，推进基础设施"六到农家"和公共服务"六个落实"，改善贫困群众生产生活条件，加快区域发展，夯实脱贫基础，在全市率先实现整体稳定脱贫，率先建成全面小康社会。

（一）改善基础设施

统筹整合扶贫专项与交通、水利、电力、农村危房改造、山洪地质灾害、水库移民、小城镇建设、美丽乡村等涉农资金，加快实施水、电、路、气、房、环境治理"六到农家"等基础设施建设，以及加大教育、卫生、文化等公共设施投入，切实解决基层群众最关心、最切身、最迫切的问题。

推进交通基础设施建设。创新和加强中方县交通运输精准扶贫工作，突出交通基础设施建设在"脱贫攻坚"中的基础和先导作用，加快推进重大交通项目建设，构建中方县贫困地区外通内联的交通运输通道，不断提高贫困地区交通运输的服务水平和发展保障能力。结合"十三五"国省道改扩建项目，推进国省道改扩建工程，进一步提升全县交通承载能力；推进县、乡道提质改造工程，不断完善贫困地区公路基础设施网络，提升路网整体服务水平、安全水平和应急保障能力；推进贫困村通畅工程，着力改善贫困村交通落后的状况，重点打通通组公路，实现交通脱贫。

加强水利基础设施建设。大力推进水利建设工程，增强水旱灾综合防御能力，优先实施贫困村小型农田水利和"五小水利"设施建设。围绕贫困村与主要贫困人口规划工程项目布局，实施小型农田水利工程项目、农村饮水工程项目、小型水库除险加固工程项目、小型水库新建及山塘升级工程项目、水土流失治理项目、农村河道治理项目。

加强能源基础设施建设。加强能源通道建设，抓好农村电网升级改造工程，优先实施贫困村电网改造升级，提升电网供电能力和供电质量，加快解决偏远贫困村组"低电压""卡脖子"现象，保障所有贫困村组生产生活用电充足。利用生态和贫困村资源优势开发贫困地区的清洁能源，支持风电、光伏、小水电、生物质能源、地热能等多种能源发展，构建可再生的分散供电方式。

（二）改善贫困村生产生活条件

统筹推进贫困村与非贫困村基础设施和基本公共服务设施建设，在确保30%的涉农资金用于非贫困村的基础上，重点向贫困村倾斜，着力改善贫困村生产生活条件。

提高贫困村公共服务能力。推进农村公共服务设施建设，整合利用现有设施和场地，加快贫困村村级公共服务平台建设并拓展其功能，提高贫困村农村社区管理信息化水平，增强农村社区综合服务能力。2017年投资8130万元，完成124个村级组织综合服务平台建设，其中贫困村达50个。加强农村公共文化服务体系建设，采取政府购买服务等方式，加大对贫困村的公共文化产品和服务供给力度。

改善贫困村生产条件。坚持最严格的耕地保护制度，推进以贫困村为重点的农田水利、土地整治、中低产农田改造，抓好全县高标准基本农田建设，加快以贫困村为重点的小型农田水利工程、"五小水利"工程建设。结合产业发展，改造建设一批资源路、旅游路、产业园区路，新建改造一批生产便道，推进"交通+特色产业"扶贫。进一步加大以工代赈投入力度，重点支持农业中小型基础设施建设、小流域综合治理和山水田林路综合开发，着力解决农村生产设施"最后一公里"问题。

加强贫困村信息和物流设施建设。加快推进信息网络建设，新建农村手机信号接收基站18个，消除农村宽带网络空白村，实现光纤网络和4G网络有效覆盖所有贫困村，推动公路沿线、集镇、行政村、旅游景区4G网络基本覆盖。加强贫困村村邮站等邮政基础设施建设，全面实现"乡乡设所、村村通邮"，有效解决农村邮政服务"最后一公里"问题。加快推进"快递下乡"工程，推进贫困村快递揽收配送网点建设，利用村级公共服务平台开展农村快递服务，实现"村村通快递"。

推进危房改造到村到户行动。完善农村危房改造一户一档资料和农村危房改造信息系统；把贫困农户危房改造作为农村危房改造重点加以优先解决，完善现有政策，提高补助标准，通过实施新居工程计划、安居工程计划、宜居工程计划，每年重点帮扶户数不得少于当地农村危房改造总户数的25%，每年建成200套以上特困无房户住房；实施"百村示范、千村联动、万户安居"工程，重点改造贫困户D、C级危房，帮助贫困户改善现居住房条件。按照"优先帮助住房最危险、经济最贫困农户，解决最基本的住房安全问题"的"三最"原则和"就地、就近重建翻建"的"两就"改造方式，2017年按质按量完成农村建档立卡贫困户危房改造1293户。

加快推进贫困村气化工程。推广应用沼气池、节能灶、固体成型燃料、秸秆气化等生态能源建设项目，并引导农户推广"种植业—养殖业—沼气（能源）—种植业"的生态良性循环模式，新建户用沼气池900多口。

加强贫困村人居环境整治。制定和完善"美丽乡村·幸福家园"建设标准体系，重点实施50个贫困村"三化一改"（净化、绿化、淳化、住房改造）整治，扎实开展以垃圾处理、污水处理、养殖污染治理、卫生厕所建设、农村建房规范等为重点的贫困村生产生活环境治理。

（三）解决区域性整体贫困问题

突出重点贫困地区脱贫攻坚。着力加强革命老区和民族地区扶贫，精准布局项目和精准投放资金，加强老区和民族地区群众知识技能培训，提高其生存和发展能力。加快推进民族地区重大基础设施项目和民生工程建设，实施少数民族特困地区和特困群体综合扶贫工程。积极创新民贸民品政策，争取将中方县纳入省级以上民贸县范围。重点扶持革命传统村镇、少数民族特色村镇、民族手工艺保护与发展等特色产业项目，构建红色旅游、乡村旅游、生态旅游和民族民俗旅游圈、带、线。

推动脱贫攻坚与新型城镇化融合发展。支持中方县基础条件较好、具有特色资源的乡镇新型城镇化建设，打造一批商贸特色镇、少数民族特色小镇、旅游名镇和宜居小镇，构建布局合理、层次分明、富有活力的城镇体系。加快户籍制度改革，帮助有能力在城镇稳定就业和生活的农业人口进城落户。统筹规划贫困乡镇基础设施网络，推进12个乡镇集镇“五化三改”（绿化、亮化、净化、美化、数字化，线路上改下、管网多改一、道路白改黑）综合提质改造。推动城镇公共服务向农村延伸，逐步实现城乡基本公共服务制度并轨、标准统一。扶持发展村集体经济，突出发展光伏产业，从2017年起确保每个入股的贫困村保底分红实现集体经济年收入4万元以上；大力发展农业新型业态，推进农业与旅游、教育、文化、健康养老等产业深度融合，延伸农业产业链，形成农村一二三产业融合发展新格局。

推进对外开放与区域合作。实施融入国家和省市区域发展战略，实现向外借力发展。加强与武陵山片区各县市区的区域协作，围绕脱贫攻坚、经济协作、园区共建、人才交流等重点领域，加强交流合作，促进边界贫困地区文化、旅游产业发展和基础设施共建共享。建立与邻县县域间区域发展与脱贫攻坚联席会议工作机制，定期召开会议研究协作发展重大事项。鼓励县域内乡镇间和村社区之间的对口帮扶，实现贫困乡镇、村（社区）与非贫困乡镇、村（社区）之间的手牵手发展。

四　保障措施

根据全县脱贫攻坚的任务与目标，把扶贫开发作为重大政治任务，坚持从大局出发、全局着眼，以明确的思路、精准的举措，凝聚脱贫攻坚强大合力，坚持精准发力，为脱贫攻坚提供有力保障。

（一）强化规划引领

全县紧扣中央、省“十三五”脱贫攻坚规划的要求和部署，结合本县实际，加强顶层设计，引领方向、明确目标、提出措施，提升扶贫的精度、准度和力度。

重在发挥规划的指导效力。县、乡、村各级要结合本地实际和发展重点，加强"十三五"扶贫规划和精准脱贫年度实施计划编制，科学确定产业扶贫、易地搬迁、创业就业、教育支持、医疗救助、生态补偿、社保兜底等脱贫措施，并明确时间表、路线图、任务书，有计划有步骤地推进各项工作，确保用科学规划引领精准脱贫，确保规划与实际工作不脱节，切实做到在精准施策上出实招，在精准推进上下实功，在精准落地上见实效。

大力加强规划的统筹功能。突出规划引领，明确政策导向，按照"统一规划、渠道不变、集中使用、注重实效"的原则，重点瞄准贫困村和贫困人口，整合各类扶贫资金，坚持扶贫项目与其他部门项目相互衔接、统筹实施，引导行业部门将工作重点向贫困村倾斜，层层落实脱贫攻坚目标任务，探索扶贫攻坚的科学路径，用科学规划引领精准脱贫，确保全县脱贫工作务实、高效、可持续。

（二）加强党的建设

事业兴衰，关键在党。充分发挥党组织的战斗堡垒作用和党员的先锋模范作用，在加强党建工作中打赢脱贫攻坚战。

加强思想政治建设。坚持用中国特色社会主义理论体系和习近平总书记系列重要讲话精神武装头脑、指导实践、推动工作，坚持以抓好"四个自信"、对党绝对忠诚的理性信念教育为思想建设的战略任务，坚持用社会主义核心价值观凝聚共识、汇聚力量，充分利用"中方讲坛"理论学习平台，积极倡导"实在、实干、实效"的中方精神，引导广大党员干部切实把思想统一到党的路线、方针、政策上来，统一到县委、县政府的重大决策和部署上来，统一到"十三五"规划确定的各项目标和任务上来。

加强基层组织建设。坚持分层分类指导，统筹抓好农村、社区、企业、机关和学校等领域的基层党组织建设，全面提升基层党建规范化水平；坚持按照固本强基的要求，整合基层资源，加强基层阵地建设；坚持抓好基层党建示范点建设，加强农村综合服务平台建设，实现平台建设全覆盖；全面实施党员培训工程，提高基层党组织带头人和党员队伍的整体素质；不断提高基层党组织民主决策、科学管理水平，切实增强基层党组织的创造力、凝聚力和战斗力；深入开展党员结对帮扶，充分发挥基层党组织战斗堡垒作用和党员先锋模范作用。

加强领导班子和干部队伍建设。深入推进党风廉政建设和反腐败斗争，以"20字"好干部标准和干部选拔任用条例建立选人用人机制，逐步完善"三类人员"选拔机制；强化激励机制，健全谈心谈话和党内激励、关怀、帮扶机制；坚持和完善以县级领导联系乡镇、联系村（社区）、联系重点项目、联系企业、联系学校、联系贫困群众为主要内容的"六联"制度，以上率下推动责任落实、工作落地。

（三）创新体制机制

体制机制创新能有效激发贫困地区内生动力和发展活力，确保脱贫攻坚取得实实在在的精准成效。

创新精准脱贫管理机制。一是坚持精准识别分类施策。精准识别每个贫困村、贫困户并实行信息化电子档案管理，着力做到因村派人精准、扶贫对象精准、措施到户精准、项目落地精准、资金使用精准、脱贫成效精准。同时，非贫困村、户也有驻村干部联系，积极开展联系帮扶"四个一"活动，即每个党员干部都要联系挂钩乡镇的一个村组、一户示范户、一名困难群众和一名工作服务对象。全县以"六个精准"的中方特色，每村、每户打造一支永不撤离的扶贫工作队，扎实开展各项任务、服务，在"落实、落细、落小"上下功夫，因人施策、因贫施策，最终实现全面脱贫目标。二是坚持精准聚焦动态管理。坚持定期核查制度，通过脱贫率、返贫率的动态标准，构建"县、乡、村、组"精准脱贫信息化管理"四级网络"，确保扶贫对象有进有出，确保扶贫目标动态可控。确保大数据平台信息采集准确，根据贫困人口动态管理识别信息，配齐配强帮扶责任人，做好因户施策、因人施计，科学制定帮扶计划，明确脱贫时限，落实脱贫措施。三是强化实施军令状管理。坚持以军令状为抓手，压实压紧主体责任。建立脱贫攻坚军事化管理机制，县、乡镇、村之间层层立下军令状，以军令如山的态势把"第一责任人"的责任挑上肩。

创新精准脱贫考核问责机制。全县各部门要认真研究省、市脱贫攻坚考核办法和计分办法，逐条分析、逐项梳理，明确工作重点和时限要求，倒逼任务、倒排工期，统筹协调，精准发力，实行"一票否决制"，把扶贫工作考核分别纳入全面小康考核、领导班子和领导干部年度考核、年度绩效考评范围。通过建立脱贫成效第三方评估机制，提高扶贫成效评估的客观性，提升扶贫脱贫绩效评估的公信力和诚信度。县委、县政府成立专门督导组紧盯工作推进的时间节点，以"人均储蓄存款""贫困发生率""金融机构各项贷款增长率"等为主要考核指标，明确时序进度。通过跟踪督查、随机抽查、定点检查等方式，动态掌握工作进度，推动工作落实，提高扶贫攻坚的工作成效，并实行按月通报，对考核办法的各项指标完成情况，以扶贫领导小组的名义实行每月一排位、每月一通报，让"考脱贫"的过程真正成为"抓脱贫"的过程。强化考核结果运用，将扶贫开发工作成效作为干部选拔使用和评先评优的重要依据，真正做到"不摘穷帽摘官帽，不换状态就换人，有错无为皆问责，不为慢为乱为就让位"。加强业务指导，县扶贫办班子成员及相关股室，深入各自联系乡镇对脱贫攻坚开展情况进行全面检查指导，每个月至少检查指导 4~5 个村，列出问题清单，督促乡镇和村限期整改，通过定期举办业务培训班，加强对乡镇扶贫工作队伍和驻村工作队的培训。

创新精准脱贫金融信贷机制。以市场化为导向，建立多层次、可持续的农村支付服务体系和完善的农村信用体系，进一步优化贫困地区金融发展生态环境，引导金融资源向贫困农户倾斜，引导农户利用金融惠农政策依据自身特点走精准特色扶贫脱困之路。一要搭建金融扶贫投融资多样化平台。建立县级政府扶贫攻坚投融资平台，采取"统贷统还"模式，组建旅游投资公司、扶贫开发公司等县级平台公司；搭建政府融资平台，整合国有资产，增强平台公司资产实力，由县财政局在农发行开设涉农资金专户，积极整合涉农财政资金，最大限度撬动信贷资金；支持有政府背景的社会资本、有一定实力的龙头企业以 3P 模式参与金融扶贫；创新抵押担保模式，扩大林权、农村土地租赁权的抵（质）押范围。二要完善金融评级授信。贫困农户信用贷款遵循"一次核定、随用随贷、余额控制、周转使用"的原则，以

"贫困农户信用贷款证"为载体,向持有证者发放金额较小的贷款,由县扶贫办、乡镇政府配合县、乡农发行开展评级授信。到 2016 年,全县建档立卡贫困户评级授信面达到 100%,坚持产业扶持原则、贫困户信用有限原则,推动全县全面开展扶贫小额信贷工作。三要创新金融扶贫信贷产品。通过大户带动、股份合作、委托帮扶、订单服务等模式,按照"分贷统还"的原则,使企业和贫困户无缝对接,让扶贫小额信贷与产业扶贫深度融合。为有需求的贫困户提供免抵押、免担保、基础利率、全额贴息的扶贫小额信贷,最大限度地激活贫困农户的信贷需求,扩大贫困户"自主贷款"的信贷额度,创新"惠农贷""财补贷""安居贷""林果贷""烟叶贷"等农村金融信贷产品,不断增强扶贫金融产品和服务供给的多样性。对全县建档立卡贫困农户发放的小额贷款进行贴息,对带动贫困农户共同致富农业企业、农民专业合作社、家庭农场和专业大户贷款发展产业项目进行贴息。四要加强扶贫贷款风险防控体系建设。探索设立扶贫贷款风险补偿基金或专业担保机构,组建好县财政出资控股、社会资本参与的扶贫贷款专业担保公司,通过政府财政出资,建立扶贫贷款专项保证基金,确保化解公司及时履约风险。通过市场化手段,提升抵押资产的处置后价值,最大限度地确保银、企利益最大化。

创新精准脱贫舆论宣传机制。牢牢把握正确的舆论导向,充分利用广播、电视、报刊、网站等媒体,积极营造人人关注扶贫、支持扶贫、参与扶贫的良好氛围。一方面,牢牢把握宣传方向。做好中央、省委省政府、市委市政府和县委县政府重大政策举措的宣传解读,认真总结、宣传报道精准脱贫工作中的典型经验与做法。另一方面,切实提升宣传质量。各乡镇和驻村工作队要结合"扶贫日"活动,深度挖掘精准扶贫工作的特色和亮点,培育和建立一批不同类型、不同层次的示范点,形成一批树得起、站得住、叫得响、推得开的先进典型和精品样板,着力打造一批富有地域特色、可复制借鉴的"中方经验"。形成一批有分量的宣传稿件,组织开展"精准扶贫、脱贫攻坚"巡回宣讲,在县电视台、县政府门户网、县新闻网开辟脱贫攻坚专栏,大力宣传先进典型和经验。

（四）加大政策支持力度

以中央、省委、市委对武陵山片区区域发展与扶贫攻坚政策为指导，出台中方县在财政、税收、金融、投资、产业、土地、生态补偿、帮扶等方面差别化扶持的具体政策。

完善扶贫资金投入政策。加大财政投入，较大幅度增加县本级财政专项扶贫资金，设立县域东部片区扶贫开发专项引导资金和金融扶贫县级配套风险专项补偿金，政府出资建立产业扶贫小额贷款风险补偿基金，为脱贫攻坚提供充分保障。加大社会力量资金投入，充分发挥园区入驻企业和其他骨干企业吸纳贫困人员就业的帮扶作用，充分发挥群团组织联系各界人士的桥梁纽带作用，动员社会力量，深入发动社会力量筹措帮扶专项资金。加强各类资金整合，统筹制定部门"十三五"行业扶贫专项规划，充分发挥政策资源的集聚效应和辐射效应。

完善土地使用政策。支持贫困地区调整完善土地利用总体规划，深化土地产权改革，建立健全以农村土地使用产权证为核心的农村土地使用产权制度改革。推进农户的土地承包经营权转为股权，引导贫困户发展特色优势产业，盘活土地资源，优化土地资源配置。积极探索利用扶贫资金建立担保金试点，完善土地融资担保机制。

优化干部人才政策。切实加强干部队伍建设，有计划地选派后备干部到贫困乡镇、村挂职任职。配齐乡镇扶贫专干，为扶贫工作队提供必要的工作条件和经费保障，在待遇、职称、津贴、选拔任用等方面适当向扶贫工作人员倾斜。依托省、市、县三级党校平台教育培训扶贫工作干部，全面提升扶贫系统干部政策理论素养和业务素质。

新型城镇化与现代
农业专题报告

Special Reports on New Urbanization and
Modern Agriculture

B.7

资兴市新型城镇化与城乡
一体化研究报告

摘　要：　2016 年来，资兴市推进新型城镇化与城乡一体化取得了新成
　　　　　效：三大改革不断推进；城乡经济转型不断加快；城乡人居
　　　　　环境进一步改善；城乡公共服务均等化不断推进；绿色发展
　　　　　支撑明显增强。但是也存在一些亟须解决的问题：交通瓶颈
　　　　　问题、经济结构性问题、保护与发展矛盾、农民不愿进城问
　　　　　题、融资渠道问题等。资兴市加快新型城镇化与城乡一体化
　　　　　发展的对策是：以基础设施互联互通为突破口，全面推进环
　　　　　东江湖区域一体化；以全域旅游与特色小镇建设为战略，推
　　　　　进区域产业融合；以打造"一户一产业工人"工程升级版为
　　　　　抓手，激发全民创业活力；以创新金融服务为重点，畅通多

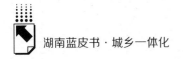

元化的融资渠道；以强化生态补偿机制为核心，提高区域绿
色发展水平；以深化三大改革为动力，全方位优化区域资源
要素配置。

关键词： 资兴市　新型城镇化　城乡一体化

新型城镇化是经济新常态下县域转型发展的主要动力和重要抓手，是推
进县域城乡一体化的有效途径。资兴市自被国家批准为全国第一批新型城镇
化试点市以来，以改革为动力大力推进新型城镇化与城乡统筹发展，取得了
诸多可供借鉴的试点经验，有力地推进了城乡一体化的进程。当前，资兴的
发展已经进入新的阶段，但新型城镇化改革也进入了攻坚期，机遇与挑战并
存。解决好新问题、新矛盾，实现更高水平的发展，需要进一步全面深化改
革，突出资兴的特色，以体制机制创新来增强发展新动能，努力在新型城镇
化与城乡一体化上取得新的突破。

一　资兴市推进新型城镇化与城乡一体化的新成效

近年来，资兴市认真贯彻落实省委、省政府和郴州市委、市政府关于统
筹城乡发展的战略部署，按照"试点先行，稳步推进"的工作思路，积极
探索统筹城乡发展的新路径、新模式，锐意创新农村改革发展的举措、政
策，闯出了一条符合中央精神、结合本地实际、独具自身特色的新型城镇化
与城乡一体化改革新路，2016 年城镇化率达到 63.4%，高出全国平均水平
6 个百分点，综合经济实力稳步增强；2015 年全面小康实现程度达到
93.2%，成为全省首批全面小康达标县市之一；获得国家卫生城市、全国新
型城镇化质量百强县市、东江湖国家 5A 级旅游区、东江湖国家水利风景区
等国字号品牌，新型城镇化、城乡一体化互动发展新格局基本形成。

（一）三大改革不断推进，城乡一体化进程持续提速

资兴市积极推进农村产权制度、户籍制度、生态资源权利置换制度三项改革，并以此破解政策瓶颈、释放农村活力，迈出了城乡一体化改革的一大步，新型城镇化加速推进，城乡一体化发展水平不断提高。

1. 农村产权改革取得明显成效

一是产权确权全面铺开。早在 2013 年资兴就成立了农村产权确权登记改革（试点）工作领导小组，积极部署推进农村产权确权登记工作，并创新工作方法，以兰市乡、七里镇等地为试点，将农村集体建设用地使用权、农村土地承包经营权、农村居民房屋产权、林权四权合一，委托专业公司负责具体工作，2014 年完成了兰市乡的农村产权确权登记试点工作，2015 年推进了七里镇的农村产权确权登记工作，当前以土地确权为重点的产权确权工作已经铺开，计划于 2017 年全面完成土地确权登记。

二是农村集体资产股份制改革试点成效显著。早在 2014 年资兴以东坪乡大水口村为试点推进农村集体资产股份制改革，进行清产核资，实行集体资产和山林股份量化到户。2015 年，资兴市被中央列为湖南省唯一农村集体资产股份权能改革试点（县）市。当年资兴市启动 4 个乡镇街道 35 个村（社区）的改革试点工作，并全部完成成员界定、清产核资及股权量化等工作，2016 年又在全市 266 个村（社区）全面开展此项工作。目前，资兴 95% 的试点村（社区）完成了成员界定、清产核资工作，96 个有条件的（有资产、资源）试点村开展了股权量化、组建股份合作社的工作，40 余家农村集体资产股份合作社实现股份分红，社员人均分红 200~800 元。同时，积极推进土地流转，全市各乡镇（街道）均建设了土地流转服务中心，村级设有农村土地流转服务站，以此为纽带，全市已经建立土地股份合作社 40 家、农民合作社 481 家、家庭农场 298 家，集中流转土地 8.1 万亩，全市已有一半的乡镇（街道）实现土地集中经营、大户经营。

三是农村产权融资试点不断推进。农村产权抵押贷款是农村产权制度改革的重点和难点，2013 年末，资兴出台相关文件，着手推进土地承包经营

权与农房的抵押贷款，并结合农村产权改革工作实际，组建了农村产权综合信息平台，创建了农村产权评估中心、农村产权抵押担保中心和农村产权交易中心，制订了林权、宅基地、土地承包经营权三个抵押贷款办法及操作细则。同时，积极打造农村金融征信体系，开展了信用乡镇（街道）、村、组、户的授信评级工作，推进农村信用社改组资兴农村商业银行，并引导其他涉农金融机构扩大农村产权抵押融资试点业务。仅 2015 年全市新增农村产权抵押贷款 41 笔，共计 5214 万元。

2. 户籍制度改革全面推进

建立城乡统一的户籍制度、促进城乡人口的自由流动是资兴城乡统筹改革的重要举措。2015 年，资兴市按照生态移民的工作思路，制订了《资兴市生态资源权利置换、户籍制度改革试点方案》，在采煤沉陷区回龙山瑶族乡湘源村横路上、青树岩组开展试点，积极探索解决农业转移人口的户口、养老、计划生育、医疗保险、医疗卫生、教育、就业等问题。2016 年，资兴出台了《资兴市人民政府关于进一步推进户籍制度改革的实施意见》《资兴市居住证管理办法》《关于鼓励农业转移人口市民化的若干意见（试行）》等户籍制度改革文件，整体推进户籍制度改革，实行全市统一的户口登记、迁移制度，允许本市户籍农业转移人口统一户口后仍保留土地承包经营权、宅基地使用权和集体收益分配权，梳理并统一了附着在户籍上的教育、医疗、计生、住房、社保等 39 项政策，将持有居住证人口纳入义务教育、基本医疗、基本养老、就业服务等基本公共服务保障范围，使其享受与当地户籍人口同等的基本公共服务，促进了户籍制度改革和居住证制度落地，目前全市总共办理居住证人员达 40304 人，城镇化率居全省县域前列。

3. 权利置换改革试点实现新突破

探索生态资源权利置换机制，将农民在农村拥有的资源权益置换成新型城镇化进程中的资源权益，成为农民在城市生存的财富，是资兴城乡统筹改革的创新之举。结合户籍制度改革试点，资兴在回龙山瑶族乡湘源村横路上、青树岩组同步推进权利置换改革试点，在中心城区的唐洞街道划出 200 亩土地作为新型城镇化生态移民示范区，对试点地区农民拥有的土地资源用益权、集体资产所有权等进行确权登记，以农民自愿为基础，允许农民将原农村宅基地通过适当地域差价置换成城镇集体土地性质宅基地、土地承包经营权和林权置换成城镇社会保障、农村集体资产所有权置换成股份合作社股权，农民变居民后，享受与城镇居民均等的社会保障、子女教育及就业等社会公共服务待遇。同时成立了农村土地股份合作社，对愿意退出的给予适当补助并享受相关城镇待遇，对不愿退出的按土地股份合作社方式合作经营，同时享受相关城镇待遇。通过置换，2015 年 10 月，试点区首批生态移民 34 户 65 人已经集体转户到唐洞街道田心社区，农民原来的 30 亩宅基地置换成现有的 11 亩宅基地，既解决了居民的生存问题，又节约了土地，形成了生态保护、资源集约节约利用、农民增收的多赢局面。当前，该做法正向其他生态移民区域逐步拓展，资兴的生态移民示范区建设经验被国家发改委作为新型城镇化综合试点的典型进行推介。

（二）城乡经济转型不断加快，综合经济实力进入全省县域四强

近年来，资兴市借助国家政策支持，以转型发展为主线，经济质效全面提升，内生动力显著增强，2015 年，资兴市全面小康经济强县考评排全省第四名，一举挺进全省四强，全面小康实现程度达 93.2%，成为全省首批全面小康达标县市，并在全国 67 个资源枯竭城市转型绩效考核中被评为优秀。2016 年预计实现地区生产总值 321.5 亿元，同比增长 8.5%，保持着较高的增速，转型发展的成效逐步显现。

1. 工业转型加速，新型工业化日见成效

资兴以高新技术和战略性新兴产业为引领，加快推进工业产业转型升级，着力培育新增长点，质量效益型、资源环境友好型新型工业化发展已初见成效。

一是工业经济实力不断增强。全市工业企业致力于发展方式的转变，从过去单纯追求规模速度向重视质量效益转变，形成了工业经济稳中提质的良好局面。2015 年末，全市规模以上工业共有法人单位 146 家，工业企业总资产达 189 亿元，从业人员约 7.2 万人，全部工业增加值达到 181 亿元，比

上年增长 7.2%，对全市经济增长的贡献率为 53.1%，实现利税 60 亿元，比上年增长 11%，实现营业利润 38 亿元。

二是产业结构不断优化。资兴市工业正向高技术含量的制造业发展，轻重工业比例关系呈现阶段性的变化特征。2015 年，资兴轻工业增加值增长 14.4%，重工业增长 4.7%，轻工业增速远高于重工业。先进制造业比重提升，传统产业由资源依赖向创新驱动、由低端生产向精深加工、由粗放经营向集群发展转变，传统采矿业增加值逐年下降，信息、新材料、食品加工等增加值不断提升。

三是园区集聚能力快速提升。近年来，资兴全力推进"园区兴工、特色兴园"发展战略，不遗余力积极推进政策向园区倾斜、投入向园区集中、产业向园区集聚，促进园区跨越发展，引领工业发展转型升级。2016 年上半年，园区共有规模工业企业 80 家，园区规模以上工业增加值增长 7.8%，占全市规模工业的比重达 79.3%，初步形成了"以工业为主体、现代服务业同步发展，以新能源新材料、有色金属精深加工、电子信息、食品为主导，森工轻工机电制造等协调发展"的产业布局，园区经济已成为资兴市工业最重要的增长点。

四是创新引领作用持续增强。2015 年末，全市规模工业中有高新技术企业 37 家，比 2013 年增加 12 家，其中省科技厅认定的高新技术企业 7 家，实现高新技术产品产值 246 亿元，实现高新技术产品增加值 80 亿元，实现高新技术产品销售收入 244 亿元；2016 年高新技术产业实现增加值 80 亿元，同比增长 25%。自主创新能力不断增强。资兴始终把提高自主创新能力作为调整产业结构、转变工业发展方式的中心环节。2015 年，规模以上工业 R&D 经费支出 6.6 亿元，比 2013 年增长了 57%，申请各项专利 77 件，其中发明专利 52 件。

2. 农业发展换挡提速，农业现代化驶入快车道

资兴近年来将农业规模化、标准化、品牌化作为推进现代农业发展的主攻方向，积极培育新型经营主体，以果、茶、鱼、蔬菜等为重点加强对特色农业、生态农业的引导，大力发展庄园经济与休闲农业，扶持发展农产品加工业，现代农业发展不断取得新的成效。

一是农业产业化水平不断提高。全市现有农业龙头企业 36 家，在龙头企业的带动下，农业品牌创建不断取得新的突破，全市已经形成有一定影响的农业品牌达 23 个，省字号著名商标和名牌产品 14 个。农业龙头企业绝大部分都有一个以上的品牌，有省著名商标 3 项、QS 生产认证 16 个、"三品认证" 3 项、质量认证 15 家、专利技术 20 项，覆盖了资兴主要大宗农产品。2015 年，全市 22 万亩农产品生产基地被农业部认定为全国绿色食品原料生产基地，市供销茶叶专业合作社 600 亩茶叶基地通过欧盟有机茶产品认证，绿成康蔬菜基地成为直供港澳绿色食材基地；2016 年，市金井有机茶标准化生产和加工示范园被认定为湖南省现代农业特色产业园示范园。农产品加工业辐射带动作用不断增强。资兴充分利用农业资源优势，大力推进农产品加工业发展，形成了以东江鱼系列休闲食品为特色，涵盖啤酒、保健酒、白酒、饮料、方便面、茶熟食品、豆制品、肉制品、中药饮片、加工大米等在内的多元化的农产品加工业发展格局，2015 年 32 家规模以上农产品加工企业共建立基地达 70 万亩，带动农户 58214 户，农产品加工业产值占农业总产值的比重达到 2.58∶1，规模以上农产品加工业产值达 154.5 亿元。

二是庄园经济与休闲农业快速发展。资兴市在积极推进农村土地流转的同时，加大了庄园经济发展的政策支持力度，大力实施"两片三线十庄园"项目，双溪洞、流华湾两大现代农业示范园初具规模，培育了鑫源、绿鼎、颐民科技、绿成康、果茶科技、四季农牧、湘天下·蓼江小镇等一批颇具影响的庄园经济经营主体，环东江湖从事农家乐等休闲农庄经营的农民达 400 余户 3000 余人。2015 年全市休闲农业企业销售收入达 1.7 亿元，同比增长 30%。2016 年东江湖国际和炎帝温泉等 2 家休闲农业企业顺利通过省检，安排农民就业新增长 3670 人。

3. 全域旅游快速推进，旅游经济跨越发展

近年来，资兴深入实施"旅游大开发"战略，休闲、旅游经济跨越发展，成为经济发展的新动能。近 3 年全市投入 100 余亿元，提质改造东江湖旅游基础设施，并坚持"点、线、面"结合，全面开发汤溪温泉、回龙山、

天鹅山、程江口等景区景点，进一步丰富游山、玩水、健身等旅游内涵，规划实施"三湘四水"文化旅游创意产业园、东江湖康养城等重点项目，完成了环湖公路一期及风光带、凤凰岛提质改造等休闲旅游项目，为发展全域旅游打下坚实基础。成功举办"全国农民摄影大展"、乡村生活节、东江湖桃花节、东江湖鱼文化节、青岛啤酒节、美食节等特色节会活动。获评全省文化旅游产业重点县市，入选"国家全域旅游示范区"创建单位，获评"中国摄影之乡"。2015年年末全市共有5A级旅游区1家，星级饭店8家，星级饭店客房总数685间，全市全年接待旅游人数790.48万人次，比上年增长21.1%；实现旅游总收入49.97亿元，比上年增长21.3%。2016年接待国内外游客达965.2万人次，实现旅游总收入58.7亿元，分别较上年增长29.1%、27.4%。

（三）"十镇百村"工程不断深入，城乡人居环境进一步改善

"十镇百村"工程是资兴市于2014年开始实施的一项统筹城乡发展的重要工程，其主要内容是，用三年时间，围绕"一湖两线"，即东江湖沿线、S322线、S213线，打造10个镇、100个村为统筹城乡发展示范点和示范带。经过两年多的努力，"十镇百村"工程已经取得良好成效，不仅改善了示范带的人居环境，也带动了全市美丽乡村建设，有力地推动了城乡一体化发展。

1. 坚持标准化打造，"十镇百村"工程成效明显

资兴在推进"十镇百村"工程中，按照"分类指导、分步实施"的原则，以规划为引领，强化建房规范化、墙面图美化、村四旁绿化、沟渠路硬化、乡村点亮化、产业标准化、村庄洁净化、禽畜圈养化、服务信息化、管理制度化的"十化标准"，不断加大投入，完善考核机制，确保工程的规范有序推进。目前全市260个行政村（合村前数量）村庄规划全部完成，启动集中建房点58个2210余户，散户建房3400余户，培训工匠860余名，评选建房示范户300余户；完成墙面图美化63万平方米，立面改造39万平方米；新建农村群众文化广场（游园）109个16万平方米，种植树木

320770 株，铺植草皮 51375 平方米；硬化村组干道 109 公里、公共场地 48 万平方米，房前屋后硬化 36 万平方米；乡村太阳能路灯安装 4539 盏；拆除危旧房 17400 间 38 万余平方米，改水改厕 400 余户，新建公厕 100 个，添置各类环卫设施 4000 余套；购买安装禽畜圈栅栏 33702 米；新建村卫生室 100 个，村图书室 100 个，添置体育设施 139 套；新建或改造村一站式服务平台 100 个，面积 6668 平方米。两年来，通过财政投入"十镇百村"资金 1 亿元，拉动了民间资本和项目资金投入农村达 20 亿元，使示范带的乡村面貌发生了重大变化，白廊镇被评为"全国文明村镇"，兴宁镇被评为全国重点镇，黄草镇被评为全国特色景观旅游名镇、全国美丽宜居小镇，流华湾村等 6 个村被列为第四批中国传统古村落保护单位。

2. 着力环境整治，城乡人居环境不断改善

资兴市将城乡环境整治作为"十镇百村"工程的重要内容，紧密结合美丽乡村建设，大力推进洁净乡村行动，不断完善各项规章制度，强化组织管理和督查考核，积极推行网格化管理，推进垃圾分类减量处理，构建了城乡环境整治的新机制、新模式。强化经费保障，不断加大财政投入与奖补力度，仅 2016 年市财政就从市统筹城乡发展工作资金中专门安排了 150 万元作为乡镇（街道）洁净乡村行动工作奖补资金，284 万元作为行政村保洁经费，同时引导各村以村规民约形式确定了每月每户 5～10 元的卫生保洁费收取标准。当前，全市东部偏远乡镇和湖区乡镇基本形成了"农户分类、就地处理"的模式，北部乡镇和交通便利的中心镇、村基本形成了"户分类、村收集、镇转运"的模式，实现了生活垃圾日产日清。兴宁、白廊、黄草、清江等乡镇还创新模式，进行市场化运作管理，聘请物业或保洁公司对镇区和部分村组进行公共区域保洁和垃圾转运处理，提高了卫生保洁的效率。通过环境整治，乡村脏乱差现象得到遏制，环境整洁、生态秀美、乡风文明的示范性美丽乡村不断涌现，目前全市已建成省级新农村和美丽乡村建设示范村 37 个，市级新农村示范村和美丽村庄 181 个，市级美丽乡镇 14 个，资兴也因此成为湖南首个获得全国卫生城市称号的县级市，并获评全省美丽乡村建设先进县市区。

（四）城乡公共服务均等化不断推进，全面小康社会目标基本实现

城乡公共服务均等化是资兴市新型城镇化改革试点的重要内容。近年来，资兴不断加大公共服务投入，并制定了《推进公共服务均等化实施办法（试行）》，按照"城乡一体、适度超前、共建共享"的理念，推进城乡公共服务全覆盖，加快了城乡公共服务一体化进程，助推全面小康建设步伐不断加快，2015 年资兴全面建成小康社会总体实现程度为 93.2%，在全省 47 个二类县中排第三位，获评湖南省全面小康推进工作前十位县，成为全省首批全面小康达标县市。

1. 统筹城乡基础设施建设，农村生产生活条件不断改善

资兴近年来坚持以农村"就地城镇化"为目标，着力推进城市基础设施向农村延伸，在农村设施配套上努力实现"四通四有"（即通公交车、通自来水、通有线电视、通网络宽带，有村级组织活动场所、村民文化活动广场、村级卫生室、农家超市），极大地改善了农村基本公共设施条件。2012 年以来，全市新改扩建干线公路 46 公里，新修农村公路 366 公里，实施安保工程 730 公里，实现 100% 的行政村通水泥或柏油路，90% 建制村通班线客车；建成农村安全饮水工程 84 处，实现乡镇镇区 100% 集中供水，2012～2015 年，全市共投入水利工程建设资金 12.45 亿元，累计完成水利建设土石方 2658 万立方米，使农村水土流失情况得到有效治理，农田水利设施条件不断改善。广播电视直播卫星"户户通"、农村广播"村村响"等工程建设顺利推进，城乡三级公共文化设施网络基本形成，"十镇百村"、城乡环境同治等深入实施，农村面貌正在发生日新月异的变化。

2. 着力改善民生，城乡公共服务一体化加快推进

近年来，资兴不断加大基本公共服务投入，着力推进城乡医疗卫生均等化，统筹城乡义务教育资源均衡配置，建立统一的城乡居民养老保险、医疗保险与职工养老保险衔接制度，推进城乡就业服务一体化，不仅保障了 7.2 万名户籍在农村、居住在城镇的常住人口享受了与城镇居民同等的基本公共

服务，也全面提升了农村公共服务供给水平。2013 年以来，市财政共投入 6108 万元实现了高中阶段"免学费教育"，投入 2.89 亿元，将 81 所城乡学校建成省合格学校，义务教育巩固率达 99.73%，通过优化城区教育资源，为农业人口市民化子女提供了 1.5 万个学位；实施了一批城镇卫生院改扩建项目，城乡基本医疗制度实现全覆盖，基本医疗和公共卫生服务体系进一步完善，成为全国健康城市试点市；精准扶贫大力推进，2012 年以来，为 20 个省级贫困村启动交通基础设施项目 44 个 118.73 公里，完成所有贫困村的农网改造，易地扶贫搬迁 192 户 619 人，4746 人实现脱贫，贫困比例由 4.3% 下降到 3%。不断扩大养老、工伤、医疗、失业、生育保险覆盖面，建立了统一的城乡居民基本养老保险制度，新型农村合作医疗参合率达 99.86%。推进城乡就业服务一体化，2012 年以来，新增城镇就业 3.39 万人，农村劳动力转移就业 2.28 万人，城镇登记失业率控制在 4% 以内。

3. 深入实施"一户一产业工人"工程，城乡劳动者就业创业能力不断增强

资兴市在新型城镇化进程中，致力产城融合和农业人口技能提升，大力实施"一户一产业工人"工程，确保农业转移人口能就业、可致富。自 2012 年以来，资兴市先后投入 3200 万元改善了市职业教育中心的教学条件，每年安排 5000 万元以上专项经费用于职业培训，实行"免学费、免生活费、免住宿费、给误工补贴"政策。培养工程立足创新创业助推产业发展，立足科技培训助推精准扶贫，立足产城融合助推新型城镇化，共举办培训班 1068 期 5.198 万人次，新增就业 2.2 万人、创业 5300 余人，带动 3.2 万多个家庭增收致富。同时，资兴还制定了"六免六补两优先"等一系列创业扶持政策，打造了"三湘四水"创业就业示范城等创业平台。资兴因此成为全省创新创业带动就业示范市、国家结合新型城镇化开展支持农民工等人员返乡创业试点市，农民工返乡创业工作被湖南省发改委作为全省唯一的典型试点县推荐到国家发改委。2015 年，城镇、农村居民人均可支配收入分别达到 26861 元、15834 元，"十二五"期间年均分别增长 10.0%、17.0%，城乡居民收入比为 1.7∶1，远低于全国与全省平均水平。

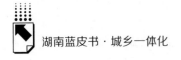

（五）生态建设机制不断完善，绿色发展支撑明显增强

资兴市充分利用东江湖的生态资源优势，严格执行国家生态功能区的保护标准，不断改革和创新生态建设与环境治理机制，取得了生态保护与生态发展协调推进的良好成效。

1. 生态建设行动不断升级

为保护好良好的生态资源，资兴市从 2012 年起，推进了城乡绿化三年行动，大力推进城市绿化、通道绿化、水系绿化、荒山荒地迹地更新绿化、村镇绿化、工业园区绿化、城区周边山头绿化、矿区绿化、环东江湖绿化等林业生态工程，经过三年的努力，全市完成荒山荒地及迹地更新造林 16.8万亩，中心城区新增绿地 8.2 万平方米，通道绿化新造和提质 407.66 公里，水系绿化 283 公里，村镇新增绿地面积约 3.8 万平方米，森林覆盖率三年约增加 5.5%，人均公共绿地面积达 11 平方米，至 2015 年底，形成封山育林面积 3.8 万亩，全市森林覆盖率达到 74.7%，比 2012 年提高 3.6 个百分点，活立木蓄积量达到 1272.94 万立方米，较 2013 年增加 90.1 万立方米，资兴的各项绿化指标全面达到或超过了森林城市评价标准，创建国家级生态乡镇9 个，成为全省首个省级生态乡镇全覆盖的县市。从 2016 年开始，资兴又在全市范围内开展森林禁伐减伐三年行动，确保到 2018 年底，全市森林覆盖率在 75.6% 以上，森林蓄积量达到 1350 万立方米以上。

2. 污染防治取得显著成效

三年来，资兴以保护东江湖为核心，全面加强河流治理和流域水源保护，积极推进畜禽水产规模养殖退养、湖区农村生活污染治理、工业污染治理，从源头上严控湖区工业、农业、生活、水上交通、旅游等污染的产生，取得了显著成效。实施网箱退水上岸、取缔水上餐饮、船舶污染整治、打捞处置湖面漂浮物等措施，开展禽畜养殖污染防治、集镇生活污水处理、农村综合环境整治等工程，在湖区全面推广生态种植养殖，推广沼气清洁能源，规范生活垃圾、污水的倾倒和处理，使东江湖内源污染基本清除、外源污染得到有效控制，水生态环境不断改善，根据各水质监测点的数据，市内地表水质达标率长期保持 100%，小东江水质长期保持在 Ⅱ 类标准，其他各监测点水质长期保持在 Ⅲ 类标准以上。同时，着力推进产业转型发展、绿色发展，先后关闭了 21 家高能耗、高污染企业，否决了对生态环境造成污染的工业项目数十个；工业节能减排与清洁生产全面开展，资兴经济开发区成功创建湖南省发展循环经济示范园，资兴被纳入首批国家循环经济示范县（市），2015 年全市万元 GDP 能耗 0.647 吨标煤/万元，比 2010 年累计下降 30.1%。着力推进城市粉尘污染治理，加强污水、垃圾处理设施建设，2015 年全市城市污水处理率 81.75%、城市生活垃圾无害化处理率达到 100%。

3. 地质灾害防治持续推进

资兴市属地质灾害易发区和多发区，是湖南省地质灾害最严重的地区之一，已查明 679 处地质灾害隐患点，占郴州市 11 个县市区地质灾害点总数的 58%，通过工程治理和应急治理，已撤销 30 余处地质灾害隐患点，实有 649 处。为保护生态环境及居民生命财产安全，近年来，资兴市采取积极的防治措施，投入 4 亿元资金，实施东江水库移民地质灾害避险搬迁 6484 户，工程治理东江湖库区 253 处地质灾害隐患点。争取国家资源枯竭型城市矿山地质环境治理和经济转型资金 3.1 亿元，实施三都矿区 8 条煤矸石废石流综合治理和白廊滑坡重大地质灾害治理等项目 52 个，消除矿区地质灾害隐患 54 处，保护了矿区 3 万多人的生命财产安全，解决了 5 个重点矿区 1 万多人的安全饮水问题。同时，以植被恢复为重点着力改善矿区生态，强化矿山开发规范与整治，全面取缔了非法采矿点，先后关闭了 10 多个采矿区，加快推进矿业经济向旅游经济转型，为防范地质灾害提供了有力保障。

二　资兴市推进新型城镇化与城乡一体化
面临的主要问题

尽管在复杂的经济形势下，资兴迎难而上，坚持改革创新，推进新型城镇化与城乡一体化取得了显著成效，但还存在不少困难和问题，尤其随着改革向纵深推进，不稳定不确定因素在增加，诸多新的矛盾不断出现，需要引起重视并正确解决。

（一）交通瓶颈问题凸显，区域一体化水平滞后

近年来资兴市的交通总体状况已经大为改善，2016年全市公路总里程已达2215.244公里，但区域交通体系的整体效率仍然偏低，尤其是对外的交通互联体系不完善成为制约区域一体化的瓶颈问题。

1.区域交通互联条件落后

环东江湖区域的"三县一市"地域相邻，但交通并不便利，县市间没有铁路相连，根据现有的交通条件，走最快的陆运通道，从核心区域资兴市东江湖到宜章县城需要1小时50分钟的车程，到汝城县城需要2小时10分钟的车程，到桂东县城需要2小时40分钟的车程；汝城、宜章、桂东尽管有高速相连，但汝城县城到宜章、桂东县城均需要2小时40分钟的车程，宜章县城到桂东县城则需要3小时40分钟的车程。这一交通状况与当前的高速、高铁时代极不相称，阻碍着环东江湖地区"三县一市"的交流与合作，对于资兴发挥核心区作用形成了极大的制约。

2.对外交通通道不畅

环东江湖区域的汝城、宜章、桂东呈品字形将资兴围在其中，若以资兴为中心形成连接三县的交通通道，则"三县一市"可以构建起便捷的交通网络。但目前资兴市的对外交通通道不畅，尚未对接国家和省级高速公路网，高速公路里程数亟须突破"零"。不仅没有铁路通过，更是全省极少数的无高速公路通过的市（县）域，周边虽有京珠、厦蓉、平汝三条高速，但距离资兴市区及东江湖均比较远，原已纳入省"十二五"规划的桂新高速公路经过资兴，但出于种种原因未被纳入省"十三五"规划，这意味着"十三五"期间，资兴仍然与高速公路"无缘"。资兴市是环东江湖区域最有辐射带动力的市（县）域，但由于对外交通不畅，必然难以发挥领头羊的作用。

3.区域交通设施薄弱

环东江湖区域的"三县一市"以东江湖为连接纽带。自20世纪80年

代东江湖蓄水以来，环湖区域的陆路交通被隔断，群众出行靠水路，虽经多年努力，环湖区域有了部分陆路，但公路总量少、等级低，且未连接成线；而连接"三县一市"的水运航道又属于五级航道，技术等级偏低，这极大地制约了湖区周边乡镇发展及"三县一市"之间的经济交流。为保护东江湖水质、解决湖区的通行难问题，并加强与周边县域的交通联系，2012 年资兴市启动了东江湖环湖公路建设，目前已经完成 13.6 公里一期建设项目。但东江湖周边生态脆弱，公路建设难度大，环湖路投资巨大，后续项目建设困难重重，仅依靠资兴市的财力难以支撑，公路标准也会大打折扣，难以从根本上解决环东江湖交通设施薄弱的问题。

交通对区域发展来说具有显著的基础性、先导性作用。资兴市交通与国家和省级高速公路网衔接不顺畅、乡村道路建设与城市道路建设不协调以及区域间分布不平衡，抑制公路网络效益的发挥，进而制约了整个交通体系效益的发挥，影响到环东江湖区域一体化发展，成为阻碍资兴市新型城镇化和城乡一体化建设的首要问题。

（二）经济结构性问题凸显，产业发展缺乏品牌

资兴市是国务院确定的湖南省第一批唯一新型城镇化建设综合试点县市，也是湖南省的经济强市（县），但近年来受宏观经济形势的影响较大，加上自身发展基础与条件的不足，还面临一些突出的经济结构问题。

1. 产业结构不协调

主要表现为，第二产业所占比重偏高，第三产业所占比重偏低，发展潜力有待进一步挖掘。2012 ~ 2015 年间，资兴第二产业占比分别为 70.1%、69.6%、68.5%、66.1%，虽然比重有略微下降的趋势，但当前仍处于绝对主导地位。从第二产业对经济增长的贡献率来看，2012 年第二产业的贡献率高达 79.8%，而 2015 年却大幅下降至 59.1%，意味着第二产业的经济拉动作用明显下降，与其主导地位的不匹配度在上升。从资兴第二产业的内部结构看，有色、建材、煤炭等传统产业去库存、降成本的压力还比较大。第一产业占比一直保持在 8%，对经济增长的贡献率不超

过 3%，这与资兴生态脆弱、农业资源开发受限有关，也意味着资兴农业基础仍较薄弱，农业现代化发展水平有待提升。2012～2015 年，资兴第三产业占比分别为 22%、22.8%、24.2%、26.2%，对经济增长的贡献率从 2012 年的 17.6% 大幅增加到 38%，意味着第三产业虽然占比不高，却具有拉动经济的重大潜力。

2. 产业发展缺乏品牌

资兴有规模以上的工业企业 146 家，农业龙头企业 36 家。根据湖南省名牌产品审定委员会办公室发布的《2016 年度湖南名牌产品名单》，资兴市 2016 年新增 6 个名牌产品，加之以往年度入选的名牌产品，目前资兴市拥有的湖南名牌产品仅为 9 个，这与资兴的企业数量与经济规模不相称。产业发展缺乏品牌在较大程度上制约了产业的转型升级，这在农业方面表现得尤为突出。2013 年资兴市的农业龙头企业仅 24 家，2015 年增加到 35 家，但国家级农业龙头企业却从 2013 年的 1 家降至 0 家，省级农业龙头企业数量维持在 5 家，意味着资兴市国家级和省级农业龙头企业的培育有待加强；2015 年全市有一定影响的农业产品品牌达 23 个，但省字号著名商标和著名产品品牌仅 14 个，直至 2014 年"狗脑贡"茶获得中国驰名商标的称号，才实现资兴市中国驰名商标零的突破，然而 2014 年获得国家地理标志保护产品称号的东江鱼和国家优质水源东江湖湖水相关系列产品仍未实现多品牌发展。与此同时，受市场经济大环境的影响，加之融资难、人才缺、原材料紧等因素制约，资兴市的农业龙头企业发展速度较过去有所减慢，狗脑贡、唐朝食品等公司发展步伐放缓，金万嘉受资金链断裂影响已经半年未投产，神和酒业现处于停产清算阶段，创兴公司受原料和产品销售市场影响也处于半停产状态，农夫食品等公司则因市场疲软等问题导致发展速度下滑严重。

3. 财政收入增长压力大

由于《湖南省东江湖水环境保护条例》的实施以及 2015 年东江湖周边被划入湖南省首批生态保护红线改革试验区，资兴第二产业中的重要支柱产业——采矿业受到重大影响，遭遇有矿不能采、有资源不能发展利用的尴尬境况，而东江湖周边的建筑用地亦受到严格限制，建筑业或是旅游业的发展都因土地要素短缺出现后续发展动力不足现象。这些对资兴财政增收形成重要挑战。2013~2015年间，全市财政总收入年增长率分别为22.32%、13.06%、-12.29%，税收收入年增长率分别为17.23%、14.49%、-14.54%，意味着近几年资兴市的财税收入增长缓慢甚至出现负增长；从税收来源分析，2015年企业所得税、资源税以及耕地占用税下降极为明显，降幅均超过40%，而税收来源大类契税额、国内增值税额、营业税额亦大幅减少。与此同时，2013~2015年间，资兴市一般公共预算支出年增长率却分别达到23.04%、30.21%、-4.18%，高于相应的财政收入年增长率。财政收支增幅不均衡使资兴的财政压力不断增大。

（三）保护与发展矛盾凸显，生态补偿机制乏力

经济发展与环境保护是目前继续加快推进资兴市新型城镇化和城乡一体化中的一对矛盾。尽管资兴市各级各部门目前已就"在保护中发展，在发展中保护"的发展理念达成共识，但在实践中面临不少困惑和挑战。

1. 产业转型受到生态保护红线的限制

2001年《湖南省东江湖水环境保护条例》开始实施，2015年郴州市被确定为湖南省首个生态红线改革综合试验区，东江湖周边的资兴市被划入了生态保护红线区，2016年资兴进入国家重点生态功能区。尽管资兴作为生态功能区可以享受财政转移支付的优惠政策，但同时必须严格执行产业准入负面清单制度，严格按照主体功能区的定位谋划经济发展。从资源型工业受限、农林牧渔业产业开发受到控制等情况来看，大力发展全域旅游成为资兴产业转型的重要方向，但旅游业当前同样受到生态保护红线的限制，尽管2015年资兴市成功创建东江湖国家级5A景区，但所有用地建设项目均不能实施，极大地影响资兴市旅游业、康养业等的发展。而当前农家乐、乡村酒店等乡村旅游用地绝大多数是自主经营的宅基地或租赁的集体建设用地，相关投资者的短期投资心态较为明显，以致乡村旅游提质升级的难度较大。

2. 资源开发利用受限但补偿乏力

为保护好生态资源，资兴推进了生态绿化、生态移民、网箱养鱼退水上岸和生猪退养、禁止林木砍伐、节能减排等一系列重要举措，并关闭了大部分的采选矿企业。而资兴市是湖南省煤炭资源和有色金属资源储量大县，2015 年全市已发现矿种 20 种，已探明资源储量矿种 14 种，辖区内累计探知有煤资源储量 148083.60 千吨，截至 2014 年底保有资源储量为 42788.40 千吨；另外，金、钨、铅、锌等价值高的有色金属也储量丰富。矿产资源税以及相关企业税收曾经是资兴市财政税收的重要来源，大量企业被要求退出后，财政也因此每年减少税收近亿元。资兴市生态补偿机制的建设进展较慢，运行乏力，生态移民、生态公益林、农业退养、矿产资源开采退出等的补偿，既无法有效弥补因环境保护产生的损失，又无法有效提高东江湖周边基层政府和群众的环境保护积极性，补偿主要依靠资兴政府财力，导致财政压力大，诸多生态保护与治理项目难以深入实施。如据规划测算，资兴要全面治理矿山地质环境问题需 10.98 亿元，但国家下拨资金仅为 3.1 亿元，导致不少矿山地质环境问题急需治理但政府无力推进，村民因无资金进行工程治理，现今尚有 100 余处地质灾害点继续受地质灾害隐患威胁。

（四）农民不愿进城问题凸显，改革红利不足

农民市民化是推进新型城镇化和城乡一体化的重要方面。资兴市以生态移民为着眼点，统筹推进农村产权制度改革、户籍制度改革、生态资源权利置换制度改革，为推进农业转移人口市民化提供了有力的支撑，但当前仍然面临部分农民不愿进城、城镇化建设速度变缓等问题。

1. 产权改革措施尚未实施到位

一是产权确权登记颁证深入推进还存在一定的难度，存在认识不统一、土地所有权和承包经营权的权属主体不明晰、解决利益不均衡和重新调整承包地受阻、工作经费不足、后续措施难以跟进等问题。二是土地流转障碍多，存在宣传力度不够、流转意识不强，流转机制不顺、行为规范不严、配

套政策有限、驱动机制乏力等问题。三是集体资产股份权能改革面临压力，因非土地经营性资产缺乏法人地位、集体股缺乏人格化代表、成员边界难以锁定以及集体资产产权可持续性尚待检验等因素，在集体所有权与"集体资产股份权能"之间寻找新的平衡点时受阻。

2. 户籍制度改革与权利置换改革试点范围小，相关政策不配套

资兴市仅以湘源村两个组为试点进行户籍制度改革与权利置换改革，虽然取得了较大的成效，但涉及面较小，导致改革红利的惠及面同样较小。户籍制度改革与权利置换改革是复杂的系统工程，尽管资兴出台了户籍制度改革的相关文件，但相关政策尚不明确、不配套，导致户籍制度改革的推进难度较大，如农业转移人口市民化的成本到底如何分担，中央与省里尚未形成可操作的政策；农民进城购房或建房，势必占用城镇建设用地指标，而城镇建设用地指标受省政府批准的土地利用规划和计划管控，当前的试点单位建房性质仍是农村集体土地建房性质（自愿交易补差价），现在启动第一期工程，建筑面积共 1.7 万平方米，需缴纳防空易地建设费用 60 多万元，村民无法承担，致使相关工程项目进展较为缓慢；农民宅基地退出的补偿机制没有建立，且"增减挂钩"项目立项和指标确认由省国土资源厅管理，县级没有决定权。同时，农民拥有的各项资源权益尚未得到确权登记，导致权利置换改革难以推进，且极为重要的生态补偿办法尚未制订，无法提高农民进城的积极性。

（五）融资渠道问题凸显，发展资金有效供给不足

资金是推进新型城镇化与城乡一体化的关键要素，无论是城市建设还是农业转移人口市民化都需要资金投入作保障。目前资兴市开始积极探索多种投融资模式，并解决了一部分资金需求问题，但融资渠道不畅等问题仍然凸显。

1. 新型城镇化与城乡一体化的资金需求总量巨大，资金缺口较大

经测算，试点期内资兴市农业转移人口市民化总成本为 97.46 亿元，其中政府承担 40.9 亿元，企业承担 15.83 亿元，个人承担 40.73 亿元，人均 13.53 万元，而当前国家与省级在支持农业转移人口市民化上的政策仍不明

确，以资兴自身的财力难以承担起巨额的政府支付成本；况且农产品产地初加工项目建设资金需求量较大，2015 年的申报数量就达 191 个，合计补助金额近 500 万元，但国家给资兴市下达的奖补资金额度只有 210 万元，存在约 300 万元的指标缺口；另外，农村搬迁建房及基础设施配套资金、环境保护资金等都存在短缺严重的现象。

2. 投融资的多元化、可持续性不明显

在农业转移人口市民化总成本的分摊机制中，企业因经济下行不愿也难以参与成本分担，而自我分担的成本也超出了大多数农民的可接受范围，加之现今资兴市财政资金压力大，此项工作进展缓慢。而资兴的融资平台转型升级融资、社会资本合作融资、政策性银行贷款融资等方式还未全面发挥效用。在探索社会资金合作融资机制中，资兴市 PPP 项目融资方式才开始启动与运作，股权融资发展缓慢，2014 年成功挂牌湖南股权交易所的湖南神和酒业股份公司是资兴市乃至郴州市第一家在湖南股权交易所挂牌的企业。此外其他诸如地方政府债券发行机制、政策性金融支持机制、债务偿还机制等还处于探索阶段，融资效用远未显现。资金的有效供给不足，成为推进资兴市新型城镇化和城乡一体化建设的基本问题。

三 加快资兴市新型城镇化与城乡一体化发展的对策

作为国家新型城镇化试点市，资兴市以推进三大改革为抓手激发发展新动能，着力推进新型城镇化与城乡一体化互动发展，已取得可供借鉴的成效和经验。当前，资兴市新型城镇化与城乡一体化发展进入了攻坚克难阶段，要解决发展中的问题，突破难点、更上一层楼，需要进一步改革创新，以拓展更大的发展空间和凝聚更多的发展资源。

（一）以基础设施互联互通为突破，全面推进环东江湖区域一体化

资兴市和汝城县、桂东县、宜章县同处东江湖环湖区域，地域相邻、地理气候同质、生态环境一体、社会文化同源，具有区域经济一体化的天然优

势与良好基础。推进环东江湖区域一体化是经济新常态下县域转型发展的有益探索，是各县市优化资源要素配置、提升竞争力的战略举措。资兴市是环东江湖区域最有辐射带动力的县域，需要发挥出领头羊的作用，当前的重点是以交通一体化建设为突破，加快形成区域要素流动、资源优化配置、市场统一开放、设施互联互通的一体化发展新格局。

1. 加强对环东江湖区域一体化的引导

环东江湖各县市以生态资源为纽带成为实质上的利益共同体，是湖南最具一体化合作潜力的区域之一。要积极争取省委、省政府将环东江湖区域一体化纳入全省区域总体布局，与郴州增长极建设有机结合，列为全省区域发展的一项重要战略。着力推动构建县市之间的合作机制，加快制定环东江湖区域一体化规划，从基础设施布局、产业可持续发展和生态环境综合保护等方面，把环东江湖区域作为一个整体进行统筹谋划，在县域间建立以区域协作为目标，多层级、多主体共同参与的制度框架，推进跨县域的深度合作，加快环东江湖区域一体化进程，打造大湘南新的生态经济圈与对外开放的桥头堡。

2. 推进环东江湖区域共享交通设施

积极争取省委、省政府及相关部门加大对环东江湖区域交通等共享性基础设施建设的支持，包括加强对桂新高速公路的规划研究，争取早日开工建设，使核心区域资兴市实现高速公路"零"的突破；争取将东江湖环湖公路建设列为全省交通建设重点项目，予以有力支持，提高技术等级标准，延伸成为连接"三县一市"的重要互联通道。"三县一市"要积极谋划跨界、跨区域的国省干线公路、县乡公路联网道路交通项目，提升东江湖内河运输能力，形成县域间互联互通的综合交通网络，推进各种运输方式的有效衔接与协调发展，促进合作共赢。

3. 加快环东江湖区域交通一体化，促进融合发展

根据环东江湖区域作为重点生态功能区的定位，"三县一市"要以完善区域交通一体化网络为依托，推进基础设施与生态环境共建共享，争取省委、省政府对县域间生态产业链合作的公共服务平台建设、园区建设、特色

小镇建设等给予政策倾斜。各县市要积极建设县域间功能互补的新型城镇体系，构建面向大区域的消费市场、物流体系，打通以东江湖为中心的重点景区、景点的对接通道，整体打造精品旅游大线路，带动相关产业融合发展，形成区域产业分工合作、优势互补的新格局。

（二）以全域旅游与特色小镇建设为抓手推进区域产业融合

在工业占比过高、资源被限制开发的情况下，资兴市的新型城镇化需要以全域旅游为纽带、以特色小镇建设为突破，挖掘产业特色、人文底蕴和生态禀赋，推动一二三产业融合发展，从而形成推进新型城镇化与城乡一体化的新的增长点。

1.以全域旅游引领产业转型方向

全域旅游是以资源优化配置为核心，增加有效供给，引导旅游需求，推进旅游与其他相关产业深度融合的新兴旅游发展模式。立足良好的生态优势与丰富的旅游资源推进全域旅游，是资兴产业转型升级的方向。以创建国家全域旅游示范市为抓手，以东江湖5A级旅游景区为龙头，带动全市"五大板块"差异化协调发展，打造承载能力强、要素配置完备的综合性、开放式旅游目的地。重点发展东江湾城市文化旅游高端配套服务区和白廊、兴宁片区休闲度假旅游配套服务区；加强泛流华湾片区、大王寨片区乡村旅游度假区建设，辐射带动天鹅山、回龙山、八面山等森林康养和文化生态度假区建设，形成以东江湖为龙头、两大服务片区配套、多点支撑的全域旅游格局。加快推进与东江湖旅游配套的道路、公共场馆、精品民宿、特色小镇建设，着力建好资兴市文化旅游集散中心，将其建设成集停车场及自驾游营地、游客服务中心、旅行社接待站、目的地信息管理中心于一体的旅游集散中心。推进文旅、农旅、体旅、工旅等深度融合，抓好文化旅游创意园、东江湖康养城、文体中心等项目建设，推进智慧旅游城市建设，探索"互联网＋"等多方融合发展的新模式，打响寿佛故里、生态名城、国际水城品牌。积极与桂东、苏仙、永兴、汝城、宜章等周边县区合作，协商组建跨行政区的区域旅游市场开发和投资者建设联盟，形成泛东江湖休闲度假旅游区，形成开放发展的大格局。

2.以特色小镇建设促进产城融合

特色小镇是统筹城乡发展的重要载体、扩大内需和聚集现代要素的重要平台，是资兴新型城镇化迈向新台阶的重要抓手。应立足打造"最美最靓中国水城"目标，依托乡镇特色资源，聚焦生态文化旅游、特色农业、战略新兴产业等重点产业，围绕"一湖两线"，涵盖中心城区和北部、南部、东部片区，积极发展旅游小镇、工贸小镇、特色农业小镇、民俗文化小镇以及园镇结合型的创新创业小镇，打造一批产、镇、人、文四位一体，生产、生活、生态融合发展的特色小镇。根据各地资源禀赋，重点打造汤溪（温泉小镇）、兴宁（时代符号小镇）、清江（柑橘之乡）、白廊（桃花之乡）、州门司（梨乡）、黄草"潇湘风情水镇"、蓼江"湘天下·蓼江小镇"、大王寨（低空航空旅游小镇）、东江风云小镇（东江数据产业园），实现乡镇特色化发展、差异化竞争、个性化城镇化、示范性带动。要强化政府引导和服务保障，把特色小镇建设列入"十三五"经济社会发展的重点战略，注重科学规划，围绕产业和功能的特色定位，强化对小镇建设的基础设施配套、资源要素保障、文化内涵挖掘和生态环境保护，建立政府与市场联合的运营管理机制，以政府投资为引导着力吸引社会资本参与，形成产权明晰、符合市场规律的特色小镇商业模式，将特色小镇打造成为全市经济增长新高地、产业升级新载体、要素集聚新平台。

3.以农业供给侧结构性改革推动农业转型与农村产业融合

尽管资兴农业占比低，但在农产品消费向多元化、高端化、个性化转型的形势下，资兴挖掘好地域特色农业资源，将推动现代农业升级成为经济发展的又一个增长点。关键是把扩大优质农产品供给作为推动农业转型升级的突破口，重点在农业品牌建设上着力，大力培育东江湖鱼、东江湖水果、东江湖无公害蔬菜、东江湖油茶、东江湖茶等地标产品，通过产学研结合模式，开发与资兴地域环境与自然资源相适应的优质品种，推进农产品的标准化生产，扶持壮大农民专业合作社，培育和引进农业龙头企业，推动土地经营权向新型农业经营主体集中，加强以生态种养技术为重点的新技术推广，促进农业生产方式的绿色转型。大力推进农业与二三产业深度融合，发展现代农业新业态、新模式，进一步引导与扶持现代农庄或庄园经济发展，将现代农业适度规模经营与发展传承农耕文化、传统民俗和民间艺术的休闲农业、观光农业和乡村旅游相结合，促进农业与旅游、教育、文化、健康养老等产业深度融合；大力发展农产品加工，加强食品工业园建设，打造一批农产品加工品牌，积极发展冷链物流、电子商务等现代流通方式，推进农业的生产、加工、服务一体化，促进农业向高附加值的品牌路线转变，提高农业整体效益。

（三）以打造"一户一产业工人"工程升级版为抓手激发全民创业活力

资兴在全国率先开展的"一户一产业工人"培训工程为新型城镇化和经济发展转型提供了有力支撑。但随着供给侧结构性改革的深入推进，需要适应经济结构调整与城镇化新趋势，解决好就业难度加大等新问题，进一步推进培训机制创新，打造"一户一产业工人"工程的升级版。

1. 优化供给，完善以市场需求为导向的培训体系

结合新型城镇化与全市产业转型的需求，制定"一户一产业工人"工程的中长期规划，有针对性地推进职业技能培训的转型升级，实现培训工程与产业转型升级相融合、与园区用工需求相融合、与新型城镇化需求相融合。从促进劳动力就业出发，密切关注企业用工需求，创新职业技术种类，减少传统行业的职业技能培训，顺应新兴产业发展对劳动力需求升级的趋势，注重开展应用新技术、新工艺、新材料、新设备的技术技能培训，着力加强对城乡工匠型人才及复合型人才的培养；强化对旅游、康养、家政、信息、物流等市场需求量较大的服务行业从业人员的职业技能培训；着力培养现代职业农民，结合农业供给侧结构性改革，大力推进特色地标产品种养、农业标准化生产、生态循环种养、农业服务等方面的技术技能培训。基于大众创业的新形势，以"三湘四水"创业示范小区、东江湾创客工场等创业园区为载体，强化对城镇失业人员、农村就地转移就业劳动者、高校毕业生、返乡农民工、退伍军人等提供创业培训服务，开展创业项目市场分析、经营管理、创业扶持政策等知识培训，提供贯穿初创、孵化、成长全过程的创业指导，激发创业活力，扶持一批有创业意愿的劳动者能创业、创成业。

2. 提高层次，推进引导性培训向提升性培训迈进

资兴"一户一产业工人"工程自实施以来，已经引导大部分有培训需求的城乡家庭劳动力通过培训掌握了相应的技能。但随着经济新常态下传统行业投资放缓，要素需求结构正在发生变化，文化素质和专业技能水平较低的劳动力就业普遍受到影响。尤其是低素质的农村劳动力只通过入职前短期的引导性培训仍难以稳定转移就业。为此，"一户一产业工人"工程应将培训的重点真正转移到让劳动者拥有一项长久的、持续的生存发展技能上来。在培训对象上，应重点加强对青年群体的培训，尤其是对新增劳动力、农村创业者、在职农民工的培训，这些人将是城乡一体化的生力军，应成为政府人力资本投资的重点。在培训形式上，应从以"短、平、快"的培训为主向中长期或持续性培训为主转型，注重劳动力技能提升的持续性，大力发展职业教育与中高级技能培训。在激励机制上，引导劳务输出单位、用人单位落实"先培训、后就业""先培训、后输出""培训、考核、使用挂钩"的制度；把培训与就业创业的政策扶持紧密结合起来，激发劳动者主动参与培训的积极性。

3. 创新方式，提升培训的针对性与实效

劳动力在培训中的培训效果决定了政府投资的有效性和劳动力参与培训的积极性。而劳动力培训意愿受市场机制的引导，不同劳动力的培训需求各不相同。在"一户一产业工人"工程实施的前期，政府的强力推进非常重要，但随着培训工作进入常规化，政府的大包大揽则无益于培训效率的提高。因此，在组织形式上，要正确处理好政府和市场的关系，走政府主导、市场参与、劳动力支持的市场化培训模式。政府致力于加强服务，完善标准，建设科学的评价考核机制，加强对培训项目资源配置的统筹协调，完善对培训学校、基地、教学点的监管机制；具体的培训组织工作由培训机构（学校）与用人单位合作推进，通过奖励、税收减免等政策引导，提升培训

机构与用人单位培训的积极性；对于培训对象的组织，以建立培训卡及进行职业技能鉴定等为依据给予直接补贴或其他扶持。在培训方式上，要将学校菜单式教学、用人单位订单式培养、政府跟踪式服务结合起来，将职业培训、企业培训、跟师学艺、示范带动结合起来，将专业培训与素质培训结合起来，形成不同方式、不同内容、不同层次的培训体系；在教学上应推动以课堂培训为重点向现场培训为重点转变，将对转移劳动力的培训与岗位需求结合起来，将对职业农民的培训与完善农业社会化服务体系结合起来、与典型带动结合起来，提升培训的实用性与实效性。

（四）以创新金融服务为重点畅通多元化的融资渠道

积极探索县域多元化的投融资体制机制，通过平台转型升级融资、社会资本合作融资、政策性银行贷款融资等方式，为资兴新型城镇化提供有力的资金保障。

1. 依托融资平台拓展融资渠道

加快政府融资平台的市场化改革，完善法人治理结构，以债权或股权方式吸引社会资金、金融机构资金注入投融资平台；进一步发挥资兴市城投集团、旅投集团、环投集团和成诚公司的融资作用，创新融资办法，管控融资风险，进一步加强与政策性金融机构的沟通衔接，继续深化与国开行、农发行等的新型城镇化融资战略合作。积极发展小额贷款公司、村镇银行、社区银行、股权投资基金、社区信用合作组织、农村资金互助社等新型金融组织；推动保险公司、证券公司、融资租赁公司、基金以及其他的金融组织落户资兴。推进资产证券化，以园区及大型基础设施建设项目资产预期收益为保证发行证券，推动后期项目开发。探索市政债发行机制，在建立健全地方政府资产与债务管理制度的基础上，探索地方市政债券发行管理制度和评级制度，以公益性项目为主发行市政债券，运用企业债、保险债权计划、公司债券、中期票据、短期融资券和结构性融资产品，拓宽融资渠道；加强债务管理，将政府债务全部纳入预算管理，实行债务滚动预算，建立债务动态更新统计制度，完善债务风险评价和预警体系，建立违约偿付金制度，确保债务还本付息资金及时支付，债务风险得到有效控制。

2. 健全社会资本参与机制

进一步完善社会资本参与的有关政策，通过政府购买服务、PPP 等多元化模式，灵活运用项目融资，大力吸引社会资本参与城镇化基础设施等公共项目的建设和运营。适时调整"社会资本参与城市公共设施建设投资准入目录"，按照"无禁止即可进入"的原则扩大准入项目范围，并向金融、投融资平台、现代物流、农业农村基础设施建设等领域拓展。对于纯经营性基础设施建设项目，政府采取市场化经营形式选择投资者，探索 BOT、PFI 等融资模式，吸纳社会资本进入；对准经营性基础设施建设项目，政府以财政杠杆资金吸引社会资本的广泛参与；对非经营性基础设施建设项目，主要靠政府购买服务、可创新融资模式，通过探索 BT、承包租赁、有偿转让冠名权等适当吸纳民间资本的参与，减轻财政资金压力。完善特许经营制度，制定非公有制企业进入特许经营领域办法，为扩建和改造城镇基础设施筹集资金，积极引进战略投资者参与园区、特色小镇整体开发运营。

3. 营造良好的信用环境

充分利用现有部门信息系统，整合资源，科学搭建统一的信用信息平台。综合运用行政与市场手段，对守信行为予以激励支持，对失信行为进行惩戒和约束。在市场监管和公共服务中，对诚实守信的自然人和市场主体，相关部门要在市场准入、政策扶持、公共服务、贷款授信、人事录用等方面给予优惠或便利，从而形成守信正向激励机制。对于失信者和失信行为，相关部门要建立各行业黑名单制度和市场退出机制，在市场准入、资质认定、行政审批、政策扶持等方面实施信用分类监管，结合监管对象的失信类别和程度施以惩戒。完善失信信用记录和披露制度以及社会舆论监督机制，使失信者在市场交易中受到制约和限制，并通过社会道德谴责形成震慑力，约束社会成员失信行为。

（五）以强化生态补偿机制为核心提高区域绿色发展水平

坚守生态红线，以强化生态补偿机制为核心，充分利用东江湖"一湖一策"生态保护政策,科学处理发展与保护的关系,引领经济增长、社会和谐、生态保护协调发展,提高区域绿色发展水平。

1.构建环东江湖流域生态补偿制度支撑体系

为破解发展与保护的矛盾,资兴应加强与环东江湖流域其他县市在生态补偿与治理上的合作,共同规划环东江湖流域生态保护和建设,争取将环东江湖流域生态补偿列入国家流域生态补偿重点支持政策范围与省委、省政府的战略决策,从而加大对各县市的生态补偿资金支持与政策支持力度,建立环东江湖流域生态补偿基金,对因保护流域生态环境而受损的各类主体进行相应的补偿;以水权交易与排污权交易试点为突破探索生态补偿市场化运作路径,提高流域水资源使用效率。环东江湖流域内各县域应加强衔接,推动生态保护与节能减排、污染排放、产业准入和淘汰等相关标准的对接统一,推进生态建设、污染治理、环境执法、环境监测等方面的合作,建立统一的生态绩效评价指标体系,完善生态补偿的利益分享机制,建立整合区域内各县域资源的数据共享平台,实现区域内生态资源的共建共享及优化配置。

2.推进产业集群生态化改造

在资兴已经形成的产业集群基础上应充分考虑生态体系,将生态环境规划和社会经济发展规划融为一体,促进环境保护和经济建设相结合,特别是依托资兴生态环境优势和地处湘粤赣三省交点的区位优势,强化对长株潭城市群和珠三角城市群的生态服务和生态经济服务。未来的重点是基于区域丰富的林业和水生态资源,以山区林地农业为主,着力发展生态循环农业,建设有机蔬果、特色产业基地,发展茶叶、药材、楠竹、花卉苗木、无公害蔬菜、原生态食料等林地生态农业产业集群;以东江湖旅游景点及泛东江湖旅游干线为依托,大力发展生态旅游产业集群;立足东江湖优质水资源,发展水资源及其衍生水产品精深加工产业集群,以此打造粤港澳的绿色菜园、休闲乐园。

3.推动园区与企业生态化转型

以绿色发展理念推进园区与企业的生态改造是资兴产业转型的重要抓手。应合理选择产业共生和衍生项目,尤其是要抓住当前的互联网经济脉搏和浪潮，与文化产业、创意产业、互联网金融产业相融合，打造和建立全新的园区生态集群，立足集约发展、产业关联和循环发展，对各工业园区进行生态化建设和改造，按照物质、能量、技术、水资源的系统集成的要求，建设完善相关设施与服务平台，促进园区的集约循环化发展；推进企业的清洁生产，加快淘汰工艺落后、排放超标而且没有能力整改，或者整改成本太高的企业，推进企业整合与集团化发展，提高企业产品与生产、营销的关联度，逐步建成多种模式的生态产业链；给生态产业及产业集群生产的、符合认证标准的自然资源产品贴上生态产品标志，提高生态产品服务的价格，使自然资源的生态优势转化为产业优势，从而拓宽自然资源生态补偿的资金来源；完善产业政策，将生态循环生产作为产业政策制定的重要依据，建立促进生态产业发展的利益导向机制，实现财政税收和金融政策的优惠和倾斜，引导优选产业项目；将生态环境资源消耗纳入企业成本核算管理，全面反映经济与环保共赢情况；变革产业发展的政绩考核体系，加大环境友好和资源节约方面的考核分量，以此建立起集生态型企业、生态型园区、生态型产业于一体的生态经济体系。

（六）以深化三大改革为动力全方位优化区域资源要素配置

进一步统筹推进农村产权制度、户籍制度、生态资源权利置换制度三项改革，破解政策瓶颈，加快释放农村活力，为推进城乡一体化和国家新型城镇化试点提供示范经验。

1.深化产权改革激活农村资源要素

2016年以来中央就农村集体产权制度改革、土地集体所有权承包权经营权"三权分置"等出台了系列文件。作为改革先行区，资兴应贯彻中央精神，加快推进农村承包地、房屋、宅基地和集体建设用地确权登记颁证和农村集体资产清产核资，总结兰市乡农村产权确权登记、七里乡承包地确权登记以及唐洞、东坪乡、黄草、七里等乡镇集体资产股份权能改革经验，加快农村各项产权的确权登记颁证，有序推进农村集体经营性资产股份合作制改革，建立集体资产与农民之间"按股享有、民主管理、风险共担、利益共享"的利益联结机制，健全集体资产股份经营机制，继续推进土地股份合作试点，并积极探索农村集体组织以出租、合作等方式盘活利用空闲农房及宅基地，提高农民资产收益水平。推进土地经营权的市场化有序流转，进一步探索土地入股、土地信托、土地银行等新型土地流转模式，完善交易规则、规范土地交易行为，支持新型经营主体参与土地流转，与农民结成紧密的利益联结关系，发展适度规模经营，对工商企业的土地流转应建立准入制度与风险防范机制，保障农民的权益不受损害。加强农村产权流转交易中心建设，拓展其服务功能，将其打造成能提供信息发布、产权交易、鉴证、价格指导、委托管理、政策咨询、评估、融资等综合服务的平台，积极引入各类中介服务组织以及银行、保险等金融机构和担保公司，为农村产权流转交易提供专业化服务。完善农村产权融资机制，建立由市财政、金融机构、涉农企业、农民共同参与的产权抵押融资担保中心，建立融资风险补偿金制度，由政府、银行、农民、企业共同承担融资风险，从而为加快扩大农村产权抵押融资规模提供支撑。

2. 加快户籍制度改革促进要素流动

资兴出台的《关于进一步推进户籍制度改革的实施意见》，就统一城乡户口登记制度，进一步调整、放宽户口迁移政策，实施居住证制度等作出了明确规定。户籍制度改革牵涉面广，既要贯彻中央与省市户籍制度改革的精神，又要立足资兴实际探索创新相关配套措施，为加快城乡一体化提供支撑，因此，资兴当前加快户籍制度改革的重点，一是加快剥离附着在户籍制度上的教育、就业、医疗卫生、社会保障、公共文化、住房保障等权益和福利，加快推进城乡基础设施、社会保障和公共服务一体化。二是完善农业转移人口市民化成本分担机制，优化政府财力资源配置，在争取上级财政转移支付与农业转移人口市民化相挂钩的基础上，调整城镇财政支出结构，不断增强公共产品和服务的供给能力，鼓励社会资金参与城镇化建设，引导企业依法承担相应的成本。三是以促进人口自由流动为取向适度放开城乡之间的户口迁移。以不损害农村居民财产权益为前提，在支持农村发展的相关特定条件下放开在农村居住的相关制度限制，营造有利的环境让城镇优质人力资源进入农业农村创业就业，鼓励新乡贤回乡反哺家乡、鼓励高素质人才返乡创业，为农村改革发展注入新的活力。

3. 推进生态资源权利置换改革，优化资源配置

基于资兴生态环境保护的需要，为解决好保护与发展的矛盾，以生态移民为着眼点进一步推进生态资源权利置换改革仍然是资兴新型城镇化的一项重要举措。结合前期试点已经取得的经验，完善配套制度，进一步向生态脆弱地区扩大试点范围。建立自然资源统计调查制度，对集体、组织及个人拥有的水、土地、森林等生态资源的用益权进行量化和确权登记，明确各类主体的权利义务关系，建立生态资源产权数据库。在此基础上，鼓励自然条件恶劣区域的农村居民自愿将生态资源用益权换成可在城镇生存发展的居住、就业等资源，享受与城镇居民同等的公共福利；也可以在保留生态资源用益权不变的基础上移民外迁，将生态资源用益权自愿合法有序流转。争取相关政策支持，将农民置换出来的土地资源，作为移民安置地城镇建设用地，加强对生态移民创业发展的政策支持。同时，支持已经取得生态资源使用权的企业向生态保护区外转移，对其权益的损失通过补助、异地用地、税费减免等多种形式进行补偿。

B.8
高铁时代湖南农业供给侧
结构性改革研究报告[*]

课题组[**]

摘　要：　高铁时代给湖南农业发展带来了人流集散增大农业商机、物流提质化解空间阻隔、要素流动加快提升农业服务能力、产业关联效应助推农业转型发展等机遇。同时也存在农产品需求结构转变、农产品质量安全、农业优质资源要素流失、农产品低端供给不适应高铁时代消费高端化需求、农产品大众化供给不适应高铁时代消费个性化需求、产品品牌短缺不适应高铁时代消费品质化需求的挑战。高铁时代湖南推进农业供给侧改革的现实途径是：以区域地标品牌为战略、以结构调整为主线、协同发挥政府和市场的作用。其保障措施是：优化农业总体布局、加强对农产品区域地标品牌的培育与保护、推进农业支持政策转型、健全农业市场化支撑体系。

关键词：　高铁时代　农业供给侧　现代农业

　　高铁是当今时代经济发展的新引擎。当前，湖南境内时速200公里以上的高速铁路有1200多公里，除益阳、常德、张家界和湘西州外，10个市州

　　*　本文为湖南省社会科学界联合会创新课题。
　　**　课题主持人：湖南省社会科学院农村发展研究中心陈文胜研究员；成员：湖南省社会科学院农村发展研究中心陆福兴研究员，湖南省社会科学院农村发展研究中心王文强副研究员。

实现了高铁直达，高铁覆盖率已达 70% 以上。按照国家发改委印发的《中长期铁路网规划》，不久的将来，又将有呼和浩特至南宁的高铁经停常德、益阳；厦门至重庆的高铁经停张家界，黔张常铁路和张吉怀铁路均经过湘西州，湖南 14 个市州全部实现高铁通达指日可待。届时，湖南高铁通达率将走在全国前列，全省各市州全面进入高铁时代。交通与农业有密切的关系。湖南进入高铁时代，不仅使区域优势更加凸显，也为湖南农业发展带来了前所未有的机遇。

习近平总书记在 2016 年"两会"期间参加湖南代表团审议时强调，新形势下农业的主要矛盾已经由总量不足转变为结构性矛盾，推进农业供给侧结构性改革，是当前和今后一个时期我国农业政策改革和完善的主要方向。[①] 湖南是农业大省，其农业供给侧结构性改革不仅关系着农业的长远发展，也关系着全省经济社会发展大局。高铁时代给湖南农业发展提出了新的要求，湖南必须抓住高铁时代的机遇加快推进农业供给侧结构性改革，进一步找准农业发展的切入点和着力点，构建适应高铁时代需求的农业供给体系，为加快农业现代化进程、建设富饶美丽幸福新湖南提供有力支撑。

一 高铁时代给湖南农业发展带来的机遇与挑战

近年来，高铁的快速发展为我国经济发展做出了重要贡献，已成为推动经济转型升级、增强区域经济竞争力的重要引擎。高铁使沿线区域人流、物流、资金流和信息流实现了快速流动和集散，进而推动各地的资本、技术、人力等生产要素优化配置，因此具有促进要素加速流动与优化组合、密切区域联系从而产生共振效应、带动产业发展形成拉动效应和溢出效应、推动经济文化交流等重要功能。但高铁的快捷便利，也会促使资金、人才、技术等向发展环境优越区域聚集，导致落后的地区更难以留住优质要素。湖南进入高铁时代，农业发展需要把握住高铁的正面效应和带来的机遇，推进农业适

---

① 韩长赋：《着力推进农业供给侧结构性改革》，《求是》2016 年 9 期。

应高铁时代的需求；同时也要高度关注高铁的负面风险和带来的挑战，扬正抑负并进行战略谋划。

1. 高铁时代为湖南农业发展带来的机遇

高铁时代加速湖南农业转型。从农业本身的特点来看，农业发展受限于土壤的空间凝固和自然生态的地域差异，因此，农业的发展与工业不同，工业产品可以在不同的地域建厂生产，而农业产品却受到极大的空间限制和地域生态限制，不同区域的农产品的品质不同，只能在固定的区域生产。高铁作为一种快速跨越空间的交通工具，其高速和便捷对于破解农业的空间制约具有极大的作用。具体来说，高铁时代为湖南农业带来的机遇有如下。

（1）人流集散增大农业商机。高铁使交通耗时大大减少，人口流动更加便捷与频繁，从而使消费市场得到拓展、消费的可选择性增强。当前，高铁日益被人们接受，高铁的载客量不断增大，高铁修到哪里，哪里的人流量就增大，沿线的地域位置价值就提升。高铁使人与农产品的空间距离缩短，使大中城市的消费者与农产品对接更加便捷，高铁带来的人流集散有利于农产品的消费，也有利于农产品品牌的信息传播，为湖南这样的中部农业大省的农产品销售提供了重大机遇。

（2）物流提质化解空间阻隔。高铁发展改变了农产品流通状态。高铁不仅减轻了对传统铁路、公路物流运输的压力，而且使小型物流的传递速度发生了革命性变化，节省了大量的物流时间，特别是高铁的快速对于鲜活农产品物流起了重大的推动作用，为鲜活农产品和大宗农产品的及时供给创造了机遇。湖南是"鱼米之乡"，粮、猪、茶、水产等农产品在全国具有重要地位，利用高铁的快捷性，可以将湖南的农产品及时运送到全国各地，高铁时代为湖南农产品市场的拓展提供了新的机遇。

（3）要素流动加快提升农业服务能力。农业社会化服务是农业现代转型的重要前提。高铁快速便捷的特点也为农业社会化服务带来了革命。高铁的运营大大提升了资源要素的流动速度与规模，资本、技术、人力等生产要素可以快捷地跨区域流动，从而为现代农业服务范围的拓展带了新的机遇，并有利于降低农业生产经营成本。随着湖南高铁的发展，农业服务突破了空间的限制，如从长沙到全省已通高铁的 10 个市州，旅程均不超过 2 小时，均可以当天去当天回，这样，长沙的农业技术、资金、人才服务可以很快捷地传递全省各地，从而为全省现代农业的协调发展、分工合作提供新的契机。

（4）产业关联效应助推农业转型发展。实践表明，高铁具有极强的关联效应，依托带动货物、旅客快速流动的特性，改善国民经济各部门的联系，对物流、商贸、旅游、服务等相关产业具有直接的推动作用，并间接推动工业、农业等关联产业的发展，是产业融合的强有力的"黏合剂"。高铁的这种关联效应有利于促进农业与二三产业融合，从而拓展农业功能、提升农业效益。湖南生态条件优越、农业历史悠久、工业基础好，利用好高铁的这一产业关联效应，将加快形成三次产业融合发展的新格局，从而对农业转型发展产生强有力的拉动作用。

2. 高铁时代为湖南农业发展带来的挑战

高铁时代是一个时空压缩、要素快速优化组合的时代，对于湖南这样的内陆省份来说，农业发展不仅面临重要机遇，也面临新的挑战。

（1）农产品需求结构转变的挑战。高铁时代人们的消费更加便捷，消费视野更加广阔，消费可得性更强，消费的种类和结构不断发生变化，因此，人们对农产品的消费结构与消费层次也发生变化，消费需求的多样化和个性化不断加强，如何使农业供给适应消费需求的转变是高铁时代湖南农业生产面临的挑战。

（2）农产品质量安全的挑战。高铁时代的农产品获得更加容易，消费者的选择余地不断拓展，因此，高铁时代人们对农产品的质量要求更高，特别是对环保健康的农产品需求更为迫切。但社会的发展对环境的影响日益增大，特别是高铁时代城镇化和工业化加速发展，农产品的生产环境受到影响，即使在湖南这样的生态条件较好的省份，农业资源环境的约束也在不断加剧。因此，如何保护农产品的生态环境、推进农业的"两型"发展是高铁时代湖南农业面临的重大的挑战。

（3）农业优质资源要素流失的挑战。高铁串联起大中小城市、发达地区与欠发达地区，加速了城市间、区域间资源要素的流动，而对于沿线的中小城市、次发达地区来说，高铁会形成"虹吸效应"，使当地的物资、资金、人才等要素向中心城市、发达地区流动，从而影响当地的发展。湖南属于次发达地区，农业又是相对弱质的产业，进入高铁时代，湖南农业优质资源要素不仅面临着向城市二三产业加快流动的挑战，也面临着向发达地区加快流失的风险。

二 高铁时代对湖南农业供给体系提出的新要求

湖南进入高铁时代，意味着农业将进一步融入全国甚至全球的大市场，但当前湖南农业供给侧还存在着诸多问题，难以适应高铁时代的市场需求与农产品竞争。提高农业供给体系对高铁时代的适应性，必然要求加快推进湖南农业供给侧改革。

1.湖南农业供给侧存在的主要问题

作为农业大省，湖南农业发展历史悠久，农产品供给数量大，但是在以往重数量轻质量的政策引导下，面对国际市场需求疲软、消费结构的调整，湖南农产品供给积累了诸多问题，难以适应高铁时代农产品市消费需求。

（1）农产品低端供给不适应高铁时代消费高端化需求。长期以来，湖南农产品供给重数量轻质量，重规模轻效益，农产品加工能力不足，农产品供给档次不适应高铁时代的需求。如湖南粮、猪、油、茶叶等农产品的数量均排在全国前几位，但这些农产品多为初级产品，缺乏加工尤其是精深加工，产业链条短，产品档次低。高铁时代人们的农产品消费结构已经发生重要变化，高端农产品需求旺盛，湖南大宗农产品没有经过精细化加工，因而难以适应市场需求，缺乏市场竞争力。

（2）农产品大众化供给不适应高铁时代消费个性化需求。湖南农产品尽管数量大，但产品结构单一，以粮、油、猪等大宗农产品居多，农产品的品种结构不优和特色不足。高铁时代是一个需求多样化和个性化的时代，具有特色的农产品才能适应市场需求。湖南当前具有大众化农产品的数量优势，但有地域特色的优质农产品供给不足，农产品同质化竞争严重，诸多农产品一上市便滞销，影响到农业的整体效益。

（3）农产品品牌短缺不适应高铁时代消费品质化需求。湖南农产品的品种很多，有些地方产品也很有特色但没有品牌，特别是知名品牌更少。湖南农产品能够走向世界的产品不多，缺乏具有国际竞争能力的大企业和知名品牌农产品。特别是湖南属于矿产资源丰富的地区，过去矿产资源无序开发导致重金属污染比较严重，严重影响湖南农业供给的质量。如"镉大米"事件导致湖南大米严重滞销。在高铁时代，品牌产品是人们的重要消费选择。农产品缺乏品牌就难以打开销路，农业就缺乏竞争力。

2.湖南农业供给侧问题的政策原因

湖南农业供给侧存在的问题，与长期以来的政策导向有着密切的关系，尤其是农业扶持政策未能突出地将农产品品质提升作为重点，导致农产品供给与市场需求不相适应。

（1）农业生产支持政策重规模数量。农业供给侧改革要求不仅要生产出农业产品，还要适应市场的消费需求，消费者需要的是高质量的优质产品。但是，我国现行的农业支持政策与供给侧改革的要求有出入，主要是重视农业规模生产、激励扩大农业产量和规模，以此为依据对农业生产进行支持和奖励，并没有对优化农产品的质量和品种结构做出政策性引导。如国家依据粮食产量、生产规模对种粮大县进行奖励，就是考量种粮大县粮食生产的数量和规模，并没有考虑粮食的质量和市场的销量，这使粮食供需不对等，造成了粮食的供给与需求脱节。对于湖南来说，当前的农业政策和农业管理考核，在很大程度上沿袭了过去的以"数量取向"，对于质量、特色重视不够，不适应高铁时代农业品牌化发展的需求。如当前国家对种粮大户和龙头企业也是以规模为依据进行农业政策扶持，没有考虑种粮大户和龙头企业生产出来的农产品与市场的需求是否相符。湖南各地有全国水稻大省、生猪大省、茶叶大省和油茶大省等诸多荣誉，但是湖南农产品缺乏特色，导致稻谷产量全国第一，但是无法与东北大米竞争；湖南是生猪大省，但是一车生猪到广东只能兑换一车矿泉水。

（2）农产品调控政策非市场化。我国大宗农产品市场价格，长期以来由国家宏观控制，国家调节大宗农产品的市场价格的方法是利用收储政策，因此，我国大宗农产品的价格市场化程度低。收储政策并不完全考虑市场需求，而是由国家的政策目的决定的，因此，我国农产品特别是大宗农产品的价格不能适应市场的需求。对于湖南来说，湖南的大宗粮食和生猪等农产品，即使丰收了也难卖个好价钱。因为尽管当前的粮食保护收购价以保护农民利益为出发点，但是粮食保护的是最低价，实际的作用是限制了粮食价格的上涨，是国家粮食脱离市场调控而难以供需平衡，违背了市场规律。湖南当前农业生产的产量是上去了，但是农业的效益很低。同时，湖南农产品价格受制于国家调控，市场的导向作用不大，导致农产品的生产结构单一，对于市场需求的反应不灵敏，这也导致了湖南农产品的供给结构不优的问题。

（3）忽视特色品牌的农业经营支持政策。农产品经营支持政策由农业生产支持政策所决定。湖南作为农业大省一直承担着保护粮食安全的责任，因此湖南农业经营的支持政策也是由国家的粮食安全需求决定的，农产品经营缺乏品牌意识，大量生产受到国家收购政策保护的产量高的农产品，在国家保护收储政策下，只重视数量的扩大而忽视质量品牌提升，因为不参与市场竞争而成为大众化的产品，限于满足市场低层次需求，农产品品质低、数量过剩、品牌短缺。高铁时代是高速时代和高品质时代，需要大量中、高层次的优质农产品。如果不能得到农业政策的有效支持，就会导致农业供给与市场需求脱节。

3.高铁时代对湖南农业供给体系提出新要求

当前的湖南农业供给与高铁时代的市场需求还存在诸多不相适应之处，抢抓高铁时代的机遇，化解高铁时代给农业带来的负面效应，必然要求提高湖南农业供给体系的质量。

（1）提高农业供给对高铁时代消费转型的适应性。湖南进入高铁时代，意味着湖南农产品消费市场的地域障碍全面打破，农业产品直接面向的消费者群体规模大大扩张，这为湖南农产品的销售带来重大机遇。但由于消费者对地域农产品消费的可选择性增强，不适应消费者需求的农产品会变得更加难以销售。这对湖南长期以来以粮、猪、油等大宗农产品为主导的单一农业供给结构提出了挑战，适应当今时代人们对农产品消费的高端化、多样化、特色化、个性化的需求，推进农产品供给由注重满足"量"的需求向注重满足"质"的需求转型，是湖南农业适应高铁时代的迫切要求。

（2）提高农业供给对高铁时代流通加速的适应性。高铁的高速和便捷使物流传递速度发生了革命性变化，为农产品的流通带来极大的便利，使消费者与农产品的空间距离缩短，为农产品尤其是鲜活农产品的及时供给创造了机遇。湖南进入高铁时代，意味着可以用相对低成本的运输来打破地理的桎梏，提高农产品的可达性，有利于带动农业的规模经营，提高农产品的市场占有率。但农产品市场流通的加速，也对湖南农业的供给效率提出了新的要求，改变湖南小农经济占主导的经营模式和粗放的农业生产方式，提高农业良种化、信息化、标准化、集约化水平，促进农业由生产导向向消费导向转型，由注重提高产量向注重提高品牌竞争力转变，是湖南农业适应高铁时代的迫切要求。

（3）提高农业供给对高铁时代产业融合的适应性。湖南进入高铁时代，意味着区域产业分工合作与结构优化升级有了新的关联轴，有利于产业之间的融合与区域产业的融合。抓住这一机遇，着力解决湖南农业产业链条短、农产品精深加工能力不强、高端高效优质农产品供给不足等问题，发挥湖南的独特优势，适应多元化市场需求，推进农业与二三产业深度融合，发展现代农业新业态、新模式，从而促进农业向高附加值的品牌路线转变，提高农业整体效益，是湖南农业适应高铁时代的迫切要求。

（4）提高农业供给对高铁时代资源配置市场化的适应性。高铁在资源要素的市场化配置中具有显著的"催化剂"的作用。湖南进入高铁时代，有利于吸引物资、资金、人才、技术、信息向高铁沿线区域集聚，但同时也面临着优质资源要素更加容易流失的风险。通过改革优化湖南农业发展环境，提升农业资源配置的市场化程度，破解日益突出的资源环境约束与优质要素短缺的矛盾。为此，要加快激发各类农业经营主体的创新创业活力，借助高铁时代交通信息的优势释放农业的发展潜力，努力将农业的过剩产能转化为适应市场需求的产能，适应高铁时代对湖南农业的迫切要求。

三 高铁时代湖南推进农业供给侧改革的现实途径

省第十一次党代会明确提出了湖南省打造以精细农业为特色的优质农副产品供应基地的要求，这为湖南农业供给侧改革指明了方向。适应高铁时代对农业的新要求，必须着眼于湖南的客观实际，以精细农业为抓手，把农产品规模化生产与农产品区域地标品牌化经营作为主攻方向，优化农业的区域结构、产业结构和品种结构，提高农业供给质量，促进农业供给精准对接市场，带动农民增收。

1. 主攻方向：以区域地标品牌为战略

高铁时代是一个快速和高效的时代，人们对农业产品选择的空间扩大，选择的品种增多，生产适应市场需求的农产品是农业供给侧结构性改革的核心。习近平总书记到吉林考察调研时指示：要打好"豆米牌"，"粮食也要打出品牌，这样价格好、效益好"。① 这说明农产品品牌十分重要、像"豆米牌"这样的地域品牌要成为现代农业发展的重点。实际上，农产品生产具有鲜明的地域性，农产品都有其特定的品质，特定品质必须在特定的生态环境条件下生产出来。因此，区域地标品牌不仅形成于特定的生态环境，而且具有地域特定条件下独特的文化底蕴、工艺技术，并且是经过自然和人工手段优胜劣汰的，能适应或引领消费者对品质的需求，因而也是最具有市场竞争力和市场价值的。打造地标品牌无疑是高铁时代湖南推进农业供给侧改革的主攻方向。

（1）地标产品是高铁时代消费结构转型的需要。随着工业化、城镇化快速推进，城乡居民生活水平不断提高，农产品供给与消费日益丰富、多

---

① 赵赫男、王丹丹：《从好产品到好"品牌"》，《吉林日报》2016 年 8 月 12 日。

元，农产品消费总的趋势是从低层次、单一化不断向高层次、多样化转变，由农产品消费推动的农产品需求进入了整体结构转型期，这种转型显著的特征是消费范围不断拓宽，质量要求不断提高，消费者个性化、多样化特征日益突出，消费对农产品的要求更加侧重安全、质量、花色、品种、品牌、品质和特色，区域地标产品综合了特定自然因素和人文因素，具有区域的唯一性，尤其随着高铁交通的发展和"互联网＋"进入农产品销售领域，地方的名特优产品一上市就可以进入每一个普通家庭，农产品消费便捷性大大提高。当前，随着消费结构加速转型，农产品市场竞争逐渐转向以区域品牌、品种差异化、品质高端化、资源特色化为主的竞争。消费者青睐的不再是传统的大众化产品，只有那些结合了独特的地理环境、气候条件、生产方法，形成了与众不同品质和人文底蕴的地标农产品，才最具有市场"比较优势"，是最难以仿效和超越的。

（2）地标品牌是高铁时代农产品去库存的需要。高铁时代也是一个信息爆炸的时代，农产品品牌效应的传递范围更加宽广。而低端农产品滞销、积压往往是消费者"用脚投票"的结果。据有关部门统计，2001～2014年，我国农产品贸易额占全球农产品贸易额的比重由6.7%提高到13.9%，我国成为世界第一大农产品进口国。①但与此同时，以粮食、棉花等为代表的部分大宗农产品却库存大增，导致国内部分农产品库存积压严重。湖南农产品去库存的压力并不小。尽管同质化的农产品过剩，但特色化、多样化、精致化、品牌化的区域地标农产品却不能满足市场需求，例如湖南库存积压较重的稻米，如果拥有特殊的品质与品牌，湖南的大米也可以找到很好的销路。从这一意义上说，"去库存"就是要改变传统保"温饱"的数量增长模式，引导农产品生产适应市场需求，引导普通农产品向区域地标产品转变。

（3）地标品牌经营是高铁时代农民增收的抓手。近些年来，我国农业生产成本的"地板"在农药、化肥和人工价格日益上涨中相应上涨，而国

---

① 吴琼：《农产品去库存，高度进口须改变》，《新华日报》2016年1月14日。

际主要农产品价格却在高补贴和规模化生产中持续下跌，有些已经不同程度低于国内同类产品价格。湖南作为农业大省，遭受着农产品成本"地板"上升与价格"天花板"下压的双重挤压。在这种情况下，农民不可能在市场经济中进行公平竞争，也不能依靠从事农业生产增加收益，农业发展的空间无法有效拓展，农业的供给侧结构性矛盾也将不断突出。高铁时代不仅创造了新的品质需求，也为农产品地标品牌提供了交通便利和销售机遇，区域地标产品既具有有形产品的效用，也因其反映特定的地理环境、人文因素从而具有无形资产的价值，相对于普通的农产品具有更大的增值空间。高铁时代到来，为农业区域地标品牌的推广提供了便捷的途径，同时为地标农产品的保鲜保质提供了保障，使区域地标品牌的产业链延伸、品牌打造都相对容易。因此，地标品牌是湖南高铁时代推进农业供给侧结构性改革、提升农业效益、增加农民收入的迫切需要。

2. 主要任务：以结构调整为主线

农业供给侧结构性改革的关键是确保农业供给与市场需求相适应，主要任务是调整结构，通过优化农业的区域结构、产品结构、产业结构促进农业提质增效和农民持续增收。

（1）借势高铁时代，以区域地标产品为主导优化农业区域结构。农业是对生态环境有特殊要求的产业，在最适宜的地方培育最具特色和优势的农产品，是农业适应市场消费转型的关键。抓住高铁带来的机遇，湖南农业区域结构布局应将高铁的交通优势与区域的地域优势相结合，以资源稀缺性、产品唯一性、品质独特性和不可复制性的区域地标产品为导向，加大对区域农业产业的布局谋篇，不断引导农产品生产向最适宜、最有优势的区域集中，有效避免同质化竞争。应立足全省实际，以高铁为轴线，将洞庭湖区的大宗农产品、大湘西地区的特色种养与生态休闲农业、大湘南地区的特色高效农业、长株潭地区的都市农业优势串联起来，在高铁沿线布局精细农业园区与标准化生产基地，在高铁节点谋划好农产品产地市场，打造纵横交错的精细农业长廊，形成特色各异、面向全国市场的农业产业集群。

（2）适应高铁时代：以资源环境为基准优化农业品种结构。湖南农业要适应高铁时代的要求，就必须按照各地的资源禀赋优化品种结构，在区域内生产最适宜、最有特色的农产品，不断突出优良品质特色，形成农产品区域地理品牌。同时，拓展农产品市场空间与流通空间，着力培育适应市场需求的农产品，满足消费结构升级的需要。应着力加大对传统主导农产品的改造力度，结合全省各地地域条件与资源特色，大力发展高档优质稻、特色畜禽养殖、名优特水产品养殖，推进蔬菜、水果、茶叶、中药材、油料等特色经济作物品种改良，选育，开发区域资源优势明显、适销对路、有竞争力的地标农产品，打造人无我有、人有我优的农产品竞争优势。

（3）引领高铁时代：以品牌经营为引领优化农业产业结构。推动传统农业产业结构向一二三产业融合转变，必须大力创新现代农业业态，优化农业产业结构。湖南进入高铁时代，为农村二三产业与农业融合发展带来难得的新机遇。应注重结合高铁的关联效应，把区域地标产品作为发展农业新业态的"领头羊"，发挥其功能多元化、价值高端化、生产标准化、经营品牌化的先天优势，充分挖掘地标产品的历史文化底蕴，凸显其民间工艺特色，不断拓展产品功能，把地标品牌经营与农产品加工、自然观光、人文体验、生态休闲等融为一体，在品牌经营中发展农耕文化、传统民俗和民间艺术融为一体的休闲农业、观光农业和乡村旅游，拓展品牌的承载物，把品牌渗透到旅游、教育、文化、健康养老等产业中，实现品牌与地域产业的深度融合，推进农业的生产、加工、服务一体化，延伸农业产业链，形成农业全产业链，以此形成多业态、多功能、精细化的现代农业产业体系，满足高铁时代人们对农业产品的需求。

3. 保障措施：协同发挥政府和市场的作用

高铁时代深刻影响湖南农业发展的方向，这种影响不仅表现在对农业结构调整的影响上，也包括对农业资源配置的影响。作为基础产业、弱势产业，农业离不开政府的支持与引导，但在市场经济条件下，要激发各方面积极性、促进资源优化配置、提高农业供给质量，最终要依靠市场机制。只有协同发挥政府和市场"两只手"的作用，才能形成合力，优化农业环境，为高铁时代湖南农业供给侧改革提供有效支撑。

（1）培育新型经营主体，提升高铁时代农业主体的市场应对能力。高铁时代是一个高品质的消费时代，改变湖南长期以来农业粗放经营、追求数量、产品质量偏低的状态，关键是要提升农业主体素质，增强农业主体应对市场需求变化的能力，为农业的标准化生产与品牌化经营提供人力支撑。要以"新农人"为方向着力培育农业新型经营主体，培养一批新时代的农村能人。为此，要积极培养专业大户、农民合作社带头人、家庭农场经营者、农业社会化服务人员、农业企业经营管理人员和返乡农民工等新型职业农民。要突出现代农民素质需求，推进培养模式创新，把乡土人才放到重要的位置，实现农村人才的本土化与特色化。加大科技创新支持力度，突破一批促进产业提升的关键性技术，培育一批主要产业的优良品种，鼓励农技人员到农村创办领办科技型企业，促进科技人才下乡创新创业。

（2）坚持市场导向，推进高铁时代农业资源要素的优化配置。要以市场需求为导向，以规划为引领，调优调精湖南农业产业，以区域地标产品生产为导向增加适销对路的农产品生产，积极挖掘城乡农产品消费的潜在需求，支持发展高附加值、高品质农产品，推进农产品初加工、精深加工，打造农业全产业链，提高农业质量效益。加快市场化改革步伐，统筹国际国内两个市场和国外国内两种资源，尽可能地选择错位竞争战略，克服农业成本价格竞争劣势，提高农业的市场效益。加强对农村金融机构面向农村的信用贷款及各种产权抵押贷款的引导与支持，鼓励发展资金互助合作社。加快农村现代流通体系建设，着力发展电子商务。建立健全适应市场化的农业社会化服务体系，加快培育现代农业服务组织，积极发展专业化服务，带动生产专业化、规模化。

（3）推进"两型"生产，构建高铁时代农产品生态化、精细化生产体系。以土地重金属治理修复、农产品禁止生产区划分、农产品结构调整为重点，加快推进湖南水土污染的治理，不断提高水土质量；以鼓励发展低碳高效农业、生态循环农业，推广节约型施肥施药、集约化生态养殖等生态种养技术为重点，保护农业生态环境，维护农业发展的可持续性；大力推进高标准农田建设，实现从"藏粮于仓"向"藏粮于地"转变，大力推广优质种子、种苗、种畜，促进农产品的提质增效；进一步研究完善退耕还林、退田还湖、水源地保护、流域保护、森林绿地保护等生态补偿办法，完善生态补偿制度，促进湖南农业的"两型"发展。

（4）强化基层管理创新，提升政府的农业管理服务水平。一方面，要加强农村基层组织建设，着重发挥农村老党员、老教师、老模范、老干部的权威教育作用，充分利用经济文化能人、回乡创业人员、经纪人、大学生村官等的新思想、新知识，带动乡村民众致富，发挥志愿者和社会化服务组织在农村治理中的重要作用，构建完善的农村基层治理和服务体系。另一方面，要改革政府的农业绩效考评机制，由农业数量考核向注重反映农产品加工、标准化生产、农产品品质、质量安全、农业资源效率、农业经济社会生态效益的指标考核转变，并在农业农村工作考评上引入第三方评价机制，加快提高政府科学管理农业现代化的能力。

四 高铁时代湖南推进农业供给侧改革的政策建议

加快推进湖南农业供给侧结构性改革，构建适应高铁时代需求的农业供给体系，其实质就是实现湖南农业发展的战略转型，这无疑是一项具有很强创新性和开拓性的任务，需要省委、省政府统筹谋划，创新体制机制，加强规划引导与政策保障，培育农业发展新动能。

1.优化农业总体布局

推进农业的区域化布局、专业化分工，加快形成以优势资源为依托，以特色区域地标产品为主导的农业生产力结构，是湖南农业应对高铁时代的客观要求。建议省委、省政府加快制定并实施湖南精细特色农业发展规划，将以高铁为核心的交通布局与以区域优势农业资源为基础的农业产业布局相结合，大力规划建设优势突出、特色鲜明的优质特色农副产品生产基地与产业带，推进优势特色农业的连片分布、专业化生产和区域错位发展，加快创建农业产业化示范基地和现代农业示范区，结合特色县域经济发展工程，支持建设一批与原料基地紧密衔接，集科研、加工、销售于一体的现代农业园区；结合交通区位、产品特色、村镇风貌，引导发展休闲农业、创意农业、乡村旅游等新型产业业态，形成点线面结合、多业态融合，具有鲜明地方特色的农业产业集群，提高湖南现代农业的效益水平。

2.加强对农产品区域地标品牌的培育与保护

基于农产品区域地标品牌在高铁时代现代农业中的重要引领作用，建议省委、省政府开展全省农产品地理资源普查，立足对各地农业资源的分析评估，发挥农业补贴、金融支持、政策保险等政策手段的引导作用，按照一县（乡）一品、一村一品的格局，鼓励和支持地方培育有竞争力的区域地标农产品品牌。加快创建湖南区域农业公用品牌发展体系，完善特色农产品产地认证机制，构建完善的农产品品牌培育、认定和质量跟踪机制，着力打造一批"中国名牌""驰名商标""著名商标"。推进农业精细生产、精细经营，加快建设农业标准体系，完善农产品质量追溯、贮运包装、质量安全监管体系，提高县乡农产品质量安全监管能力，强化质量安全监管队伍，构建完善有效的区域地标农产品质量和特色保障体系。

3.推进农业支持政策转型

推进农业供给侧结构性改革的核心就是要发挥市场配置资源的决定性作用，推进农业的生产经营与市场需求对接。这必须改革现行以农业产量和规模为重点的农业支持政策。建议省委、省政府加快推进湖南农业生产经营的扶持、奖励政策转型，突出将具有高品质与市场竞争力的地域品牌作为政策扶持的重点，从奖励种粮大县、养猪大县转变为奖励品牌大县，从扶持新型农业经营主体的规模化经营转变为扶持新农业经营主体的品牌化经营，从注重农产品的产量考核转变为注重区域地标品牌考核，以此促进农业资源配置由注重农产品的规模化向注重农产品的特色化转变，引导湖南农业供给由主要满足"量"的需求，向更加注重满足"质"的需求转变。

4.健全农业市场化支撑体系

顺应高铁时代农业市场化大趋势，推动政府职能由管理农业向服务农业转变，由干预农业发展向优化农业市场环境转变，是湖南农业供给侧结构性改革的重要任务。建议省委、省政府加大对农业公共产品的供给力度，将对农业的财政投入重心转移到完善农业基础设施、加强公共服务平台建设上来。以卖全国、卖全球的新理念调整市场建设布局和重点，建设一批区域批发市场，搭建一批农业信息服务平台，大力发展农产品冷链物流，打造多元化的电商平台，支持建设一批融集散地、批发市场、分级包装、现代物流、加工服务、信息服务等多功能于一体的新型"田头市场"集合体，促进农产品实体交易和电子商务有机融合。同时，要大力推进农地三权分置改革，创新土地流转模式，积极稳妥地推广土地入股、土地银行、土地信托流转等新的流转形式，促进土地经营向新型农业经营主体集中，完善科技服务市场，着力开发地方名特优产品品种，加强以生态种养技术为重点的新技术推广，增强农业适应市场需求的科技支撑能力。

B.9
后　记

党的十六大提出"统筹城乡经济社会发展",标志着中国发展战略进入以工业反哺农业、城市支持农村的全新阶段;党的十八大提出"推动城乡发展一体化",确立了加快破除城乡二元体制、推进城乡要素平等交换和公共资源均衡配置的战略方针,开始了城乡互动融合发展新征程。实践表明,统筹城乡发展、推进城乡一体化是中国作为农业大国、人口大国保持经济社会持续健康发展的强大动力与有效抓手,是关系中国长远发展的重大战略选择。

中国已进入全面建成小康社会的关键时期,面对经济发展进入新常态的新形势,党中央把坚持新发展理念、推进供给侧结构性改革作为当前和未来一个时期的发展主线,更加重视完善城乡一体化发展体制机制、补齐农业农村短板,更有力地推进脱贫攻坚,促进城乡、区域协调发展,引导经济朝着更高质量、更有效率、更加公平、更可持续的方向发展,从而进一步明确了推进城乡一体化改革的方向与任务。

湖南近年来以县域城乡一体化为主战场,以区域空间结构优化为着力点,加大城乡统筹力度,在推进新型城镇化提质提速的同时,全面深化农业农村改革,加快推进城乡产业融合、城乡资源要素双向流动、城乡公共服务均等化,城乡一体化进程不断加快。但作为农业大省,湖南发展不足、发展不优、发展不平衡问题仍然突出,当前,新型城镇化存在农民市民化成分分担机制不健全等问题,农业发展面临的结构性矛盾突出,纵深推进农村改革难度越来越大,尤其是全省还有 51 个贫困县,贫困人口总量居全国第 5 位,补齐城乡短板、区域短板、制度短板的压力仍然很大。新形势下推进湖南城乡一体化发展,必须贯彻落实五大发展新理念,坚持创新引领、开放崛起战略，抓住供给侧结构性改革、保障和改善民生、推进农业现代化三大着力点，加快完善城乡发展一体化体制机制、培育农业农村发展新动能，在统筹城乡关系上取得新的重大突破。

湖南省农村发展研究院致力于城乡一体化研究，联合湖南省社会科学院农村研究团队，以在湖南相关县市建立的城乡一体化和县域发展研究基地为依托，连续多年跟踪调研和持续观察全省城乡一体化发展状况，每年出版发布《湖南城乡一体化发展报告》。本次出版的《湖南城乡一体化发展报告（2017）》，结合2016～2017年湖南城乡一体化实践与经济社会发展面临的新形势、新任务，以加快区域脱贫攻坚、全面建成小康社会为研究的侧重点，以区域一体化与供给侧结构性改革为研究着眼点，总结了湖南以县域为节点推进城乡一体化发展的新成效、新经验，分析了新问题、新挑战，从区域布局、城乡要素配置、农业供给侧结构性改革、城乡融合发展、绿色发展、城乡综合改革等方面提出了具有湖南特色的城乡一体化发展对策建议，以期为湖南乃至全国的城乡一体化决策与实践提供有实际价值的参考。

本书由湖南省农村发展研究院联合湖南省社会科学院农村发展研究中心等研究团队合作完成，陈文胜研究员作为主持人和总策划，负责统筹、组织、策划和统稿、定稿工作，王文强、陆福兴、丁爱群、张黎等作为本书的核心研究力量，进行了分工合作研究。具体情况如下。

《湖南城乡一体化发展报告（2017）》由陈文胜、王文强、陆福兴、瞿理铜（中共湖南省委党校副教授）、丁爱群、张黎完成，陈文胜主持拟定提纲，王文强、陆福兴、瞿理铜、丁爱群、张黎执笔完成文稿写作，陈文胜修改定稿。

《"十三五"湖南省脱贫攻坚研究报告》是湖南省扶贫开发办公室与湖南省社会科学院农村发展研究中心合作的研究成果，由陈文胜担任首席专家进行指导，具体研究工作由王文强主持，王文强、陆福兴等执笔完成。

《"十三五"怀化市脱贫攻坚研究报告》是怀化市扶贫开发办公室与湖南省农村发展研究院、湖南省社会科学院农村发展研究中心合作的研究成果，具体研究工作由陈文胜主持，陆福兴、丁爱群、张黎执笔完成，王文强修订，陈文胜定稿。参与调研的有陈文胜、陆福兴、丁爱群、张黎等。

《"十三五"桑植县脱贫攻坚研究报告》是桑植县扶贫开发办公室与湖南省社会科学院农村发展研究中心合作的研究成果，具体研究工作由王文强主持，王文强、陆福兴、丁爱群执笔完成，王文强修订定稿，参与调研的有陆福兴、丁爱群、张黎等。

《"十三五"新邵县脱贫攻坚研究报告》是新邵县扶贫开发办公室与湖南省农村发展研究院合作的研究成果，具体研究工作由潘小刚主持，丁爱群、张黎、肖琳子、陈文峰执笔完成，潘小刚修订定稿，参与调研的有潘小刚、王文强、丁爱群、张黎、陈文峰等。

《"十三五"中方县脱贫攻坚研究报告》是中方县扶贫开发办公室与湖南省农村发展研究院合作的研究成果，具体研究工作由何绍辉主持，何绍辉、马纯红、谢小军、陈扬执笔完成，何绍辉修订定稿，参与调研的有黄海、何绍辉、马纯红、谢小军、陈扬等。

《资兴市新型城镇化与城乡一体化研究报告》是中共资兴市委、资兴市人民政府与湖南省农村发展研究院合作的研究成果，具体研究工作由陈文胜主持，陆福兴、周小艳、张小乙执笔完成，王文强修订，陈文胜定稿。参与调研的有陈文胜、王文强、周小艳、张小乙、王慧敏等。

《高铁时代湖南农业供给侧结构性改革研究报告》由陈文胜主持，陆福兴、王文强执笔完成。

本书研究与出版得到多方面关怀与支持，得到湖南省社会科学院领导的关心、指导及中国马克思主义研究所等研究团队在相关研究上的有力帮助；得到湖南省扶贫开发办公室在相关研究上的大力支持；得到怀化市、资兴市、桑植县、新邵县、中方县等市县领导、有关部门的支持及乡村干部群众的热情帮助；得到社会科学文献出版社领导和编辑对本书出版给予的鼎力支持，在此一并表示衷心的感谢！

本书引用了大量数据、案例，如无特殊说明，均来自调研中各地提供的资料，省、市、县（市）的统计年鉴，以及国民经济与社会发展统计公报和政府门户网站所发布的资讯，在此作特别说明并表达谢意。由于编者和研究者水平有限，加上本书的研究历时一年，而各地经济社会发展情况变化很快，书中的有关内容特别是数据材料难免有与当前实际情况不符之处，敬请读者批评指正。

陈文胜

2017 年 6 月

权威报告·热点资讯·特色资源

皮书数据库
ANNUAL REPORT(YEARBOOK)
DATABASE

当代中国与世界发展高端智库平台

所获荣誉

- 2016年，入选"国家'十三五'电子出版物出版规划骨干工程"
- 2015年，荣获"搜索中国正能量 点赞2015""创新中国科技创新奖"
- 2013年，荣获"中国出版政府奖·网络出版物奖"提名奖
- 连续多年荣获中国数字出版博览会"数字出版·优秀品牌"奖

成为会员

通过网址www.pishu.com.cn或使用手机扫描二维码进入皮书数据库网站，进行手机号码验证或邮箱验证即可成为皮书数据库会员（建议通过手机号码快速验证注册）。

会员福利

- 使用手机号码首次注册会员可直接获得100元体验金，不需充值即可购买和查看数据库内容（仅限使用手机号码快速注册）。
- 已注册用户购书后可免费获赠100元皮书数据库充值卡。刮开充值卡涂层获取充值密码，登录并进入"会员中心"—"在线充值"—"充值卡充值"，充值成功后即可购买和查看数据库内容。

社会科学文献出版社 皮书系列
SOCIAL SCIENCES ACADEMIC PRESS (CHINA)

卡号：258273821356
密码：

数据库服务热线：400-008-6695
数据库服务QQ：2475522410
数据库服务邮箱：database@ssap.cn
图书销售热线：010-59367070/7028
图书服务QQ：1265056568
图书服务邮箱：duzhe@ssap.cn

S 子库介绍
ub-Database Introduction

中国经济发展数据库

涵盖宏观经济、农业经济、工业经济、产业经济、财政金融、交通旅游、商业贸易、劳动经济、企业经济、房地产经济、城市经济、区域经济等领域，为用户实时了解经济运行态势、把握经济发展规律、洞察经济形势、做出经济决策提供参考和依据。

中国社会发展数据库

全面整合国内外有关中国社会发展的统计数据、深度分析报告、专家解读和热点资讯构建而成的专业学术数据库。涉及宗教、社会、人口、政治、外交、法律、文化、教育、体育、文学艺术、医药卫生、资源环境等多个领域。

中国行业发展数据库

以中国国民经济行业分类为依据，跟踪分析国民经济各行业市场运行状况和政策导向，提供行业发展最前沿的资讯，为用户投资、从业及各种经济决策提供理论基础和实践指导。内容涵盖农业，能源与矿产业，交通运输业，制造业，金融业，房地产业，租赁和商务服务业，科学研究，环境和公共设施管理，居民服务业，教育，卫生和社会保障，文化、体育和娱乐业等 100 余个行业。

中国区域发展数据库

对特定区域内的经济、社会、文化、法治、资源环境等领域的现状与发展情况进行分析和预测。涵盖中部、西部、东北、西北等地区，长三角、珠三角、黄三角、京津冀、环渤海、合肥经济圈、长株潭城市群、关中—天水经济区、海峡经济区等区域经济体和城市圈，北京、上海、浙江、河南、陕西等 34 个省份及中国台湾地区。

中国文化传媒数据库

包括文化事业、文化产业、宗教、群众文化、图书馆事业、博物馆事业、档案事业、语言文字、文学、历史地理、新闻传播、广播电视、出版事业、艺术、电影、娱乐等多个子库。

世界经济与国际关系数据库

以皮书系列中涉及世界经济与国际关系的研究成果为基础，全面整合国内外有关世界经济与国际关系的统计数据、深度分析报告、专家解读和热点资讯构建而成的专业学术数据库。包括世界经济、国际政治、世界文化与科技、全球性问题、国际组织与国际法、区域研究等多个子库。

法 律 声 明

"皮书系列"（含蓝皮书、绿皮书、黄皮书）之品牌由社会科学文献出版社最早使用并持续至今，现已被中国图书市场所熟知。"皮书系列"的 LOGO（▧）与"经济蓝皮书""社会蓝皮书"均已在中华人民共和国国家工商行政管理总局商标局登记注册。"皮书系列"图书的注册商标专用权及封面设计、版式设计的著作权均为社会科学文献出版社所有。未经社会科学文献出版社书面授权许可，任何使用与"皮书系列"图书注册商标、封面设计、版式设计相同或者近似的文字、图形或其组合的行为均系侵权行为。

经作者授权，本书的专有出版权及信息网络传播权为社会科学文献出版社享有。未经社会科学文献出版社书面授权许可，任何就本书内容的复制、发行或以数字形式进行网络传播的行为均系侵权行为。

社会科学文献出版社将通过法律途径追究上述侵权行为的法律责任，维护自身合法权益。

欢迎社会各界人士对侵犯社会科学文献出版社上述权利的侵权行为进行举报。电话：010-59367121，电子邮箱：fawubu@ssap.cn。

社会科学文献出版社